LUCIO RUSSO

La América olvidada

Contactos precolombinos ignorados y un error de Ptolomeo

Traducción de Jaime Serrano Arranz

ALMUZARA

Título original italiano: *L'America dimenticata. I rapporti tra le civiltà e un errore di Tolomeo* (Mondadori Università).

www.mondadorieducation.it

Primera edición: julio de 2024

EDITORIAL ALMUZARA • COLECCIÓN ARQUEOLOGÍA
Director editorial: ANTONIO CUESTA
Editor: ALFONSO ORTI

www.editorialalmuzara.com
pedidos@almuzaralibros.com - info@almuzaralibros.com

Editorial Almuzara
Parque Logístico de Córdoba. Ctra. Palma del Río, km 4
C/8, Nave L2, n.º 3. 14005, Córdoba

Imprime: Romanyà Valls
ISBN: 978-84-10520-81-3
Depósito legal: CO-1040-2024
Hecho e impreso en España - *Made and printed in Spain*

Esta edición española, que permite leer mi libro en una de las lenguas más difundidas del mundo, me ha dado la oportunidad de revisar el texto actualizándolo, corrigiéndolo y mejorándolo desde muchos puntos de vista. Por ello estoy particularmente agradecido a Jaime Serrano, quien tuvo la idea de esta publicación, la propuso tanto a mí como a Almuzara y se encargó de la traducción.

Índice

Prefacio

Este libro arroja algo de luz sobre un problema general de gran relevancia resolviendo uno muy particular.

El problema general trata sobre las características de la historia: ¿las distintas civilizaciones han evolucionado por separado, siguiendo leyes universales que determinan las mismas fases de desarrollo progresivo hacia estructuras sociales de complejidad creciente? ¿O, en cambio, la historia de la humanidad es un único acontecimiento que ha experimentado evoluciones e involuciones? Eventos como el origen de la agricultura y la cría de animales, el descubrimiento de la metalurgia, la alfarería, la tejeduría y la rueda, la instauración de altares y sacrificios, la invención de la escritura, la formación de ciudades y Estados, ¿se han repetido varias veces de manera independiente en cuanto que desarrollos naturales, determinados por nuestra genética y las características del medio? ¿O son eventos irrepetibles que han caracterizado ese camino en concreto entre los infinitos posibles y los muchos realmente recorridos, hasta llegar a la civilización dominante en la actualidad?

La primera parte del libro ilustra brevemente la historia del debate teórico sobre estos problemas y muestra cómo los recientes desarrollos en arqueología, al hacer cada vez más evidente la densa red de relaciones que conectó a muchos pueblos del Viejo Mundo desde tiempos remotos, ya no permiten considerar como independientes sus desarrollos culturales.

La convicción, hoy compartida por casi todos los estudiosos, de la total ausencia de contactos precolombinos entre América y otros continentes, combinada con la impresionante serie de elementos culturales comunes a las civilizaciones americanas y euroasiáticas, se ha convertido *de facto* en el único fundamento de la idea de que todas las civilizaciones humanas habrían seguido el mismo modelo de desarrollo de manera independiente: una idea que, en realidad, guarda mucha semejanza con la teoría paleoantropológica, hoy totalmente desacreditada, que concibe la evolución biológica hacia *Homo sapiens* como un camino lineal y progresivo.

Por otro lado, los heterodoxos que han apoyado la existencia de antiguos contactos transoceánicos entre América y los otros continentes han usado muchos argumentos más o menos fuertes, algunos de los cuales alcanzan un alto grado de plausibilidad, pero nunca han presentado una prueba de su tesis que sea aceptada por la comunidad académica.

En la segunda parte, el problema se aborda con una nueva herramienta extraída de la historia de la geografía matemática. Claudio Ptolomeo, en el siglo II d. C., asignó a la Tierra dimensiones considerablemente menores respecto a las que habían sido determinadas (con notable precisión, como veremos) por Eratóstenes cuatro siglos antes. Reconstruyendo el origen de esta extraña y drástica reducción del mundo obtenemos resultados inesperados.

En primer lugar, el error en las dimensiones de la Tierra resulta ser la consecuencia de un empequeñecimiento de los horizontes geográficos producto del colapso cultural generalizado, que normalmente se ignora, acaecido a mediados del siglo II a. C. De hecho, se trata de un punto de inflexión en la historia del mundo mediterráneo, clave primero para comprender aspectos fundamentales de nuestra relación con la llamada «cultura clásica» y segundo como ejemplo representativo de una categoría de eventos que pueden considerarse frecuentes en la historia de larga duración.

En segundo lugar, utilizando precisos argumentos cuantitativos, descubrimos que el error de Ptolomeo se debió a la interpretación errónea de datos geográficos, que se remontaban a Hiparco, de localidades americanas completamente desconocidas en época romana y reinterpretadas como lugares del Viejo Mundo. Así, obtenemos una demostración de los antiguos contactos entre continentes que vuelve a poner a debate el grado de interdependencia de las distintas civilizaciones; y, habiendo eliminado la idea fundamental de la teoría de las evoluciones históricas en paralelo determinadas por leyes universales, se abre la posibilidad de devolver a la historia humana las características de impredecibilidad y casualidad que son hoy día aceptadas como propias de la evolución biológica.

Soy muy consciente de que defiendo una tesis hasta ahora considerada heterodoxa por la sólida opinión de la Academia, desacreditada por la popularidad de la que goza en un variopinto ambiente de diletantes, a veces perspicaces, generalmente fantasiosos e inevitablemente desprovistos de adecuadas herramientas históricas y críticas. Por otro lado, es evidente que, si no se quiere bloquear el progreso del conocimiento, una tesis no puede ser rechazada en cuanto que «ya desacreditada» si aparecen nuevos argumentos a su favor.

PRIMERA PARTE
EL PROBLEMA: ¿MUCHAS HISTORIAS EN PARALELO O UNA HISTORIA UNITARIA?

I. ENTRE DIFUSIONISMO Y DETERMINISMO HISTÓRICO

Evolución biológica y evolución cultural

Hace tiempo, la evolución biológica que dio origen al ser humano se concebía como un progreso lineal hacia una creciente perfección, culminando en el moderno *Homo sapiens*. Presentamos de nuevo una famosa imagen que ilustra bien esta idea, hoy en día difundida casi únicamente en versiones caricaturescas.

Se trataba de la extensión a nivel biológico de un esquema de desarrollo progresivo todavía aceptado generalmente en el ámbito de la historiografía. Al cazador-recolector inevitablemente lo sustituirían el pastor y el agricultor; el desarrollo de la agricultura llevaría luego a la formación de ciudades y Estados; el advenimiento de estas instituciones iría de la mano de la introducción de la escritura y la «alta cultura»; posteriormente, la evolución desembocaría ineluctablemente, a través de etapas sucesivas, en la civilización actual, caracterizada por capitalismo, democracia parlamentaria, conocimientos científicos y refinada tecnología.

Imagen 1. La evolución hacia *Homo sapiens*, concebida como lineal y progresiva.

Imagen 2. La evolución cultural, concebida como lineal y progresiva.

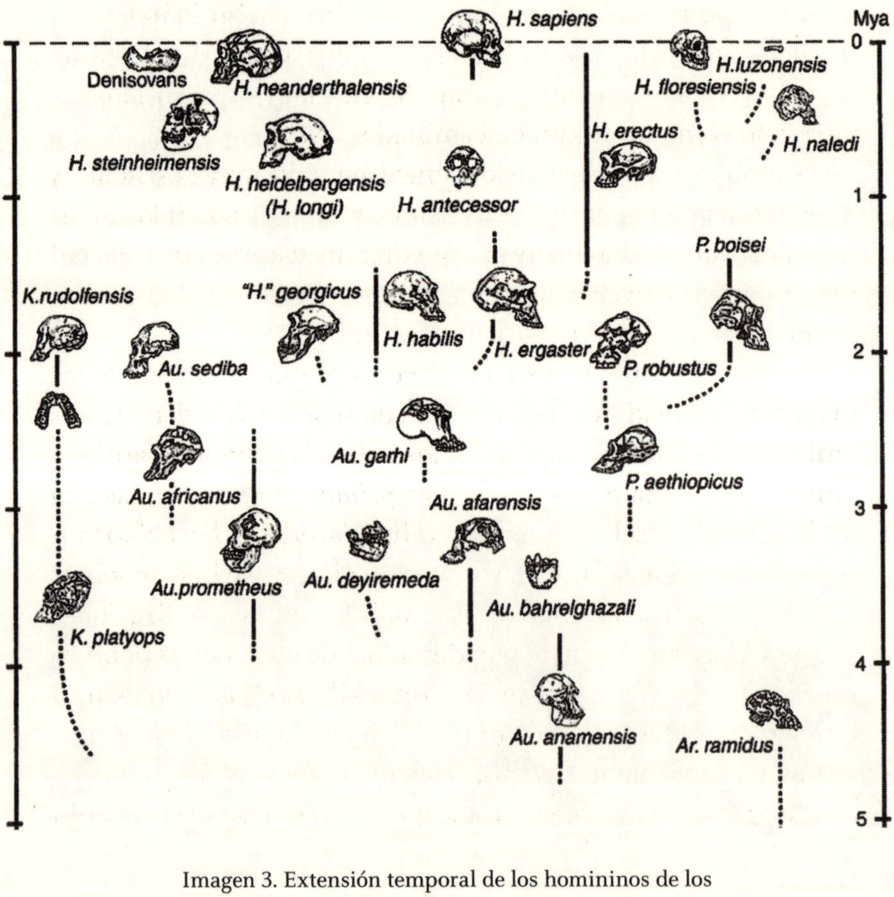

Imagen 3. Extensión temporal de los homininos de los últimos cinco millones de años (de [Tattersall], p. x).

Volveremos más veces sobre la parcial analogía entre desarrollos culturales y evolución biológica, no porque necesariamente deban seguir las mismas leyes, sino sobre todo porque los estudios de ambos fenómenos han sufrido los mismos condicionamientos ideológicos, con lo que las teorías elaboradas en ambos casos generalmente acaban por parecerse más de lo que se asemejan entre sí los fenómenos estudiados.

Hoy día, la idea de un progreso lineal, en la cual representamos el culmen, no tiene ya ninguna validez entre los biólogos: el modelo actualmente aceptado de evolución de los homininos es «arbóreo», con distintas especies descendientes de un tronco común coexistiendo largos períodos de tiempo (como muestra la imagen 3), explorando direcciones alternativas de desarrollo.

La circunstancia de que una de estas especies haya finalmente logrado prevalecer sobre las demás, eliminándolas y dando origen a la cultura humana, se considera como uno de tantos eventos irrepetibles e impredecibles de la historia de la vida y no como un fin predeterminado.

El esquema de la evolución lineal ha sido muy resistente y lo es todavía en el caso de la historiografía. Aceptando ese esquema del desarrollo histórico, puede considerarse que cada cultura tenga un «nivel» determinado por el punto en el que se encuentra a lo largo de una «escala natural».

Un claro ejemplo de dicha actitud lo proporciona uno de los mayores historiadores del siglo XX sobre la Antigüedad: Moses Finley. En sus influyentes estudios sobre la economía antigua, Finley argumenta *de facto* sus tesis *primitivistas*, según las cuales la economía del mundo clásico habría sido de hecho «primitiva», observando la ausencia de varios conceptos e instrumentos económicos y financieros de la actualidad en las civilizaciones griega y romana: subraya, por ejemplo, que en aquellos tiempos no existía la profesión de agente inmobiliario y que no es posible traducir el término *bróker* ni al griego antiguo ni al latín[1].

Las culturas inuit y yupik, con un criterio análogo, no habiendo desarrollado la agricultura, deben ser juzgadas «primiti-

1 [Finley], p. 118.

vas», independientemente del nivel de sofisticación alcanzado por las técnicas de caza y pesca que han permitido a los inuit y yupik procurarse la comida en ambientes en los que la agricultura es obviamente imposible. Análogamente, la circunstancia de que muchos pueblos no se hayan dotado de nuestras instituciones de democracia parlamentaria puede considerarse una prueba de su «atraso» a lo largo de un camino que inevitablemente ha de ser recorrido. También los científicos que buscan vida inteligente extraterrestre se basan implícitamente en la misma convicción, extendiéndola al universo entero. De hecho, la búsqueda se efectúa con la ayuda de radiotelescopios, dando por sentado que hipotéticos alienígenas «inteligentes», en cuanto tales, deben haber desarrollado, como nosotros, una tecnología capaz de emitir ondas de radio. Si objetásemos que, con dicho criterio, Arquímedes no debería ser incluido entre las formas de vida inteligente, probablemente se nos respondería que el nivel de la civilización helenística está separado en un intervalo de unos pocos milenios del nivel que inevitablemente lleva a la invención de la radio. La idea de que en otros mundos podrían haber acaecido evoluciones en direcciones, para nosotros, del todo inimaginables parece, efectivamente, una posibilidad rara vez imaginada.

La presunta e ineluctable evolución progresiva está en realidad ampliamente refutada por los repetidos colapsos que han provocado la disgregación de civilizaciones y, en particular, por los derrumbes culturales, sobre los que volveremos. Pero, si se cree en la inevitabilidad del progreso, es difícil reconocerlos y se tiende a minimizar su alcance, considerándolos tan solo contratiempos puntuales.

Breve historia de un debate

La tesis de que el recorrido de la historia humana se constituye de una sucesión de etapas repetida muchas veces en el mismo orden y de manera independiente la sugiere la constatación de que distintas civilizaciones han atravesado las mismas etapas:

algunas de gran importancia, como la introducción de la cría de animales, de la agricultura, de la metalurgia y de la tejeduría, o la invención de la escritura y la institución de ciudades y Estados; y otras de carácter mucho más particular, como la adopción de tipos especiales de armas o juegos. Solo existe otra forma de explicar estas coincidencias: atribuyéndolas a contactos entre las civilizaciones.

Según las teorías difusionistas clásicas, las innovaciones habrían surgido en una cultura particular y luego habían sido adquiridas gradualmente por poblaciones cada vez más lejanas. Tales teorías tuvieron un particular éxito entre finales del siglo XIX e inicios del siglo XX. Los estudiosos de la época, partícipes de las ideologías eurocéntricas y colonialistas de su tiempo, la mayoría de las veces imaginaban que las innovaciones culturales eran prerrogativa de etnias particularmente creativas, aduciendo que poblaciones consideradas por ellos intelectualmente menos dotadas podían obtener importantes innovaciones solo por imitación o por imposición. Ideas de este tipo, características de lo que podemos llamar «difusionismo colonialista», alcanzaron su culmen en el conocido como «hiperdifusionismo», que identificaba en una etnia en concreto la fuente de toda la civilización humana. Grafton Elliot Smith (1871-1937), por ejemplo, defendía que todos los descubrimientos esenciales que habían llevado a las civilizaciones superiores nacieron en Egipto y de allí se propagaron al resto de la humanidad[2]; una teoría muy similar fue la de lord Raglan (1885-1964), que en cambio atribuía el papel esencial a Mesopotamia[3].

En el siglo XX también se desarrollaron formas menos toscas de difusionismo. En 1940 en concreto, Alfred Kroeber aclaró en un importante artículo[4] cómo la obtención pasiva de elementos de otras civilizaciones no es para nada la única alternativa al aislamiento. Con frecuencia, el contacto con culturas distintas es esencial para estimular creaciones en gran medida originales. Kroeber da varios ejemplos, entre ellos el de la porcelana eu-

---

2 [Smith].
3 [Raglan].
4 [Kroeber SD].

ropea, que sabemos que surgió del esfuerzo por reproducir las porcelanas chinas, importadas durante siglos. Sin embargo, los europeos lo lograron con procesos de fabricación tan distintos que un arqueólogo del futuro ignorante de las relaciones entre China y Europa, basándose solo en los estudios sobre los yacimientos, estaría tentado con toda probabilidad de juzgarla como un producto paralelo e independiente de la porcelana desarrollada en China.

A partir de los años sesenta del siglo pasado, las teorías difusionistas fueron duramente criticadas y rechazadas.

En los países anglófonos, el declive del difusionismo estuvo marcado por el predominio de la *processual archaeology* (surgida con el nombre de *new archaeology*) y del *neoevolucionismo*, que en los años sesenta y setenta se impusieron en el ámbito de la protohistoria y la arqueología. Se trataba de teorías que buscaban transformar estas disciplinas haciéndolas plenamente «científicas» según los cánones corrientes, abandonando los métodos tradicionales de la historiografía e importando instrumentos conceptuales de las ciencias naturales y exactas. Envalentonados por los éxitos logrados con métodos físicos, químicos y biológicos, por ejemplo en la datación de yacimientos arqueológicos, y por las perspectivas abiertas con el tratamiento informático de datos, los exponentes de la nueva tendencia tenían la ambición de determinar las leyes científicas propias de los «procesos» de la evolución histórica, de manera análoga a cuanto hacían los científicos en otras áreas[5]. Con este objetivo se proponían adoptar las categorías propias de la antropología, de la teoría de sistemas y de la por entonces recién nacida *teoría de la complejidad*. La formación del Estado, por ejemplo, se veía como resultado de un proceso de aumento de la *complejidad* de las estructuras sociales; comenzando con las bandas, pasaba por las etapas intermedias de la tribu y el cacicazgo (caracterizadas por la presencia de un «jefe», rangos sociales, drenaje de los

5 Una exposición programática (particularmente tosca) de esta tendencia en [Watson LeBlanc Redman]. Para una historia y una dura crítica de estas interpretaciones pueden leerse [Yoffee] y [Kohl MBAE], pp. 1-8, también necesarios para una bibliografía sobre el tema.

recursos y ausencia de estructuras administrativas permanentes y despersonalizadas)[6].

El estudio de las sociedades humanas entraría, por lo tanto, como caso particular de una teoría general que preveía evoluciones caracterizadas por el aumento de la complejidad para una vastísima clase de sistemas no aislados, englobando, entre otros, sistemas físico-químicos preparados en laboratorio, ecosistemas y galaxias[7].

Para cumplir este objetivo, elaborando modelos de evolución con la ayuda de la teoría de sistemas, los eventos históricos y los datos arqueológicos se consideraban poco relevantes en comparación con los modelos abstractos sugeridos por la teoría de sistemas y el análisis antropológico de poblaciones contemporáneas. Puesto que, de hecho, la teoría se basaba en el supuesto —implícitamente aceptado como ingrediente necesario del nuevo «método científico»— de que todas las sociedades humanas seguían las mismas leyes evolutivas, se pensaba que era posible estudiar «en vivo» las fases iniciales de la evolución social en poblaciones actuales consideradas «primitivas».

Al igual que en los experimentos físicos es necesario controlar la ausencia de perturbaciones debidas a causas externas al fenómeno investigado, se pensaba que la evolución de una sociedad humana podía estudiarse mejor en casos de ausencia de interacción con el exterior. Se comprende entonces por qué eran objeto de estudio privilegiado las poblaciones isleñas del Pacífico, que se consideraban aisladas, mientras la eventual difusión de elementos culturales entre diferentes civilizaciones permanecía ajena al interés de estos estudiosos.

Se asumía que los elementos comunes adquiridos por distintas civilizaciones eran «naturales», es decir, necesariamente determinados por nuestra naturaleza. En realidad, parece natural todo aquello a lo que estamos acostumbrados, como le parecía

---

6 [Service].

7 La ley generalísima que preveía el crecimiento continuo de la complejidad para todos estos sistemas ha sido llamada «segundo principio de la complejidad», aludiendo al segundo principio de la termodinámica, que prevé el comportamiento inverso para sistemas aislados. Para una crítica inteligente de este ambicioso proyecto de teoría puede leerse [Greco].

natural a Aristóteles la institución de la esclavitud o el uso de arcos y flechas a quien jamás imaginaría la posibilidad de construir cerbatanas (y viceversa). Teorías antidifusionistas como las típicas de la *processual archaeology*, basadas en el neoevolucionismo, reclaman, aunque la mayoría de las veces inconscientemente, la aceptación de un tipo de determinismo duro, según el cual nuestro acervo genético guiaría el desarrollo histórico, llevando inevitablemente al ser humano a reinventar en cada caso, con la misma sucesión, arcos y flechas, altares y sacrificios humanos, arados, juegos de mesa, libros, ciudades y así sucesivamente hasta llegar a los aparatos de radio y la profesión de bróker.

Un motivo secundario del rechazo al difusionismo era ideológico. Durante la descolonización, las teorías difusionistas también fueron rechazadas porque estaban condicionadas por prejuicios eurocéntricos y colonialistas, lo que llevaba a negar la originalidad e inventiva de la mayoría de las poblaciones humanas.

Pero también el neoevolucionismo ha sido abrumadoramente condicionado por elementos ideológicos. La valorización de la autonomía política conquistada por los países con un pasado colonial llevaba a identificar en la autonomía un valor esencial incluso en las civilizaciones del pasado más remoto, favoreciendo la tesis de la evolución independiente de las distintas civilizaciones, las cuales habrían reinventado los mismos elementos culturales sin la presencia de intercambios significativos. En el campo de la paleoantropología, motivaciones análogas también sugirieron la extraña «hipótesis multirregional», según la cual las distintas etnias humanas serían el resultado de evoluciones paralelas que, comenzando con diversas subespecies (generalmente de una especie identificada con *Homo erectus*), recorrieron todas ellas el mismo camino evolutivo hacia el *Homo sapiens* moderno. Se trata de una hipótesis abandonada y retomada en varias ocasiones que, a pesar de una serie de variantes y adiciones ideadas en un intento por hacerla biológicamente plausible (como la conjetura de improbables hibridaciones sistemáticas entre subespecies presentes en distintos continentes, lo que les habría provocado un efecto homogeneizador), deja entrever con suficiente claridad su motivación ideológica, en el deseo de reivindicar un estatus de absoluta paridad a las distintas etnias. Este noble intento terminó paradójicamente con la creación de una teoría que, acentuando las diferencias biológicas entre las poblaciones y sobrevalorando su antigüedad, podía dotar de nuevas bases pseudocientíficas al racismo.

A día de hoy, la documentación paleoantropológica no permite a ningún biólogo dudar de un único origen africano tanto del género *Homo* como de nuestra especie *Homo sapiens*: una especie que, como todas las demás, ha surgido una sola vez en un solo lugar y podría perfectamente no haber surgido en absoluto.

En los años ochenta, los estudiosos anglófonos abandonaron también la *processual archaeology*, la cual había dado muy pocos resultados, y la sustituyeron por la *postprocessual archaeology*, que criticaba el cientifismo de las tendencias precedentes, asumiendo las categorías fundamentales del postmodernismo filosófico, propugnando un relativismo radical. El nuevo camino, que también privilegiaba las teorías abstractas y los aportes de otras disciplinas del análisis de datos arqueológicos reales[8], no ha tenido sin embargo mucho éxito.

En el nuevo milenio, la crisis de los ambiciosos esquemas generales en los que se intentó encuadrar toda la historia humana ha generado una sana desconfianza hacia teorías abstractas en los ámbitos arqueológico e histórico[9], redirigiendo con fuerza la atención de los estudiosos a fenómenos históricos concretos y esenciales que estaban a la sombra en las décadas anteriores, como los contactos entre civilizaciones y los colapsos[10].

En el ámbito de este nuevo interés por los intercambios culturales se ha reconocido que muchas innovaciones, materiales o intelectuales, pueden nacer incluso de la voluntad consciente de

---

8 Sobre este punto véase, por ejemplo, [Kohl MBAE], p. 7.

9 Véanse, por ejemplo, los ensayos en [Yoffee Sherrat]. [Blintliff Pearce] aclara la situación de crisis de las teorías arqueológicas desde el título *(The Death of Archaeological Theory?)*. Pero los intentos de elaborar una ciencia exacta de la historia no han sido del todo abandonados; por ejemplo, algunos estudiosos han intentado revitalizarla con la nueva disciplina de la *cliodinámica* (creando también la revista *Cliodynamics: The Journal of Quantitative History and Cultural Evolution*).

10 Véanse, por ejemplo, [Wengrow WMC] y [Kohl MBAE].

crear alternativas a elementos conocidos de la cultura de otro pueblo: por tanto, también existe una «difusión por contraposición»[11].

Naturalmente, en los casos en los que las relaciones con otra civilización, aun siendo esenciales, no provocan una obtención pasiva, sino que estimulan una creación total o en parte nueva, el contacto cultural es difícilmente demostrable si no está directamente documentado. Aun así, se da el caso opuesto de algunos productos culturales de los cuales es muy fácil identificar el carácter «importado» y no original.

A lo largo de la evolución biológica, en muchas ocasiones ocurre que en una especie persisten órganos o estructuras que han perdido del todo la función que tenían para su antepasado sin adquirir otras. Tales elementos, llamados vestigiales, son a menudo útiles en la reconstrucción de los árboles filogenéticos. Análogamente, si en una cultura se encuentra un elemento susceptible de cumplir un papel importante pero no obstante completamente inutilizado, podemos estar seguros de que se trata de un remanente proveniente de una cultura diferente. Por ejemplo, la noción de la esfericidad de la Tierra no desempeñaba un papel importante en la Europa medieval, donde la cartografía científica era desconocida al igual que las coordenadas geográficas y la posibilidad de trazar rutas marítimas sobre una base teórica. Por lo tanto, podríamos razonar que un conocimiento tal, que calificaríamos de «fósil»[12], fue heredado de una civilización previa, aunque no tuviésemos la vasta documentación que directamente lo demuestra.

El ejemplo mismo de la esfericidad de la Tierra, sobre el que volveremos, también muestra cómo es de difícil lograr concebir dos veces de manera independiente las mismas construcciones intelectuales: se trata, de hecho, de una idea que surgió una única vez, en el ámbito de la cultura griega del siglo v a. C., a la que ninguna otra civilización humana ha llegado de manera independiente. Más en general, si con el concepto «ciencia» no nos referimos a cualquier conocimiento sobre la reali-

11 Véase, por ejemplo, [Houston O], p. 10.

12 [Russo FR], pp. 13-19. Varios ejemplos de «conocimientos fósiles» también en [Russo Santoni].

dad natural, sino a un cuerpo de conocimientos relativamente homogéneo, basado en los dos pilares de los métodos demostrativo y experimental, puede entonces afirmarse que ha surgido una única vez y que podría no haberlo hecho en absoluto de la misma manera en que pudo no hacerlo el ser humano[13].

Quien, oponiéndose al difusionismo, defiende que todas las civilizaciones humanas deben recorrer ineluctablemente la misma senda predefinida parece, en realidad, dejar muy poco espacio a esa libertad creativa humana que aparentemente reivindica; pero, naturalmente, juzgar como desagradable una teoría no demuestra para nada que sea falsa. Solo el estudio de la historia real puede descubrirnos si la aparición en civilizaciones diversas de elementos afines depende del determinismo de leyes universales o de intercambios culturales. La apuesta en juego es en todo caso enorme: se trata de comprender las características esenciales del ser humano y su historia.

13 La tesis de que la «ciencia», en el sentido indicado, surgió en la civilización helenística se argumenta en [Russo RD].

II. EL SURGIMIENTO DE UNA HISTORIA UNITARIA DEL VIEJO MUNDO

Las primeras civilizaciones urbanas

Tradicionalmente, la divisoria entre prehistoria e historia se identifica con la conocida como «revolución urbana», que llevó al nacimiento de la ciudad[14], del Estado y de la escritura. Aunque no se acepte la idea de que esta evolución sea un paso obligado hacia «la Civilización» en sentido estricto, se trata ciertamente de un proceso esencial para generar la particular civilización que hoy día se ha extendido a escala planetaria.

Para nuestros fines tiene, por lo tanto, gran importancia entender si las «revoluciones urbanas» que se han verificado en diversas culturas han sido procesos independientes y paralelos o si, en cambio, las influencias recíprocas tuvieron un papel esencial.

En este parágrafo nos limitaremos a tratar las tres civilizaciones urbanas más antiguas, relacionadas en los tres casos por el papel clave de grandes ríos; surgidas a orillas del Nilo, en la Baja Mesopotamia entre los cursos del Éufrates y del Tigris y a lo largo del Indo.

Hay varios motivos por los que estas civilizaciones han sido largo tiempo consideradas básicamente independientes entre ellas: la presencia de caracteres culturales netamente diferenciados, las distancias recíprocas —que para la época parecían enormes— y el hecho de que las fuentes egipcias del Antiguo Reino nunca mencionan ciudades mesopotámicas ni se habla nunca de Egipto en los textos sumerios conocidos.

---

14 Por «ciudad» no se entiende cualquier aglomerado suficientemente numeroso de viviendas. Han sido propuestas varias definiciones, basadas en cuestiones como la presencia de producciones especializadas, edificios «públicos» (palacios o templos) y grupos sociales no dedicados directamente a la producción sino a actividades de gestión. Para un debate sobre el tema puede leerse [Liverani UPC].

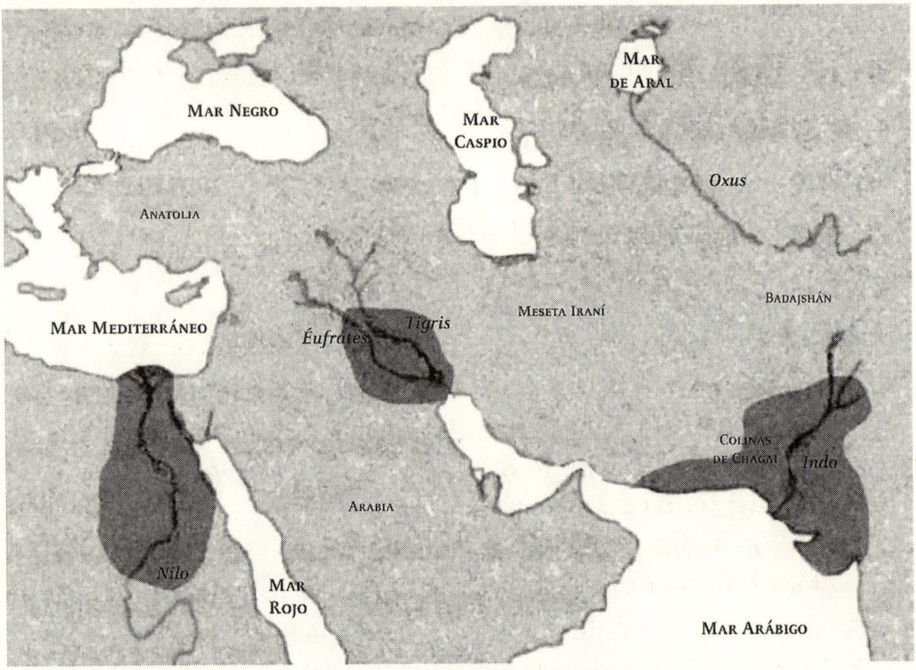

Imagen 4. Las tres primeras grandes civilizaciones fluviales, en una representación tradicional.

Además hay que añadir que egiptólogos y asiriólogos constituyen grupos académicos bien diferenciados, con escasas interacciones entre ellos y menos aún con los estudiosos que se ocupan de la antigua civilización del Indo, por lo que los estudios de caso comparativos son extremadamente raros[15]: una situación que claramente no ha favorecido el reconocimiento de eventuales influencias recíprocas.

No sorprende, entonces, que Samuel Huntington pudiese escribir todavía en 1996:

15 Según David Wengrow ([Wengrow WMC], p. 15), el último estudio comparativo importante de las antiguas civilizaciones egipcia y mesopotámica es [Frankfort], que data de 1951. Amargas consideraciones de interés sobre cómo el estudio de las interacciones entre civilizaciones se ha frenado por el exceso de especialización de los historiadores se encuentran en [Mair Intro].

> Durante más de tres mil años después de que las primeras civilizaciones surgiesen, los contactos entre ellas fueron, con alguna excepción, o inexistentes o limitados o intermitentes e intensos. La naturaleza de estos contactos se expresa bien en la palabra que los historiadores usan para describirlos: «encuentros». Las civilizaciones estaban separadas en el tiempo y en el espacio[16].

Los tres procesos de urbanización no fueron contemporáneos. En Mesopotamia, la formación de la primera ciudad, Uruk, se remonta en torno al 3500 a. C., mientras que los primeros centros urbanos en Egipto aparecen algún siglo más tarde y en el valle del Indo casi mil años después, alrededor del 2600 a. C. En Mesopotamia, ya desde milenios antes había comenzado la evolución hacia formas de economía compleja que llevarían al desarrollo de las ciudades, como lo demuestra el uso de varios sistemas de preescritura, es decir, de registros de información a través de símbolos: desde la contabilidad efectuada con fichas (*tokens*)[17] hasta los sellos. De todas formas, veremos que la urbanización se extendió a otras áreas geográficas gracias a un proceso profundamente distinto tanto del origen independiente como de la importación pasiva.

La tesis de que las tres grandes civilizaciones fluviales se desarrollaron en condiciones de aislamiento se vuelve insostenible tras considerar que la arquitectura, la estatuaria y las actividades artesanales, de donde surgían los objetos que las caracterizan a nuestros ojos, requieren materias primas (metales, piedras duras y madera) no disponibles en las localidades de ninguna de las tres llanuras aluviales[18].

Se puede señalar también que, eligiendo al azar tres lugares de la superficie terrestre, muy probablemente obtendríamos distancias muy superiores a las que separan entre sí Egipto, Meso-

16 [Huntington], p. 48

17 El sistema basado en fichas de arcilla ha sido estudiado sobre todo por Denise Schmandt-Besserat, cuyas investigaciones, aun habiendo sido criticadas por distintos aspectos, siguen siendo fundamentales. Una exposición completa de sus resultados se encuentra en [Schmandt-Besserat].

18 Este argumento se expone en [Wengrow WMC] (concretamente en la p. 30).

potamia y el valle del Indo. De todas formas, el marco de las distancias recíprocas parece completamente distinto, hasta anularse, si en los espacios intermedios se añaden otros antiguos centros urbanos, muchos de ellos excavados únicamente en el último siglo. En la mitad del III milenio, cuando la urbanización se había extendido a las tres áreas consideradas, entre Egipto y Mesopotamia encontramos varios centros palestinos, como Jericó y Megido, Biblos en la costa mediterránea, Ebla en Siria septentrional y Mari en el Alto Éufrates. En Anatolia oriental se encontraba Arslantepe[19].

En una posición intermedia entre la Baja Mesopotamia y el valle del Indo, en el actual Irán, surgieron, aparte de Susa, de la que nunca se perdió el recuerdo, las grandes ciudades de Shahdad[20] y Shahr-i Sokhta, excavadas recientemente, así como centros administrativos menores, como Tepe Yahya y Tel-i Malyan. En los actuales Turkmenistán y Afganistán se hallaban respectivamente Altin Tepe y las ciudades de Mundigak y Shortugai, unidas culturalmente con los centros del valle del Indo. Estos últimos centros, entre los que destacan Mohenjo-Daro y Harappa, surgen por lo tanto en el extremo oriental de una vasta red urbana que, como muestra la imagen 5, se extiende hacia Occidente sin solución de continuidad hasta Egipto y Anatolia.

Las condiciones imprescindibles para la urbanización habían sido establecidas en el V milenio a. C., cuando sucedió una «revolución» cuya importancia es comparable con la neolítica que la precedió y la urbana que la siguió, aunque ha sido mucho menos estudiada que las otras dos[21].

Un primer aspecto esencial de la transformación del V milenio tiene que ver con las tecnologías productivas. A los «productos primarios», como carne, leche y especies vegetales presentes en la naturaleza, se añadieron nuevos «productos secundarios»,

---

19 Para una reconstrucción de la función económica y administrativa de Arslantepe véase [Frangipane].

20 Para Shahdad puede leerse [Hakemi].

21 Las ideas de «revolución neolítica» y de «revolución urbana» se remontan a Vere Gordon Childe, ambas presentadas en 1936 ([Childe]). La transformación del V milenio se muestra en [Wengrow WMC], pp. 54-65.

Imagen 5. Algunos de los principales centros urbanos a mediados del III milenio a. C.

obtenidos mediante complejos procesos de transformación[22]: plantas creadas hibridando especies ya cultivadas; alimentos y bebidas producidos gracias a la levadura y la fermentación alcohólica; una variedad de productos lácteos obtenidos de la elaboración de la leche. Una de las novedades más importantes es la introducción de la metalurgia: ya no se trata de martillear e incidir metales encontrados en su estado natural, sino que se comienzan a usar procedimientos de fusión tanto para extraer los metales de los minerales como para trabajarlos.

Todas estas innovaciones amplían en gran medida la variedad de bienes producidos, determinando una especialización del trabajo en las aldeas y un incremento enorme del comercio

22 La «revolución de los productos secundarios» se presentó en [Sherrat PP], donde sin embargo se fechaba en la segunda mitad del IV milenio, época a la que efectivamente se remontan algunas de las innovaciones tomadas en cuenta en dicho ensayo.

de larga distancia. El área afectada por estas transformaciones, que comprende la que será la sede de la revolución urbana, es atravesada por una red de rutas comerciales que convierte en conectadas e interdependientes a todas las zonas, asegurando contactos continuos. Las diversas regiones mantienen distintas identidades culturales, pero también se difunden una serie de elementos comunes. Se usan los mismos medios de transporte (embarcaciones de vela, presentes en Mesopotamia ya desde el VI milenio, y sucesivamente, desde el IV milenio, caravanas de burros de carga y carros tirados por bueyes), sistemas de pesos y medidas compatibles entre ellos y técnicas como el uso del sello, útil para garantizar tanto la propiedad como la calidad de los productos. Es en este período cuando se inicia la estandarización de la producción y el control de calidad.

Es la red de relaciones comerciales nacida en el V milenio la que posibilita la posterior revolución urbana, cuya característica esencial es justamente la creación de zonas de producción especializada, en las cuales el resto de los bienes son importados. En las llanuras aluviales en concreto, que permiten obtener óptimos excedentes agrícolas, surgen ciudades que viven gracias al intercambio con zonas especializadas en otras producciones y cuyo papel es igual de importante.

En la imagen n.º 6 se muestran los caminos recorridos por el comercio de una de las tantas materias primas que viajaban largas distancias: el lapislázuli, cuya región de origen más cercana se encontraba en el actual Afganistán septentrional. La imagen hace referencia a la mitad del III milenio a. C., pero el comercio de larga distancia de esta piedra es mucho más antiguo: sabemos, por ejemplo, que en la Baja Mesopotamia el lapislázuli ya se importaba, por lo menos, desde el VI milenio a. C.[23].

Llegados a este punto, queda claro que las revoluciones urbanas no fueron tres distintas e independientes, sino una sola, que comprendió un área vastísima, que incluía no solo Egipto, Mesopotamia y el valle del Indo, sino también otras zonas, desde Anatolia, pasando por Siria, hasta Irán. El conocimiento recí-

---

23 [Wengrow WMC], p 41.

proco de los varios países era notable: por ejemplo, en los textos sumerios del III milenio a. C. se habla repetidamente del valle del Indo, nombrado como Melukhkha, como un país con el que se mantienen relaciones comerciales, diplomáticas y bélicas. La interacción entre Mesopotamia y el valle del Indo no estaba mediada exclusivamente por Irán; había contactos directos vía marítima a través del golfo Pérsico y el mar Arábigo. Sin embargo, en torno al 1700 a. C., los textos mesopotámicos dejan de hablar de este lejano país, del que finalmente se pierde hasta su recuerdo. Posteriormente, con el nombre de Melukhkha, se comienzan a identificar distintos lugares de los cuales no se había perdido el conocimiento[24]. Encontraremos fenómenos análogos en otros contextos.

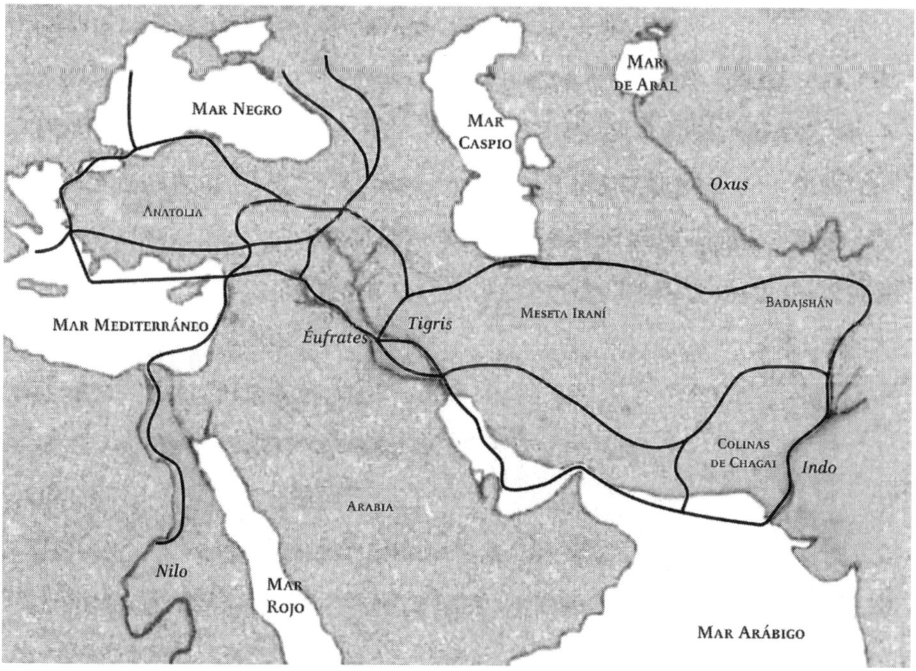

Imagen 6. Las rutas comerciales del lapislázuli (de [Wengrow WMC], p. 35).

24 [Liverani AO], pp. 729-730.

La comparativa entre las tres grandes civilizaciones fluviales muestra con claridad cómo se puede depender de imprescindibles influencias externas al mismo tiempo que se desarrollan características propias profundamente originales. La inconfundible civilización egipcia nació, en concreto, importando del exterior elementos esenciales desde la misma revolución neolítica. Los argumentos en los que se basaba la tesis de que los egipcios lograron de manera independiente la ganadería se han demostrado de hecho inconsistentes[25]: rebaños de ovejas y cabras, criadas desde milenios antes en otras zonas del Creciente fértil, aparecen por primera vez en el valle del Nilo en el v milenio a. C. y localmente carecen de antepasados salvajes; solo después se criaron otras especies.

Es posible demostrar el origen mesopotámico de muchas innovaciones tecnológicas adoptadas en Egipto. Es el caso del arado de tracción animal, de las bebidas alcohólicas, de los sellos cilíndricos y de las fichas para contabilidad. Egipto está en contacto con Mesopotamia a través de Siria y Palestina, al alcance desde el 3500 a. C. con una vía que atraviesa el Sinaí, recorrida por caravanas de burros; no es sorprendente que en Egipto hayan encontrado numerosos objetos mesopotámicos incluso de época predinástica. También la metalurgia, que como vimos se originó en el v milenio, aparece en Egipto solo a finales del iv milenio, verosímilmente importada desde el exterior.

El asentamiento estable más antiguo de Egipto (en Nekhen, conocida como Hieracómpolis por los griegos) está documentado sólo en torno al 3700 a. C., es decir, cuatro milenios después de que la cría de ganado, las aldeas estables y la agricultura se hubiesen desarrollado en Mesopotamia y otras regiones de Oriente Próximo[26]. Las primeras estructuras estables no son las ciudades, sino las necrópolis, cuya relevancia será característica de la civilización egipcia durante mucho tiempo. También en época histórica, las ciudades en Egipto no tienen la importancia que ostentan en Mesopotamia u otras regiones. Los recursos

25 [Wengrow AEE], pp. 48-49.
26 [Wengrow AEE], pp. 26-27.

que en otros lados se usan para la arquitectura urbana se invierten sobre todo en necrópolis y mobiliario.

Es justo el atraso en la urbanización lo que permite el surgimiento en Egipto, ya en el IV milenio, del primer gran Estado unitario, que no tiene que imponerse sobre poderosas ciudades-Estado: tenemos un ejemplo de cómo el atraso en la adopción de una institución puede favorecer la introducción precoz de nuevas instituciones.

En el valle del Indo, la evolución sigue una dirección notablemente distinta. La aparición de grandes ciudades, como Harappa y Mohenjo-Daro, de una elevada especialización del trabajo y de una compleja estratificación social son trazos comunes con las otras dos civilizaciones, como lo son también la escritura y objetos específicos como los sellos, pero en las ciudades faltan estructuras reconocibles como templos o palacios. Hay grandes edificios no residenciales, cuya función no ha sido esclarecida con seguridad, pero parece tratarse de estructuras a disposición de la comunidad: una, por ejemplo, ha sido tentativamente interpretada como un baño público[27].

La estructura política no está clara, pero se piensa que no había un Gobierno central. Si, para las ciudades del valle del Indo, puede hablarse de Estado, algo dudoso, ciertamente se trataba de un Estado muy distinto del presente en las ciudades mesopotámicas.

La escritura

La invención y el desarrollo de los sistemas de escritura han ofrecido un campo privilegiado de aplicación y comparación de los varios modelos de evolución y difusión de la cultura, también porque, tradicionalmente, la posesión de este instrumento se ha identificado como la principal frontera entre prehistoria e historia, entre «civilización» y «barbarie».

---

27 Véase, por ejemplo, [Possehl], pp. 56-57; [Wright], pp. 117-122.

En este caso, un modelo de evolución progresiva y lineal fue teorizado en el siglo XIX por Isaac Taylor[28]. Según su teoría, los sistemas de escritura habrían surgido siempre de la pictografía, posteriormente se desarrollarían ideogramas y logogramas (es decir, grafemas que representan respectivamente ideas y palabras) y después se incluiría un número creciente de elementos fonéticos, llegando a sistemas consonánticos y silábicos y, finalmente, a los modernos alfabetos fonéticos. El esquema de Taylor se completó en el siglo XX con el «principio de desarrollo unidireccional» de Ignace Gelb, que, aun siendo él un difusionista[29], postulaba que todos los sistemas de escritura deberían pasar sucesivamente a través de las mismas etapas, sin poder nunca retrotraerse a etapas previas[30]. Versiones más modernas de estas reglas de evolución, pero en lo sustancial cercanas a las anteriores, son también aceptadas en el siglo XXI[31].

No cabe duda de que los modelos de desarrollo mencionados representan bastante bien la evolución histórica que ha llevado, con una serie de fases documentables, al primer *alfabeto* auténtico, que es el griego (del cual los alfabetos latín y cirílico resultan ser sencillas variantes). Aplicar el mismo esquema a todos los demás casos conlleva, sin embargo, una serie de problemas. Para empezar, el sistema de contabilidad mediante fichas usado en Mesopotamia desde el IX milenio a. C., del que nace la primera escritura, estaba alejado de la pictografía, en cuanto que las fichas raramente representaban el objeto simbolizado. Son más numerosas las fichas con formas geométricas sencillas, como discos, esferas, cilindros o tetraedros (por ejemplo, parece que una medida del grano se representaba con un disco) o también sólidos geométricos con signos grabados.

Quien acepta los esquemas de Taylor y de Gelb tiene después que considerar que la escritura china se ha quedado un poco atrasada en una etapa de desarrollo poco evolucionada. Hasta

28 [Taylor]. Una síntesis histórica útil de las teorías desarrolladas sobre el argumento se encuentra en [Trigger].

29 Véase más adelante, p. 38.

30 [Gelb].

31 Véase por ejemplo [Robertson].

hace algún tiempo, casi todos los occidentales, considerando que la cultura china era menos avanzada que la suya propia, aceptaban como natural este juicio, pero, en tiempos recientes, los éxitos de China han sugerido consideraciones de otro tipo. Muchos han subrayado las ventajas de un sistema como el chino, que, teniendo escasa relación con la pronunciación, se ha podido mantener notablemente estable a lo largo del tiempo y el espacio, permitiendo la comprensión de textos antiguos y lejanos, escritos por alguien que hablaba de manera distinta al lector. Un sistema no fonético (que según los esquemas previos debería considerarse «atrasado») es por otro lado universalmente aceptado para los números y en todos los países del mundo se usan pictografías muy intuitivas (por ejemplo, en las señales de tráfico, en los testigos de los coches y en los botones de muchos aparatos) y nadie jamás ha propuesto renunciar a las evidentes ventajas de este sistema por considerarlo atrasado. Además, la evolución de distintas lenguas (probablemente el caso más vistoso es el inglés) demuestra que también en la lengua escrita común nos podemos alejar de la representación fonética en vez de acercarnos, como también lo evidencia el aumento del uso en la comunicación en red de iconos e ideogramas (como los emoticonos) y de signos silábicos en cualquier forma de escritura.

En vez de teorizar desarrollos universales de todos los sistemas de escritura, probablemente sea más útil estudiar con humildad aquellos sistemas de escritura que *de facto* se han creado históricamente.

La primera escritura surgió en Mesopotamia como resultado de una lenta evolución de formas de preescritura que la habían precedido durante varios milenios: los sellos y, sobre todo, las fichas de arcilla para la contabilidad ya mencionadas. A lo largo de la mitad del IV milenio, las fichas comenzaron a recogerse en recipientes cerrados de arcilla (*bullae*). En torno al 3400 a. C., de la usanza de estampar las fichas en el exterior de la *bulla* que debería contenerlas se originó el protocuneiforme, el cual, alrededor del 2900 a. C., comenzó a incorporar elementos fonéticos. Se remontan al 2400 a. C. las primeras tablillas que registran todas las palabras de un discurso.

¿Hay alguna relación entre este origen mesopotámico y las escrituras desarrolladas posteriormente? Un modelo de difusionismo puro, según el cual la escritura habría sido sencillamente adoptada, en oleadas sucesivas, por pueblos cada vez más lejanos, es el que defendió Gelb[32] a mediados del siglo XX, pero ha sido duramente criticado posteriormente, como todas las demás teorías difusionistas. En realidad, Peter Damerow ha intentado reformular, cuando menos implícitamente, algo similar en 1999, en un artículo donde reflexionaba, entre otras cosas, sobre cómo se puede constatar fácilmente una correlación entre la distancia temporal entre las distintas escrituras del protocuneiforme y la distancia espacial desde su lugar de origen hasta Mesopotamia. El hecho de que el artículo se haya publicado solo en el 2006[33] es un indicio de la hostilidad de los ambientes académicos hacia estas tesis.

Durante largo tiempo se creyó que la escritura no mesopotámica más antigua, es decir, la egipcia, era notablemente más reciente que el cuneiforme. La datación tradicional ha sido de todas formas puesta en duda a raíz del hallazgo (en la tumba U-j en Abidos, 1989) de una serie de placas de hueso y marfil con signos grabados similares a los posteriores jeroglíficos, cuya datación es *grosso modo* contemporánea a las tablillas más antiguas de Uruk. Hoy en día, la escritura egipcia se considera prácticamente coetánea de la sumeria y alguno ha sugerido que incluso podría haberla precedido. La aparición casi contemporánea de estos dos sistemas no puede ciertamente considerarse una coincidencia cronológica casual de dos eventos independientes. Mientras que las profundas diferencias imposibilitan que uno de los dos sistemas haya nacido por imitación pasiva del otro, las antiguas y continuas relaciones comerciales y culturales entre los dos países mencionados (que en concreto conllevaron la precoz importación a Egipto de instrumentos de preescritura como los sellos cilíndricos) hacen pensar que se trata de un ejemplo de desarrollos culturales distintos pero correlacionados.

32 [Gelb].
33 [Damerow].

Las relaciones entre estas dos primeras escrituras y las otras que nacen posteriormente en la vasta área de las primeras civilizaciones urbanas son bastante claras. En particular, es evidente que el protoelamita desarrollado en Irán occidental (todavía sin descifrar) surgió estrechamente conectado con el sistema mesopotámico[34] y que la escritura usada en los centros del valle del Indo muestra a su vez obvias relaciones con el protoelamita[35].

Es probable que el alfabeto (o más precisamente el *consonantario,* dado que en aquellos tiempos las vocales no se representaban) haya sido ideado una sola vez y sus relaciones con las escrituras previas, en particular la egipcia, son generalmente reconocidos. La idea de transformar el consonantario en un auténtico alfabeto, usando símbolos de consonantes no presentes en la propia lengua para escribir las vocales, nace posteriormente en Grecia y no se ha encontrado de manera independiente en ningún otro lugar. En definitiva, la historia de las antiguas escrituras en las regiones hasta ahora consideradas parece una historia conectada y unitaria, no una colección de evoluciones independientes y paralelas. Sin embargo, muchos estudiosos sostienen que, en el mundo, la escritura ha sido inventada muchas veces independientemente. Por ejemplo, Bruce Trigger afirma:

> Ahora es evidente, a diferencia de lo que generalmente solía aceptarse, que la escritura tiene múltiples orígenes y un desarrollo muy lejos de ser unilineal. De los primeros cuatro sistemas de escritura más conocidos, por lo menos tres (el sumerio, el chino Shang y el maya) se desarrollaron del todo independientemente el uno del otro[36].

Volveremos sobre este problema. Por ahora solo fijémonos en que, según la opinión de Trigger (compartida por muchos estudiosos), de entre las muchas escrituras surgidas en el Viejo Mundo, la única con certeza independiente del cuneiforme sería la desarrollada en China en el período tardío Shang.

---

34 [Englund].
35 Véase por ejemplo [Possehl], p. 131.
36 [Trigger], p. 61.

De los Balcanes a Mongolia

La vasta zona que fue sede de la conocida como «revolución urbana» no solo era recorrida por rutas comerciales en su interior, sino que, como señalan con cada vez más claridad los recientes estudios arqueológicos, en la época implicaba intercambios comerciales y culturales fundamentales con regiones exteriores, incluso muy lejanas. Desde un punto de vista retrospectivo, esta zona puede quizás constituir con razón un objeto privilegiado de la historiografía, pero culturas surgidas en otras regiones, aparte de seguir también ellas caminos en el desarrollo muy interesantes, también aportaron elementos clave para las posteriores civilizaciones urbanas. Los contactos, por lo tanto, han sido fundamentales, pero no han seguido para nada una única dirección «centrífuga» como planteaban los antiguos teóricos del hiperdifusionismo. El nacimiento de las civilizaciones históricas más antiguas parecer ser más bien un efecto de la confluencia de elementos de variada procedencia.

En el v milenio a. C., la cultura más rica y compleja de Eurasia se encontraba en la península balcánica. Las 281 tumbas excavadas en Varna (actual Bulgaria, en la costa del mar Negro), fechadas en la segunda mitad del v milenio, muestran una riqueza incomparable en la época. Los más de tres mil objetos de oro allí contenidos, dos mil de ellos en tan solo cuatro tumbas, muestran un nivel técnico de la metalurgia, una refinada estética en la ejecución y un nivel de diferenciación de los roles sociales sin precedentes[37]. Yacimientos similares se han hallado en el valle del Danubio. Esta cultura a la que se ha llamado «antigua Europa» (*Old Europe*)[38], dio una contribución fundamental a la metalurgia, cuyos progresos se difundieron desde la península balcánica al Próximo Oriente a través de Anatolia, pero en torno al 4000 a. C. sufrió un colapso imprevisible, seguramente debido, por lo menos en parte, a un brusco cambio climático[39].

37 [Anthony], p. 224; [Bailey], pp. 203-224.
38 El término se introdujo en [Gimbutas].
39 [Anthony], pp. 225-230.

Una cultura que en muchos sentidos puede considerarse heredera de la antigua Europa es la de Cucuteni-Tripolia, que floreció entre el 4200 a. C. y el 3500 a. C. en una zona dividida en la actualidad entre Rumanía y Ucrania occidental. La revolución neolítica llegó a estas regiones desde el Próximo Oriente a través de los Balcanes, pero, aun estando desarrollados el pastoreo y la actividad agrícola, coexistían con la importante contribución económica procedente de la caza y la pesca.

Aquí es donde nace otro elemento fundamental de las posteriores civilizaciones urbanas: por primera vez se desarrollan efectivamente amplios asentamientos basados en arquitectura de piedra[40]. No se consideran «ciudades» porque no hay evidencia arqueológica de las características propias de los centros urbanos: no solo faltan las grandes estructuras públicas, como templos y palacios, presentes en casi todas las «ciudades» sucesivas, sino que tampoco hay pruebas de la especialización del trabajo típica de las civilizaciones urbanas. Sin embargo, algunos de estos asentamientos son gigantescos, superando las dimensiones de Uruk, que surgirá posteriormente en Mesopotamia y es considerada la primera «ciudad» auténtica; las sepulturas testimonian una cierta diferenciación social y tampoco los edificios son todos iguales: junto a un 90 % de viviendas «pequeñas» hay un 10 % de edificios notablemente más grandes.

Es evidentemente imposible colocar una sociedad con estas características dentro de la ingenua «escala evolutiva» en la que se quiso comprimir el desarrollo de todas las civilizaciones humanas[41]. Por otro lado, el esquema evolutivo tradicional es también refutado por el hecho de que, antes de la primera mitad del IV milenio, la cultura de Cucuteni-Tripolia, como le ocurrió a la antigua Europa, sufrió uno de los muchos «colapsos» de la historia, diferenciándose en una serie de variedades regionales

40 En aquella época, la arquitectura en piedra contaba ya con una antigüedad de varios milenios (las primeras construcciones de piedra conocidas son las de Göbekli Tepe, fechadas en el X milenio a. C.), pero se había usado para complejos de carácter fundamentalmente religioso y no de manera sistemática para edificios de un asentamiento residencial.

41 [Kohl MBAE], en concreto pp. 39-50.

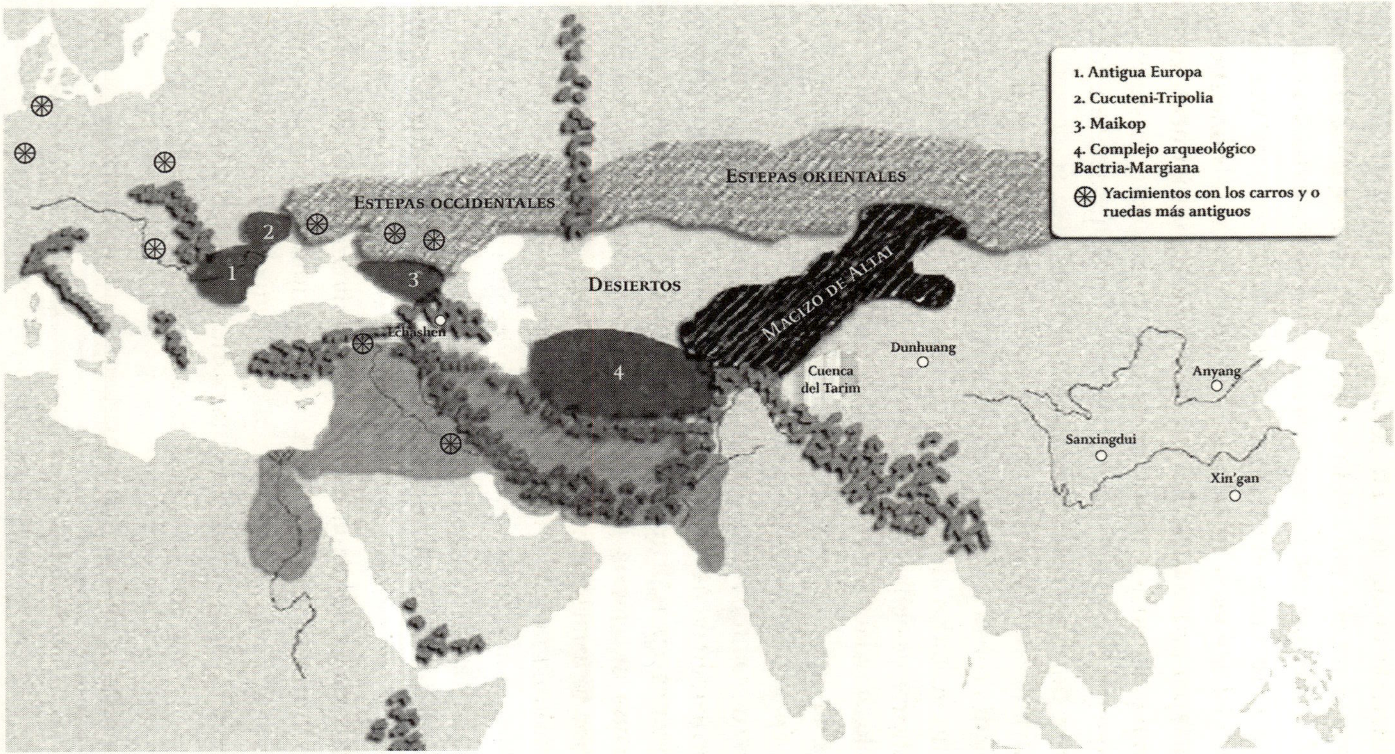

Imagen 7. Representación conjunta de las culturas y ciudades mencionadas en el texto.

aunadas por la renuncia a grandes asentamientos estables y el prevalecimiento de una economía más móvil.

Otra zona que ha tenido un papel clave en el desarrollo cultural de Eurasia son las estepas que se extienden desde el norte del Cáucaso, entre el mar Negro y el mar Caspio y más al norte, entre el Dniéper y los Urales. Es aquí donde se domestica al caballo por primera vez, en el v milenio a. C., inicialmente como animal para carne, y también es aquí (quizás en el mismo milenio y seguramente en la primera mitad del siguiente) donde se concibe por primera vez la idea de cabalgar.

Los intensos contactos comerciales que esta región tiene en el v milenio con la antigua Europa están demostrados por el hecho de que, en torno al 4000 a. C., a raíz del colapso de esta última, los objetos de cobre presentes en las tumbas disminuyen bruscamente un 80 %[42]. En el IV milenio a. C., surge allí la lengua protoindoeuropea, de la que descienden muchas de las lenguas habladas hoy día[43]; los contactos comerciales y culturales son intensos tanto con Occidente, con la zona de Cucuteni-Tripolia, como posteriormente con Mesopotamia. Es a mediados del IV milenio, o poco antes, cuando aparece en el Cáucaso la cultura de Maikop, en la que los jefes ostentan grandes riquezas obtenidas gracias a la labor de intermediación comercial entre la floreciente civilización urbana mesopotámica y las estepas septentrionales[44].

Un importante progreso tecnológico que facilitó el intercambio comercial se produjo con la introducción de carros provistos de ruedas tirados por animales. Estos vehículos aparecen a mediados del IV milenio a. C. en una zona vastísima que incluye desde las actuales Dinamarca y Alemania septentrional hasta la Mesopotamia meridional[45]. La casi contemporaneidad de los yacimientos hallados demuestra sin lugar a dudas cómo dicha invención, cuyo lugar de origen no ha podido determinarse, nació una sola vez y se difundió a gran velocidad por regiones muy lejanas.

---

42 [Anthony], p. 263.

43 En este sentido, la largamente debatida cuestión de la ubicación del protoindoeuropeo puede considerarse resuelta ([Anthony], pp. 93-101).

44 [Anthony], p. 263.

45 [Bakker Kruk Lanting Milisauskas].

A finales del IV milenio a. C., la introducción del caballo y del carro con ruedas cambió radicalmente las posibilidades de vida en las estepas euroasiáticas, que se extendían desde Hungría hasta Manchuria con una notable homogeneidad ecológica. La nueva tecnología posibilitó una nueva forma de pastoreo, realizada a caballo con familia y provisiones para el camino sobre carros, que, gracias a su gran movilidad, podía ejercerse también en zonas de vegetación escasa. Las estepas, que antes constituían una barrera ecológica, se transformaron así en una ruta natural de migración y un canal de comunicación. En el III milenio y en la primera mitad del II surgieron allí una serie de culturas entre sí relacionadas, que se extendían desde las regiones al oeste de los Urales hasta el Lejano Oriente[46] (la presencia en China, en la cuenca del Tarim, actual China noroccidental, de una lengua indoeuropea como el tocario, hablado por lo menos hasta finales del siglo IX d. C., constituye un testimonio tardío). Su conocimiento, sin embargo, ha sido obstaculizado, en un primer momento, por los escasos contactos entre arqueólogos de la Unión Soviética (autores de la mayoría de las excavaciones) y los occidentales y, a continuación, por la rivalidad y escasa comunicación entre los estudiosos de las distintas repúblicas exsoviéticas[47].

Los datos arqueológicos muestran que a finales del III milenio se abre una nueva ruta de intercambio entre las más antiguas civilizaciones urbanas, las estepas y el Lejano Oriente: el conocido como «corredor de la Montaña de Asia Central» (IAMC, *Inner Asian Mountain Corridor*), ocupado por pueblos que practicaban el pastoreo de montaña[48]. Probablemente la actividad comercial daba un significativo aporte a la economía de las comunidades pastoriles. Algunas innovaciones importantes como los carros de dos ruedas pueden atribuirse a las culturas de las estepas asiáticas[49].

A caballo entre el III y el II milenio se conformó otro canal de comunicación más entre el Próximo y el Lejano Oriente: el cono-

46 Entre los principales estudios generales sobre este argumento recordamos los ya citados [Kohl MBAE] y [Anthony].

47 [Kohl MBAE], p. 16.

48 [Frachetti Rouse], pp. 702-704.

49 [Frachetti Rouse], pp. 696, 699.

cido como «complejo arqueológico Bactria-Marguiana» [N. del T.: O «cultura del río Oxus»], que se extendía en los territorios del actual Irán nororiental, Turkmenistán, Afganistán septentrional, Uzbekistán meridional y Tayikistán occidental. Se trata de una cultura urbana, con grandes asentamientos fortificados, en estrecho contacto tanto con los centros del valle del Indo, con quienes compartía algunos caracteres, como con las culturas esteparias. Así es como David Anthony sintetiza la nueva situación:

> Alrededor del 2300 y el 2000 a. C. las fuerzas del comercio y de la conquista comenzaron a unir las partes más remotas del Viejo Mundo en un solo sistema interactuante[50].

La antigua civilización china

La arqueología occidental ha estado guiada durante mucho tiempo por el objetivo de verificar las tradiciones transmitidas por antiguos textos como la Biblia y los poemas homéricos. Mientras los arqueólogos se dejaron guiar por este tipo de tradición textual en la selección de los sitios que excavar y en la interpretación de los yacimientos, no pudieron más que validarlos de manera casi tautológica[51].

Algo similar ocurrió en China. Sin embargo, dado que la arqueología en ese país es una disciplina relativamente joven que surge en la segunda década del siglo XX y que la veneración hacia los textos antiguos es aún más fuerte que en Occidente, el enfoque previo persistió hasta épocas recientes y en cierta medida aún está presente[52].

50 [Anthony], p. 412.

51 Para una historia de la arqueología «bíblica» véase, por ejemplo, [Moorey]. Para una comparación entre la tradición transmitida por el Antiguo Testamento y la historia de Israel, profundamente distinta, como resulta de los datos arqueológicos, véase [Liverani OB].

52 Para una historia de los inicios de la arqueología china véase [Chi A]. Para una crítica de la arqueología china, viciada por la adhesión apriorística a la tradición textual, pueden leerse [Falkenhausen HOCA] y [Bagley SA].

El cuadro que emerge de la tradición textual y la arqueología destinada a validarla es el de una historia caracterizada desde la más remota antigüedad por una marcada identidad cultural «china», un Estado unitario y una difusión autónoma de civilización que se irradiaba desde un centro ubicado alrededor del curso medio del río Amarillo. China, sin ningún contacto con el exterior, habría seguido un recorrido muy similar al de las civilizaciones de Oriente Próximo, primero introduciendo la agricultura y luego la metalurgia, en particular la fundición del bronce, y desarrollando sucesivamente arquitectura monumental, ciudades, escritura y un Estado centralizado.

Las primeras excavaciones realizadas en Anyang, donde según la tradición surgía la capital de la dinastía Shang[53], han sacado a la luz yacimientos muy interesantes datados en los últimos siglos del II milenio a. C., sobre los que volveremos, que fueron interpretados como confirmaciones de la tradición textual. No obstante, hallazgos posteriores han impuesto una revisión profunda del cuadro histórico. En particular, las excavaciones dirigidas en 1980 en Sanxingdui, Sichuan, donde se encontró una importante ciudad amurallada, y en 1989 en Xin'gan, en la actual provincia de Yangzi, han proporcionado hallazgos contemporáneos a los excavados en Anyang que demuestran la existencia de una amplia red de centros culturalmente diferenciados, pero ciertamente en contacto recíproco, a los que nada más que la tradición autoriza a considerar como «periféricos» respecto de Anyang[54].

Todo hace suponer que en China, como en cualquier otro lugar, la formación de un Estado centralizado estuvo precedida por una situación más fluida, en la que la falta de fronteras permitía variaciones culturales constantes a lo largo de vastas regiones atravesadas por rutas comerciales.

---

53 Según la historia transmitida por los textos antiguos, la dinastía Shang habría sido precedida por la dinastía Xia y esta, a su vez, por emperadores claramente míticos. Los últimos emperadores Shang son los primeros cuya existencia está convalidada por documentos contemporáneos (se trata de las inscripciones oraculares encontradas en Anyang, descritas en la p. 49).

54 [Falkenhausen RPCA]. La función del valle del río Amarillo en el desarrollo de la civilización china ha sido redimensionada, también con relación a épocas posteriores ([Sun]).

¿Existían relaciones entre la compleja realidad «china» (en el sentido geográfico del concepto, puesto que nos referimos a épocas en las que la identidad cultural china estaba todavía en formación) y el exterior? ¿Y en particular con las civilizaciones urbanas más antiguas?

A mediados del siglo pasado, la idea de que algunos elementos culturales habrían llegado a China desde Occidente era aceptada por muchos arqueólogos[55], pero, posteriormente, cuando el tradicional nacionalismo chino encontró un poderoso aliado en las nuevas teorías occidentales que rechazaban con fuerza el difusionismo[56], los aspectos completamente autóctonos de la cultura china han sido reivindicados con fuerza. Sin embargo, a raíz de los recientes avances de la arqueología, la importancia de los contactos con el mundo exterior para el desarrollo de la civilización china se ha vuelto innegable.

El surgimiento de la civilización urbana en China se caracteriza por el desarrollo de la industria del bronce. A mediados del II milenio a. C., la cantidad de bronces encontrados y su mole aumentan enormemente, demostrando la presencia de una compleja estratificación social, con una élite capaz de controlar una amplia mano de obra empleada en manufacturas especializadas[57]. Por ejemplo, en una tumba real en Anyang, había un recipiente de 875 kg de peso y otros bronces para un peso total de 1600 kg[58]. Sin embargo, la metalurgia había comenzado a pequeña escala varios siglos antes: los productos metalúrgicos más antiguos encontrados dentro de las actuales fronteras chinas, datados en torno al 2000 a. C., consisten prevalentemente en objetos de cobre, a veces con adiciones de plomo y estaño, y provienen de Dunhuang, en la región de Gansu, mucho más a occidente de lo que se considera el corazón de la antigua civilización china (véase la imagen 7 en la p. 42). No es casualidad, pues se ha demostrado plenamente que la metalurgia, en concreto la del bronce, no había sido redescubierta por los chinos de manera

55 Véase por ejemplo [Chi BCC].
56 Ver arriba, pp. 20-22.
57 [Bagley SA], p. 137.
58 *Ibidem.*

independiente, sino que se difundió a lo largo de las estepas euroasiáticas[59] y los bosques septentrionales[60], de occidente a oriente, hasta Mongolia y la China noroccidental y septentrional.

En Anyang se han descubierto otras dos categorías de objetos, datados alrededor del 1200 a. C., particularmente interesantes para nuestros fines: las famosas inscripciones oraculares y carros tirados por caballos.

En general, los carros habían sido enterrados junto con los caballos y los cocheros (en Anyang se documentan sacrificios humanos con regularidad, también en masa). Mientras que, en Mesopotamia, los primeros vehículos de tracción animal habían tenido ruedas macizas y eran tirados por bueyes y otros animales, en China aparece directamente el producto final de su larga evolución. Los carros encontrados en Anyang son de hecho ligeros y veloces, con solo dos ruedas con radios, tirados por dos caballos emparejados: una solución posible únicamente con conductores muy experimentados. Dado que antes de esto se documentan en China ni ninguna clase de uso del caballo ni ningún otro empleo de ruedas, es difícil dudar del origen externo de estos vehículos. Los carros chinos son muy similares a los que se utilizaban en Egipto y Oriente Medio desde hacía tiempo, pero difieren en algunos detalles: en particular, son más grandes y las ruedas tienen más radios. Hoy sabemos que los carros de dos ruedas nacieron en las estepas[61]. La llegada de este vehículo a China desde el exterior está confirmada por el hecho de que carros con características intermedias entre los mesopotámicos y los chinos han sido hallados en Lchashen, en el Cáucaso[62], una región que tenía contactos culturales tanto con Mesopotamia como con las estepas. La función desempeñada por los pueblos de las estepas en la exportación de tecnología a China está, por lo tanto, demostrada al menos en otro campo, aparte del metalúrgico.

---

59 [An Zhimin]; [Linduff]; [Kohl MBAE], pp. 168, 237-240.

60 Para la función desempeñada por los bosques al norte de las estepas en el desarrollo de la metalurgia y en su transferencia a territorio chino véase [Sherrat TEE].

61 Ver arriba, p. 44.

62 [Shaughnessy]; [Bagley SA], p. 207.

Los huesos con inscripciones de respuestas oraculares, datados en torno al 1200 a. C., encontrados en Anyang junto con algunas inscripciones contemporáneas sobre bronce, representan la primera evidencia de la escritura en China. Se trata de un sistema plenamente desarrollado que se vale de varios miles de logogramas, descifrados solo en parte, para reproducir el lenguaje hablado, tal como lo logró el cuneiforme solo después de muchos siglos de desarrollo.

La búsqueda de escrituras chinas precursoras de esta no ha tenido éxito, a pesar de los intentos de interpretar en este sentido signos inscritos sobre caparazones de tortuga que incluso datan del VII milenio a. C., algunos de los cuales parecían anticipar posteriores caracteres chinos[63].

La misma hipótesis se planteó con respecto a marcas en vasijas de cerámica del III milenio a. C. En ambos casos, la interpretación fue rechazada por la gran mayoría de los estudiosos. Marcas aisladas no pueden considerarse una forma de escritura y la ausencia de cualquier desarrollo en los milenios posteriores no permite conectarlas con las inscripciones encontradas en Anyang (excepto, de manera eventual, en el sentido de que la elección de los caracteres estuviese influenciada por antiguas formas usadas para fines completamente distintos).

Naturalmente es posible, aún más, es probable, que en la época de los responsos oraculares de Anyang también se escribiese sobre materiales perecederos que no han dejado rastro y que solo el uso de la inscripción sobre huesos fuese algo novedoso por entonces. Sin embargo, si el uso de la escritura hubiese sido mucho más antiguo, sería difícil explicar por qué no se han encontrado escrituras inscritas en bronce más antiguas que las de Anyang. Por esta y otras razones en general se considera que la escritura china no precedió en mucho a su primer uso documentado[64].

La teoría apoyada por Gelb, según la cual la escritura habría nacido una sola vez, en Mesopotamia, y se habría luego difun-

---

63 [Li Harbottle Zhang Wang].
64 Véase por ejemplo [Boltz], p. 108.

dido hasta llegar también a China[65], era aceptada por muchos estudiosos en los años cincuenta del siglo pasado. Posteriormente, desde los años sesenta en adelante, en el contexto del rechazo al difusionismo que hemos mencionado más veces, se afirmó con fuerza la naturaleza completamente autóctona de la escritura china.

Desde el cambio de milenio, no obstante, han vuelto a surgir dudas. Ya hemos mencionado que Damerow intentó en 1999 reformular el modelo difusionista en este contexto. Algunos años después, Françoise Bottéro escribió:

> La escritura china [...] aparece alrededor del siglo XIII a. C., aproximadamente 1700 años después del inicio de la escritura en Mesopotamia. Por lo tanto, había pasado tiempo más que suficiente para que los chinos se beneficiaran de los progresos de otras civilizaciones. Si los elementos gráficos utilizados en el sistema chino de escritura no derivan de ninguna otra escritura conocida, es probable, en mi opinión, que la *idea* de la escritura provenga de Occidente. La hipótesis opuesta, la de una invención independiente de la escritura en China, es difícil de sostener. Implicaría que China estaba aislada, que el pueblo chino vivía sin contacto alguno con el resto del mundo o sin influencia externa, es decir, sin intercambio cultural, en una condición decididamente improbable. Por otro lado, la hipótesis de una difusión desde Occidente de la idea de la escritura ayudaría a entender por qué no encontramos ningún rudimento o paso inicial hacia la escritura en China y por qué aparece de repente durante la dinastía Shang como un sistema completo para transcribir el lenguaje hablado[66].

Hoy día, la hipótesis de una China aislada no puede ya considerarse solo como improbable, puesto que la contradicen hechos plenamente documentados: los contactos con el occidente no

65 Ver arriba, p. 38.
66 [Bottéro], p. 259.

solo han sido fundamentales para el desarrollo tecnológico chino, como hemos visto en los casos de la metalurgia, de los carros y la domesticación del caballo, sino que involucraron a otros aspectos de la cultura, como la religión[67]. No obstante, la posición de Bottéro todavía es minoritaria. ¿Cómo es posible? Estos son los argumentos con los que Robert Bagley defiende la tesis de una invención autónoma china:

> Hace cincuenta años, [...] filólogos como I. J. Gelb, convencidos de que la de la escritura era una invención demasiado difícil para haber ocurrido dos veces, explicaban su aparición repentina en China como efecto de un estímulo proveniente desde Mesopotamia. [...] Además, el argumento de la dificultad de la invención [de la escritura] no parece ya tan fuerte como solía serlo. La mejor comprensión de la escritura mesoamericana ha hecho más fácil (y necesario) creer en múltiples orígenes independientes de la escritura: cualquiera que fuera la dificultad que pudiera tener la invención, se hizo por los menos dos veces[68].

Jerrold Cooper es aún más explícito:

> La historia [de los orígenes de la escritura] ha cambiado drásticamente desde mi primera implicación con el problema a mitad de los años 60. Por entonces dominaba el modelo difusionista de Gelb sobre el origen de la escritura: la escritura había sido inventada en Babilonia poco antes del 3000 a. C., había estimulado rápidamente el desarrollo de la escritura en el vecino Egipto y, de maneras no bien comprendidas, había acabado por estimular el desarrollo de la escritura en China aproximadamente 1500 años después. [...] Varias décadas más tarde, todo cambió: los espectaculares avances en el desciframiento de los textos mayas han demostrado más allá de toda duda que la

67 Para las influencias occidentales en la religión china véase [Knauer].
68 [Bagley AW], pp. 226-227.

> escritura fue inventada de manera independiente por lo menos dos veces [...]. Si es cierto que la escritura se inventó más de una vez, como nos constriñe a creer la documentación mesoamericana, bien pudo haber sido inventada cuatro veces[69].

Las citas podrían multiplicarse. El argumento decisivo a favor de las evoluciones independientes y paralelas de los sistemas de escritura es siempre el que se basa en la comparación entre el Viejo y el Nuevo Mundo.

69 [Cooper], p. 71.

III. VIEJO Y NUEVO MUNDO

El gran laboratorio del neoevolucionismo

Si se prescinde del continente americano, la tesis neoevolucionista de los desarrollos independientes y paralelos de las civilizaciones es claramente insostenible. De hecho, los avances de la arqueología hacen cada vez más evidente que las civilizaciones del Viejo Mundo que han seguido un recorrido similar, llegando sucesivamente a la agricultura, a la revolución de los productos secundarios, a la escritura, a la civilización urbana y al Estado, no eran en absoluto independientes, sino que estaban vinculadas entre sí desde tiempos antiquísimos por una densa red de relaciones. En el anterior capítulo hemos visto cómo se difundió la revolución urbana, pero también en muchos otros casos se están imponiendo nuevas formas de difusionismo. Por ejemplo, las investigaciones realizadas por Bettina Schulz Paulsson sugieren que la cultura megalítica, que desde los años setenta del siglo pasado se pensaba que había surgido de manera independiente en diferentes partes de Europa, nació en un único lugar de la Francia septentrional y luego se difundió a otras partes[70].

Ahora, también para la «revolución neolítica», que tradicionalmente se pensaba ocurrió independientemente en muchas culturas distintas del Viejo Mundo, se han documentado un número creciente de casos de difusión. Ya hemos mencionado a Egipto, que recibió la cría de animales desde Mesopotamia, y a las culturas balcánicas de Cucuteni-Tripolia, donde la cría y la agricultura llegaron del Próximo Oriente[71]. Recientemente se ha demostrado, con base en datos genéticos, que la agricultura ni siquiera en África noroccidental surgió de manera autónoma, sino que fue introducida por agricultores llegados desde Europa (adonde a su vez había llegado procedente de Oriente Próximo)[72]. Para el Lejano Oriente podemos citar al arqueólogo

70 [Schulz Paulsson].

71 Véanse p. 34 y p. 41.

72 [Simões *et al.*] (el artículo me lo señaló Jaime Serrano).

chino Zhou Zhenyu, quien, tras haber estudiado la difusión de la agricultura en zonas de China y del sureste asiático, ha afirmado que «la difusión de la agricultura refleja las rutas de las migraciones humanas»[73].

Por otro lado, sabemos de muchas poblaciones que permanecieron en lo sustancial ajenas a todos estos desarrollos, que no han conocido ni la revolución neolítica, ni la urbana, ni inventos como la rueda.

El caso de la rueda permite ilustrar un fenómeno general. Su invención es una de las tantas de las que puede documentarse que han ocurrido una sola vez. Ninguno de los pueblos a los que no llegase por difusión la desarrolló de manera independiente; el África subsahariana y Australia la conocieron solo cuando fue introducida por los árabes o por los europeos[74]. Y, sin embargo, nos resulta tan sencilla y natural que imaginamos que puede haber sido concebida de manera independiente numerosas veces. Creo que el motivo profundo de esta opinión tan difundida, contradicha por la historia, es el mismo que en realidad convierte en extremadamente difíciles invenciones tan innovadoras. De hecho, no es fácil imaginar un mundo sin ruedas si se está acostumbrado a verlas desde la infancia, aunque es aún más difícil pensar en ellas en un mundo en el que todavía no existen. El transporte sobre ruedas parece en general una aplicación banal del rodar que puede observarse en la naturaleza, olvidando que su uso en realidad requiere un sistema complejo, sin ninguna analogía en la naturaleza, que, uniendo de manera estable pero no rígida diversas partes desconectadas, consiga transformar el movimiento de rodadura en movimiento de traslación del carro.

Si alguien quisiera usar la falta de invención de la rueda para argumentar, por ejemplo, la presunta inferioridad intelectual de los aborígenes australianos, podríamos invertir su razonamiento argumentando la inferioridad de todas las culturas que no lograron inventar el bumerán. Parece, en efecto, que, en au-

---

73 La afirmación («The spread of agriculture echoes the routes of human migration») se encuentra en el número del 30 de noviembre de 2023 de *China Daily*.

74 Volveremos al caso de Mesoamérica (véase más adelante pp. 65-66).

sencia de intercambios, las culturas tienden a divergir y desarrollarse de manera «arbórea», similar a cuanto ocurre en las especies biológicas y como, por otro lado, es evidente en el caso de las lenguas. No obstante, también es cierto que no todas las culturas han evolucionado de la misma manera. Algunas se han desarrollado de manera más compleja, no ciertamente las creadas por supuestas etnias «superiores», sino sencillamente aquellas que pudieron beneficiarse de un mayor intercambio cultural. Tasmania ilustra este punto con particular claridad. Su población, que vivió en completo aislamiento durante aproximadamente diez mil años —lo que la habría convertido en un objeto privilegiado de estudio para los seguidores del neoevolucionismo—, en lugar de evolucionar hacia sociedades de mayor complejidad, como se preveía en las teorías de estos estudiosos, en realidad se transformó en la dirección opuesta, alcanzando la cultura material más simple conocida en el planeta, que ignora el uso del fuego[75].

Queda un único pilar fuerte a favor del neoevolucionismo (y, por lo tanto, implícitamente, del determinismo histórico): la comparación entre Viejo y Nuevo Mundo. De hecho, no solo en Mesoamérica, al igual que en Eurasia, surgieron la ganadería y la agricultura, la cerámica, la tejeduría y la metalurgia, ciudades, escritura, sacerdotes, sacrificios y Estados, sino, como veremos, también muchos productos culturales específicos, idénticos hasta en los detalles a los elaborados en el Viejo Mundo. Dado que nada de esto podía ser conocido por los cazadores del Paleolítico que, cruzando el istmo hoy reemplazado por el estrecho de Bering, comenzaron a poblar las Américas, el Nuevo Mundo se ha utilizado como un gigantesco laboratorio en el que se demostraría la presencia de leyes universales que rigen la evolución de todas las sociedades humanas en una única dirección. El argumento se basa naturalmente en la suposición (a me-

75 Desde los años setenta del siglo XX, algunos estudiosos, contradiciendo una tesis largamente aceptada, aun así, han apoyado (sin pruebas, únicamente con la base ideológica de su por otro lado admirable anticolonialismo) que los tasmanos habrían sido capaces de prender fuego, pero lo habrían hecho mediante técnicas desconocidas, que no han dejado ninguna traza arqueológica (véase, por ejemplo, [TA], p. 3; [Ryan], p. XX).

nudo asumida implícitamente como obvia, como hemos visto hacer a Bagley y Cooper[76]) de que los océanos han constituido una barrera insuperable, asegurando el absoluto aislamiento cultural del continente americano.

La tesis herética de los contactos precolombinos

Durante los primeros siglos posteriores a la conquista española, generalmente se aceptaba la idea de que, en la antigüedad, hubo relaciones estrechas entre América y los demás continentes. Cuando los europeos entraron en contacto con las civilizaciones americanas, buscaron de hecho encuadrarlas en su propia cultura tradicional imaginando relaciones directas de filiación. Bartolomé de Las Casas creía que los indígenas americanos descendían de las tribus perdidas de Israel; esta teoría, que también permitía incluir el Nuevo Mundo en el ámbito de la historia bíblica, puede parecer hoy día extravagante, pero tuvo mucho seguimiento durante siglos (en el siglo XVI fue acogida, entre otros, por Hugo Grocio) y todavía es aceptada por los mormones[77]. Otros imaginaron que Mesoamérica había sido colonizada por los egipcios: una idea, sugerida también por las pirámides mayas, que nuevamente fue acogida entre los siglos XIX y XX por el hiperdifusionista Smith. Hubo otros intentos de vincular de manera sencilla y mecánica las culturas americanas con las tradicionalmente conocidas del Viejo Mundo.

En la primera mitad del siglo XX, historiadores y arqueólogos criticaron cada vez con mayor firmeza estos intentos simplistas, a menudo basados en elementos míticos, de adueñarse de las civilizaciones americanas como subproductos de la cultura del Viejo Mundo.

---

76 Ver arriba, pp. 51-52.

77 En el Libro de Mormón, texto sagrado para el mormonismo (cuyo fundador, Joseph Smith (1805-1844), afirmaba haberlo recibido de un ángel), se describen dos antiguas migraciones de hebreos hacia América, una a través del Atlántico y otra a través del Pacífico.

En 1948, Alfred Louis Kroeber, quien en otros casos incluso había sido un difusionista convencido[78], ratificaba la expulsión de la historiografía oficial de toda idea de influencia externa en el continente americano:

> *No specialist in American archaeology at present sees any place where there is room for a significant Old World influence in the unfolding of his story. The various theories «explaining» the cultures of Mexico and Peru as derived from China, India, Farther India, or Oceania are all views of non-Americanistic scholars or the speculations of amateurs*[79].

> Ningún especialista en arqueología americana en la actualidad ve ningún lugar donde haya espacio para una influencia significativa del Viejo Mundo en el desarrollo de su historia. Las diversas teorías que «explican» las culturas de México y Perú como derivadas de China, India, India Lejana u Oceanía son opiniones de académicos no especializados en América o especulaciones de aficionados.

Posteriormente, en los años cincuenta y sesenta, hubo un resurgimiento del interés en la hipótesis de contactos precolombinos, que fue respaldada, entre otros, por Lewis Mumford[80]. Un importante simposio sobre este tema fue organizado en Santa Fe en mayo de 1968 por la Society for American Archaeology[81]. Sin embargo, los defensores de las relaciones transoceánicas eran una minoría con una dura oposición.

Uno de los participantes en el simposio, Gordon F. Ekholm, escribió en esa ocasión:

---

78 Ver arriba, pp. 19-20.

79 [Kroeber A], p. 318.

80 Mumford, famoso sobre todo por sus estudios sobre la tecnología y las estructuras urbanas, sostiene que las civilizaciones mesoamericanas tenían una estructura demasiado similar a las del Viejo Mundo como para pensar que hubiesen evolucionado independientemente ([Mumford], pp. 122-127).

81 La mayor parte de las intervenciones están publicadas en [Riley Kelley Pennington Rands].

There are, of course, many problems concerning the kind of evidence that have been presented in the area of transpacific contacts, but the principal difficulty appears to be a kind of theoretical roadblock that stops short our thinking about question of diffusion or culture contact. This is true in anthropological thought generally, but the obstruction seems to be particularly solid and resistant among American archeologists[82].

Por supuesto, existen muchos problemas relacionados con el tipo de evidencia que se ha presentado en el área de los contactos transpacíficos, pero la dificultad principal parece ser una especie de obstáculo teórico que limita nuestra reflexión sobre cuestiones de difusión o contacto cultural. Esto es cierto en el pensamiento antropológico en general, pero la obstrucción parece ser particularmente sólida y resistente entre los arqueólogos estadounidenses.

En los años sucesivos, la idea de antiguos contactos transoceánicos fue nuevamente expulsada de la cultura oficial, con pocas excepciones[83]. La actitud de la comunidad académica sobre el tema se expresa claramente en algunas afirmaciones escritas al comienzo del tratado con mayor autoridad sobre la civilización maya. Criticando a los difusionistas que habían atribuido el surgimiento de las civilizaciones americanas a influencias llegadas desde el Viejo Mundo, escribe Robert Sharer:

Such popular myths are completely devoid of fact, for the evidence is clear that civilization in the Americas evolved independently of developments in the Old World. After more

82 [Ekholm DAE], p. 54.

83 Entre los libros heterodoxos rechazados por la comunidad académica hay que citar [Heyerdahl] (escrito por el famoso Thor Heyerdahl, quien atravesó los océanos Pacífico y Atlántico sobre balsas construidas sin tecnología moderna), que contiene, a mi parecer, varias observaciones interesantes. Una excepción relevante, no ajena a los círculos académicos, es la conferencia sobre intercambios culturales en la antigüedad organizada en 2001 por la University of Pennsylvania, que también abordó la cuestión de los contactos precolombinos (las actas se han publicado parcialmente en [Mair CEAW]). Otra excepción más reciente es [Jett].

than a century of gathering and analyzing archaeological evidence, nothing has been found to support interventions by peoples from the Old World, let alone mythical lands such as Atlantis. Rather, the evidence points consistently to an indigenous cultural development in the Americas. After migrations populated North and South America from Asia over twelve thousand years ago, the peoples of the Americas began a long voyage of social and cultural development. They invented new hunting technologies that allowed Native American societies to grow and prosper. Although they followed the same general course as societies in the Old World, the peoples of the Americas indipendently invented agriculture, pottery, irrigation, metallurgy, and writing, culminating in the development of cities and civilization[84].

Tales mitos populares carecen por completo de base, ya que las pruebas son claras sobre que la civilización en las Américas evolucionó de manera independiente a los desarrollos en el Viejo Mundo. Después de más de un siglo de recolección y análisis de pruebas arqueológicas, no se ha encontrado nada que respalde intervenciones por parte de personas del Viejo Mundo, y mucho menos de tierras míticas como la Atlántida. Más bien, las pruebas apuntan de manera consistente hacia un desarrollo cultural autóctono en las Américas. Después de que las migraciones poblaran América del Norte y del Sur desde Asia hace más de doce mil años, los pueblos de las Américas emprendieron un largo viaje de desarrollo social y cultural. Inventaron nuevas tecnologías de caza que permitieron que las sociedades nativas americanas crecieran y prosperaran. Aunque siguieron el mismo curso general que las sociedades del Viejo Mundo, los pueblos de las Américas inventaron de forma independiente la agricultura, la cerámica, la irrigación, la metalurgia y la escritura, culminando en el desarrollo de ciudades y la civilización.

84 [Sharer Traxler], p. 7.

El estrecho vínculo entre el aislacionismo y la convicción, propia del neoevolucionismo, de que todas las civilizaciones humanas han seguido un recorrido en lo sustancial idéntico es aquí clarísimo. Las motivaciones ideológicas en la base de la convicción aislacionista de Sharer y de su intolerancia hacia las hipótesis de contactos transatlánticos, todas ellas englobadas apresuradamente en la categoría de «mitos populares», traslucen con bastante claridad en la frase que había escrito justo antes:

> *This and similar discredited ideas assert that the peoples of the Americas were incapable of shaping their own destiny or of developing sophisticated cultures independently of Old World influence*[85].

> Estas y otras ideas desacreditadas similares sostienen que los pueblos de las Américas eran incapaces de forjar su propio destino o de desarrollar culturas sofisticadas de forma independiente de la influencia del Viejo Mundo.

El aislacionismo es extrañamente visto como la única forma de afirmar la capacidad de los «pueblos de América» de forjar su propio destino, reivindicada con tonos que parecen un eco de la Declaración de Independencia de 1776. Para muchos arqueólogos americanos, que evidentemente basan su propia identidad en elementos más geográficos que históricos, la posibilidad de antiguas influencias externas sobre las culturas indígenas de su mismo continente parece un claro atentado a la independencia «americana»[86]. En el prefacio a la primera edición del mismo tratado, Sylvanus Morley, elogiando los libros sobre la civilización maya de John Lloyd Stephens, escribió:

---

85 *Ibidem.*

86 Un libro muy interesante sobre la influencia de las ideas nacionalistas en las investigaciones arqueológicas es [Kohl Fawcett]. Sin embargo, los ensayos ahí reunidos tratan de investigaciones realizadas en Europa occidental y oriental y en Asia, sin tener nunca en cuenta a los arqueólogos americanos. Podemos preguntarnos si esta laguna se debe en parte a las nacionalidades de Kohl y Fawcett (estadounidense y canadiense, respectivamente).

... after their appearance, knowledge of the Maya, who developed our greatest native American civilization, became general on both sides of the Atlantic[87].

... después de su aparición, el conocimiento de los mayas, quienes desarrollaron nuestra mayor civilización nativa americana, se volvió común en ambos lados del Atlántico.

La extraña identificación del autor con las sociedades indígenas del propio continente en cuanto que «americanas» se hace aquí evidente por el uso del posesivo *our.* Erik Reed señalaba en la convención de Santa Fe que la hipótesis de los contactos transpacíficos, sí, es rechazada por la comunidad académica, pero se considera menos herética que la de los contactos transatlánticos[88]. No debe sorprendernos: después de todo, la guerra de Independencia de Estados Unidos no se libró contra potencias asiáticas. En todos los sectores disciplinarios, cuando una idea con elementos de plausibilidad es expulsada con intransigencia por la comunidad científica, que acepta de manera sólida un paradigma no obstante no ser capaz de dar cuenta de una serie de hechos, esa idea se torna prerrogativa de diletantes y «tránsfugas» de la academia de diversos tipos. Esto da lugar a una comunidad alternativa muy heterogénea, en la que serios estudiosos heterodoxos conviven con personajes fantasiosos en busca de publicidad y personas dotadas de pasión e intuición, pero rara vez del bagaje técnico necesario para realizar investigaciones con la consideración de confiables por los académicos profesionales.

La idea expulsada por la academia queda así aún más desacreditada, desencadenando un círculo vicioso que la hace parecer más falsa cuanto más crédito recibe en entornos frecuentados por aficionados. En nuestro caso existen muchos libros sobre los antiguos viajes a América, de diverso nivel, escritos por no especialistas. En general, carecen de un análisis crítico

87 Citado en [Sharer Traxler], p. XXVIII.
88 [Reed], p. 109.

de los presuntos testimonios y a menudo incluyen argumentos completamente absurdos, pero también pueden encontrarse noticias interesantes que, habiendo sido rechazadas por la literatura académica, no han podido aparecer en ningún otro lugar.

Elementos culturales en común

Uno de los principales argumentos esgrimidos por los defensores de los antiguos contactos transoceánicos entre el continente americano y el Viejo Mundo se basa en la coincidencia de elementos culturales específicos.

Se han encontrado muchísimos, en los ámbitos más diversos, pero naturalmente no pueden ser aceptados como prueba por los aislacionistas. Si se está convencido de que entre dos civilizaciones no hubo nunca ningún contacto, la presencia de elementos compartidos puede siempre considerarse efecto de las limitadas posibilidades a disposición del ser humano y del peso de las características biológicas de la especie humana en la construcción cultural. Cada descubrimiento de un elemento común puede ser utilizado tanto para respaldar la hipótesis de los contactos como para respaldar el determinismo histórico, reforzando las convicciones preexistentes en cada cual.

Algunos ejemplos, aunque no puedan convencer a los aislacionistas, pueden en cambio mostrar hasta qué punto debe estirarse el determinismo para aceptar el ideal del aislamiento cultural del continente americano.

Muchos académicos consideran que la idea de la escritura, en cuanto que «natural», brotó independientemente en las mentes de humanos pertenecientes a civilizaciones diversas y distantes. Quien esté convencido de que sea «natural» registrar informaciones de forma duradera, en cambio, tiene que admitir que el de «escribir», es decir, trazar signos en un soporte, no es el único modo para hacerlo. Por ejemplo, la idea de usar cordones anudados no se le habría ocurrido a quien nunca hubiese oído hablar del *quipu* del antiguo Perú. Incluso aunque se reconsiderase como natural el uso de «escribir», tiene que admitirse que depositar una tinta sobre hojas, obtenidas entrelazando fibras vegetales, no es ciertamente la única posibilidad; estando acostumbrados a los libros desde la infancia, si no hubiéramos sabido acerca de las tablillas mesopotámicas, probablemente no habríamos pensado en la alternativa de cocer arcilla grabada, igual que nos resulta difícil imaginar otras posibilidades nunca realizadas. Pero incluso si se asume que es «natural» escribir con tinta sobre hojas obtenidas de fibras vegetales, no es necesario recopilarlas en libros: se podrían usar rollos u otra cosa. El hecho de que en América central se utilizasen libros parecidos en todo al «códex» de época romana puede, por lo tanto, hacer reflexionar.

Los mayas jugaban a la pelota y a los dados. Estos juegos probablemente parecen demasiado «naturales» (al menos a quien los haya practicado siempre o, cuando menos, a quien haya oído hablar de ellos) como para constituir indicios de difusión, pero un juego de mesa como el *patolli*, jugado con variantes en todas las culturas mesoamericanas, a algún estudioso le ha parecido demasiado parecido al indio *pachisi* como para haber surgido independientemente[89]. De todas formas, también en este caso, otros han explicado la semejanza debido al reducido número de posibilidades con las que, a su parecer, sería posible idear un juego de mesa[90].

La metalurgia puede parecer «natural», aunque parece que en el Viejo Mundo se difundió sin ser reinventada dos veces independientemente. Pero la estrecha concordancia entre una serie de técnicas específicas utilizadas en América y en Eurasia, incluida la del «moldeo a la cera perdida», es de difícil explicación sin un proceso de difusión, según algún académico[91].

Se han compilado largas listas de productos culturales de todo tipo que, siendo comunes tanto en el Viejo como en el Nuevo Mundo, sugieren la posibilidad de un fenómeno de difusión[92].

---

89 [Hoebel], p. 76.
90 [Lewis].
91 [Heine-Geldern AHSM].
92 [Sorenson Raish].

En el caso de elaboraciones teóricas, el juicio sobre el origen de las coincidencias depende de la posición filosófica de quien juzga. Para un matemático de orientación neoplatónica (como lo son la mayoría de los matemáticos contemporáneos, a menudo inconscientemente), la presencia del cero en la cultura maya no resulta particularmente significativa: sencillamente, muestra que los intelectuales de aquella civilización habían «descubierto» un ente que tendría en todo caso una realidad propia, independiente de eventuales descubridores. Sin embargo, para quien considera que el cero, como todos los conceptos matemáticos, es un producto de la cultura humana, su presencia en Mesoamérica puede parecer más plausible como efecto de un fenómeno de difusión. La segunda opinión está respaldada por el hecho de que, en el resto del mundo, el cero ciertamente nació una sola vez, en Mesopotamia, desde donde se difundió a todas las culturas que lo adoptaron posteriormente. Queda claro que la solución al problema del origen del cero de los mayas, en uno u otro sentido, tendría importantes repercusiones sobre el antiguo problema de la realidad de los objetos matemáticos.

Imagen 8. Figurillas precolombinas encontradas en Vera Cruz, México.

Con algunos productos tecnológicos, la hipótesis de la difusión reúne un mayor número de consensos. Por ejemplo, a muchos les parece poco plausible que en Mesoamérica se hayan reinventado independientemente sellos cilíndricos iguales a los usados desde tiempos remotos en Oriente Próximo[93].

Personalmente, me parece aún más convincente el caso de la rueda. En el Viejo Mundo, como hemos visto, faltan vehículos con ruedas allá donde no llegó su difusión y no fueron nunca reinventados independientemente. Tales vehículos nacieron para ser usados con animales de tiro que no existían en las civilizaciones precolombinas. Y, sin embargo, en México han sido halladas figurillas de época precolombina de animales montados sobre ruedas. Los animales están hechos de terracota y los ejes de las ruedas son de madera[94]. En un principio interpretados como juguetes, probablemente se trate realmente de objetos rituales.

Parece un caso típico de «fósil» cultural[95], es decir, de un residuo proveniente de una cultura donde existían auténticos vehículos con ruedas. Como es natural, quien esté convencido de que estamos predeterminados genéticamente para concebir también, entra muchas otras cosas, vehículos con ruedas no aceptará esta clase de «pruebas» de contactos. No obstante, tendría que ser capaz de explicar (preferiblemente evitando ideas racistas) por qué esta predeterminación no ha funcionado en el África subsahariana ni en Australia. En cualquier caso, me parece imposible explicar los radios figurados de las ruedas de algunas figurillas precolombinas (como el de la imagen 8) sin plantear contactos con culturas en las que existían auténticas ruedas con radios. De hecho, las ruedas con radios se idearon para aligerar los vehículos y los radios figurados de las figurillas, que no tienen ninguna funcionalidad posible, solo pueden explicarse como «fósiles culturales», es decir, como reproducciones de una estructura funcional de la que los artesanos precolombinos debieron tener alguna noticia. Naturalmente, es posi-

93 [Borhegyi]; [Bachand].
94 [Ekholm WTM]; [Diehl Mandeville].
95 Ver arriba, p. 24.

ble imaginar varias maneras de transmitir a través del océano la idea del transporte sobre ruedas: la más sencilla probablemente sea justo la de exportar figurillas de vehículos con ruedas[96].

Las expediciones vikingas en América

Alrededor del 985, vikingos llegados desde Islandia fundaron dos asentamientos en Groenlandia y hacia el 1000, explorando el océano al oeste, colonos groenlandeses llegaron a tres zonas distintas de América septentrional, a las que llamaron, comenzando desde el norte y bajando hacia el sur, Helluland («la tierra de las piedras lisas»), Markland («la tierra de los bosques») y Vinland («la tierra del vino»)[97].

Los viajes hacia América están descritos en textos escritos en nórdico antiguo (la lengua de los vikingos) conservados y leídos continuamente hasta hoy[98], pero, debido al ostracismo de los contactos transatlánticos durante mucho tiempo, se analizaron con total escepticismo. Después de que, en 1960, Anne Stine Ingstad y Helge Ingstad hallasen los restos de una aldea vikinga en Terranova, ya no se pudo negar la realidad de estas expediciones, pero su alcance ha sido minimizado hasta el punto de difundirse la convicción de que, al no haber tenido consecuencia histórica alguna, pueden ser ignoradas completamente como si nunca hubiesen existido.

---

96 Desde la invención de la rueda, en diversas civilizaciones euroasiáticas se difundieron, con fines rituales, figurillas de terracota de vehículos con ruedas, con o sin animales de tiro, también con animales montados directamente sobre ruedas. Aquí recordaremos solo las más antiguas, datadas en el IV milenio a. C., encontradas en la actual Hungría oriental ([Anthony]), p. 69), y las figurillas tiradas por mulos, del siglo VII a. C., expuestas en el Museo Arqueológico de Pithecusae (en Lacco Ameno, isla de Isquia). Una interesante comparación entre las figurillas precolombinas y las del Viejo Mundo, en [von Winning]; comparaciones análogas se recogen en [Heyerdahl].

97 Particularmente útil acerca de los asentamientos vikingos en Groenlandia y las posteriores expediciones hacia América [Seaver].

98 Los principales textos que describen las expediciones hacia América son el sexto capítulo del *Íslendingabók* y las dos sagas: la *Grœnlendinga saga* y la *Eiríks saga rauða*.

Una importante pista lingüística de esta actitud se halla en el uso del término *precolombino*. Cuando se debate sobre la posibilidad, en general para negarla, de eventuales contactos *precolombinos* con América, se sobreentiende de hecho, evidentemente, «aparte de los viajes de los vikingos, obviamente irrelevantes».

La presunta irrelevancia histórica de las exploraciones vikingas se sostiene normalmente en tres puntos:

a. Se trató de unos pocos viajes esporádicos.
b. No tuvieron ninguna influencia sobre las culturas indígenas americanas.
c. En Europa se perdió el recuerdo por completo.

El primer punto es ciertamente falso. Cada vez está más claro que los viajes entre Groenlandia y América del Norte continuaron durante varios siglos, como muestra Kirsten Seaver con varios argumentos, en particular recordando que en los *Anales islandeses* (*Skálholt Annals*) se refiere que, en 1347, una pequeña embarcación con diecisiete hombres navegó desde Groenlandia hasta Markland y a su regreso fue desviada por las borrascas hacia Islandia[99].

En cuanto a las consecuencias culturales de las expediciones sobre las poblaciones americanas, probablemente, no han sido estudiadas suficientemente, pero se ha demostrado su existencia[100].

El punto que más nos interesa es el tercero. La opinión, todavía predominante, de que en Europa no se recordaba nada de las expediciones vikingas en América se basa sobre todo en la ausencia de menciones al respecto en la literatura de la Edad Media europea. Naturalmente, hay que hacer una excepción con las sagas nórdicas, y no se trata de la única excepción. Adán de Bremen, en su *Historia de los arzobispos de Bremen y Hamburgo*, escrita alrededor del 1070, recoge noticias sobre Vinland[101] y recientemente se descubrió que también el milanés Galvano

99 [Seaver], pp. 28-30.
100 [Sutherland].
101 Adán de Bremen, *Gesta Hammaburgensis ecclesiae pontificum, Descriptio insularum aquilonis*, 38.

Fiamma, en su *Cronica universalis*, escrita en torno al 1340, menciona la tierra de «Marckalada», más allá de Groenlandia. El pasaje más interesante es el siguiente:

> Los marineros que frecuentan los mares de Dinamarca y Noruega dicen que más allá de Noruega, hacia el septentrión, se encuentra Islandia. Mas allá hay una isla llamada Grolandia [...]. Allí viven enormes osos blancos, que nadan en el mar y llevan a la costa a los náufragos; y allí viven halcones blancos de vuelo imponente, que son enviados al emperador de los tártaros en el Catai. Y aún más a occidente hay una tierra llamada Marckalada. Los habitantes del lugar son gigantes: existen edificios de piedras tan grandes que ningún hombre sería capaz de colocar, aparte de enormes gigantes. Allí hay árboles verdes, animales y muchísimos pájaros. Pero no ha habido nunca un marinero que haya logrado saber con seguridad noticias de esta tierra y de sus características[102].

El texto de Galvano está repleto de noticias evidentemente falsas, pero no hay duda de que la Marckalada (o *Marchalanda*, en la *Cronica* se usan ambas grafías[103]) de la que habla, situada a occidente de la *Grolandia* (evidentemente Groenlandia) es la Markland de las sagas nórdicas. Tenemos uno de tantos ejemplos de textos que transmiten una información correcta envolviéndola en un contexto fantasioso. El punto más interesante es otro: Galvano Fiamma no obtiene las informaciones sobre Marckalada de las sagas, sino que cita como su fuente a los *marineros*. El descubridor de la mención a Marckalada, Paolo Chiesa, sobre la base de muchos otros elementos, ha llegado a la conclusión de que las noticias recogidas por Galvano (de manera indirecta probablemente) provenían de marineros genoveses. Citamos una esclarecedora consideración suya:

102 [Chiesa], pp. 34-35.

103 Paolo Chiesa señala que con toda probabilidad el término nórdico se italianizó en *Marckalanda* y Galvano (o el copista), en un caso, omitió la *n* y, en el otro, sustituyó la exótica *k* con la más familiar *h* ([Chiesa], pp. 116-117).

> Nada nuevo nos dice Galvano sobre quién ha descubierto América, si acaso nos demuestra la permeabilidad de los mundos, entre el Norte y el Mediterráneo, entre el Este y el Oeste; un contacto que no pasa por libros y Gobiernos, sino por experiencias de viaje[104].

El recuerdo de las expediciones vikingas en América, ausente casi por completo en la literatura, en la práctica lo conservaron mucho mejor los marineros. Veremos que también en la antigüedad los marineros conocían las rutas hacia lugares lejanos mucho mejor que geógafos y gobernantes.

Podemos preguntarnos si en la Edad Media europea también se conservó el conocimiento de la ruta que seguir para arribar a tierras americanas. Estos conocimientos estaban seguramente muy extendidos entre los colonos groenlandeses, que habían seguido viajando en las dos direcciones durante siglos y no estaban para nada aislados. Se consideraban parte integral de Europa y estaban en contacto con las potencias del continente: no solo con Islandia, Noruega y demás países nórdicos, sino también con el papa. De hecho, el obispo de la diócesis groenlandesa era nombrado por Roma y siempre se trasladaba desde Europa.

De los dos asentamientos, el occidental fue abandonado alrededor del año 1350, mientras que el llamado «oriental» (que en realidad estaba cerca del extremo sur de Groenlandia) estuvo activo hasta un año impreciso del siglo xv. La falta de información sobre la fase final de la vida de este segundo asentamiento también puede atribuirse con seguridad al deterioro de las condiciones de Islandia, debido en parte a razones políticas (unida hasta entonces a Noruega, en 1380 pasa a formar parte de la Unión de Kalmar, dominada por Dinamarca, mucho menos interesada que Noruega en el comercio con Islandia) y en parte a la plaga que la afligió en 1402-1404. En la nueva situación que se creó a principios del siglo xv, los islandeses interrumpieron la compilación de anales, que hasta entonces habían sido la princi-

104 [Chiesa], p. 116.

pal fuente de información sobre los asentamientos groenlandeses. También se habían interrumpido las relaciones directas con Roma a fines del siglo XIV, cuando la sede episcopal groenlandesa quedó vacante. En la primera mitad del siglo XV, las aguas del Atlántico Norte fueron cada vez más frecuentadas por flotas pesqueras inglesas en busca de bancos de bacalao y es probable que, en ese momento, los colonos groenlandeses comenzaran a tener más contacto con los ingleses que con la «madre patria» islandesa en crisis[105]. La tesis, largo tiempo aceptada, de que el asentamiento oriental tuvo un final trágico se considera cada vez con más escepticismo por parte de los académicos.

Hoy en día, se cree más bien que los colonos, al igual que los del asentamiento occidental, sencillamente tuvieron que mudarse a otro lugar, no solo debido al enfriamiento que caracterizó la llegada de la llamada «pequeña era glacial», sino también y sobre todo debido al aumento del nivel del agua, que llevó a la gradual inundación del asentamiento[106]. En cuanto al posible destino de los colonos, se han planteado varias hipótesis, pero ninguna respaldada por argumentos decisivos. En cuanto a la fecha, es plausible que la emigración se produjera en la segunda mitad del siglo XV.

Según la biografía escrita por su hijo Fernando, en 1477, a la edad de 26 años, Cristobal Colón habría visitado «Tile» (es decir, Tule) y habría comprobado que la latitud recogida en la *Geografía* de Ptolomeo, de 63°, no era correcta, ya que él mismo alcanzó la latitud de 73° N. Si la latitud se midió sin errores demasiado toscos y se citó correctamente, debió de llegar a Groenlandia (a esa latitud no hay otras alternativas posibles), a la que evidentemente identificó con la antigua Tule. En 1497, Juan Caboto

105 Sobre este punto pueden leerse los capítulos 7, 8 y 9 de [Seaver]. Las relaciones entre groenlandeses e ingleses se insinúan, entre otras cosas, por dos objetos, casi con seguridad son de factura inglesa (una cruz y un cuchillo), encontrados en el asentamiento oriental.

106 Es interesante leer sobre este argumento, aparte de [Seaver] y [Berglund], el reciente [Borreggine *et al.*], que demuestra el aumento del nivel del agua. En [Diamond], en cambio, se expone la opinión de que el trágico final del asentamiento se debió a una presunta incapacidad de los vikingos de adaptarse al ambiente.

partió de Bristol (un puerto frecuentado por barcos pesqueros que se dirigían a Islandia y otros lugares del Atlántico Norte) para llegar a Terranova, esto es, una de las tierras a las que llegaron los groenlandeses (no sabemos si la llamaron Markland o Vinland).

Parece improbable que no trascendiese a los grandes exploradores ninguna información sobre la ruta a América por parte de los groenlandeses emigrados, exploradores que pocos años después navegaron por los mismos mares y llegaron a los mismos destinos. Es más razonable suponer que un hilo continuo une las hazañas vikingas con los viajes de la época de los «grandes descubrimientos (¿o redescubrimientos?) geográficos»[107].

En el capítulo II vimos cómo, respecto a antiguas civilizaciones, se pensaba que carecían de contactos recíprocos debido a la falta de excavaciones arqueológicas en las zonas intermedias. La historia de la colonia groenlandesa sugiere que, de la misma manera, la escasez de información recogida en las fuentes escritas podría ocultar a nuestra vista las relaciones entre eventos conectados por cadenas causales, difíciles de documentar hoy día. Además, nos recuerda que el conocimiento (en este caso sobre rutas marítimas) no necesariamente está ausente cuando este ni se difunde ni se comparte; en muchos casos puede permanecer confinado en ambientes restringidos y propagarse a través de hilos tan delgados que apenas son rastreables: el descubrimiento de que, durante el siglo XIV, marineros genoveses tuvieron noticias (desconocemos cuán precisas y fiables) sobre tierras americanas[108] nos ha mostrado un buen ejemplo.

107 Muchos elementos a favor de esta tesis están recopilados en [Seaver].

108 Véase arriba, p. 68. Naturalmente, lo que podemos leer en la obra de Galvano Fiamma, que recoge parte de lo que ha escuchado de alguien que habló con marineros genoveses que a su vez habían hablado con marineros de Europa del Norte, solo transmite un eco lejano de informaciones originales.

¿Era posible cruzar el Atlántico en la Antigüedad?

Podemos preguntarnos si eran técnicamente posibles antiguos contactos entre Viejo y Nuevo Mundo. Dado que las civilizaciones precolombinas ignoraban la navegación oceánica, la cuestión equivale a preguntarnos si las naves del mundo mediterráneo antiguo tenían la posibilidad técnica de alcanzar las Américas.

Hace tiempo se tendía a excluirlo, sobre todo porque, si no el cruce del Atlántico desde Europa a América, al menos el viaje de regreso no habría sido realizable con las técnicas náuticas difundidas en la Europa latina de la Edad Media y se tendía, a menudo inconscientemente, a considerar tales técnicas como un estándar solo superado por los mismos europeos en la época de los grandes descubrimientos geográficos. Ahora que sabemos que los vikingos no tuvieron problemas en cruzar el Atlántico en ambas direcciones y que antiguas poblaciones polinesias, tradicionalmente consideradas de bajo nivel tecnológico según criterios tradicionales, navegaban a lo largo y ancho del océano Pacífico, la actitud, necesariamente, ha cambiado: se ha hecho evidente que el nivel particularmente bajo de la náutica en la Europa latina medieval no puede utilizarse como criterio privilegiado de referencia.

La navegación oceánica fue practicada por numerosos pueblos en la Antigüedad[109] y es factible incluso con balsas y pequeñas embarcaciones de varios tipos, como lo demuestran no solo las famosas hazañas de Thor Heyerdahl, sino también cientos de travesías del Atlántico bien documentadas, realizadas en diferentes épocas con pequeñas embarcaciones de todo tipo[110].

Por otro lado, sabemos que el tamaño de las embarcaciones helenísticas solo fue superado en la época napoleónica[111]. Naturalmente, el tamaño de las embarcaciones no es la principal característica que asegura la posibilidad de la navegación oceánica. Es mucho más importante la capacidad de ceñir el viento.

---

109 Véase, por ejemplo, [Helms].

110 [Barton]; [Kehoe]. Entra las muchas travesías documentables del Atlántico también hay una efectuada a finales del siglo XVII por un kayak.

111 Véase, por ejemplo, [Casson], p. 188.

La tendencia a subestimar los antiguos conocimientos ha sido tan fuerte que durante mucho tiempo se pensaba que en la antigüedad no era posible navegar de bolina. Y, sin embargo, esta maniobra, cuya introducción no solo estaba señalada con una terminología concreta[112] (conocida en griego y en latín, pero puede suponerse que la terminología púnica al respecto fuese más rica y precisa) y descrita por varios autores clásicos[113], sino que también recibió una explicación científica, correcta en lo fundamental[114], completamente desconocida en tiempos de Colón. Los griegos atribuían la introducción de esta técnica a los fenicios[115].

Veremos que en la Antigüedad se realizaron hazañas sin parangón en la Europa latina hasta finales del siglo XV: en particular, el cartaginés Hannón (en el siglo V a. C., si no antes) dirigió una flota desde el Atlántico Sur al Mediterráneo[116], superando la que se considera la principal dificultad cuando se navega en ese océano. Por lo tanto, no parece que haya motivo alguno para asumir que fenicios, cartagineses y griegos fueran necesariamente marineros menos hábiles que polinesios y vikingos. Si añadimos que Colón ideó su expedición gracias a la recuperación parcial de conocimientos de la geografía matemática helenística[117], la idea de que en la Antigüedad no existían los conocimientos técnicos necesarios para una travesía oceánica solo puede atribuirse a un «mal de mar intelectual»[118] que llevó a atri-

112 En griego, «navegar de bolina» se decía ποδιαίον ποιείσθαι (véase, por ejemplo, Pseudo-Aristoteles, *Mechanica*, 851b); en latín se usó el calco *facere pedem* (véase, por ejemplo, Virgilio, *Eneida*, V, 830-32).

113 Por ejemplo, Luciano, *Navigium*, 9; Nicandro de Colofón, *Theriaca*, 268-270; Plinio, *Naturalis Historia*, II, 128; Virgilio, *Eneida*, V, 830-832 (este y otros pasos están citados en [Casson], pp. 273-278).

114 Pseudo-Aristóteles, *Mechanica*, 851b, 7-14.

115 Filóstrato, *Heroicus*, i, 2.

116 Ver más adelante, pp. 123-124.

117 La idea de alcanzar las Indias viajando hacia occidente se la sugirió a Colón Paolo dal Pozzo Toscanelli, que había estudiado la *Geographia* de Ptolomeo (llegada a Italia desde Constantinopla a principios del siglo XV y publicada impresa por primera vez en 1475). Esta obra, que trataremos ampliamente, exponía las nociones de geografía matemática y de cartografía indispensables para trazar rutas oceánicas teniendo en cuenta la esfericidad de la Tierra.

118 La expresión se encuentra en [Easton].

buir, sin justificación alguna, a todos «los antiguos» el pánico hacia el océano experimentado por los intelectuales romanos[119]. En definitiva, los antiguos contactos transoceánicos eran ciertamente posibles y constituyen una condición necesaria (aunque no suficiente) para que ocurrieran esos significativos intercambios culturales sin los cuales hay que concluir que la cultura humana está biológicamente determinada hasta en los detalles.

Hasta que no se encuentre una prueba irrefutable de tales contactos, su presunta ausencia puede utilizarse como confirmación del determinismo. En el próximo capítulo, ilustraremos con ejemplos el tipo de argumentos utilizados hasta ahora para respaldar la tesis de los contactos precolombinos y los métodos con los que han sido refutados.

---

119 El mito de la imposibilidad de cruzar el Atlántico en la Antigüedad se analiza extensamente en [Jett], pp. 15-56. Más adelante (pp. 127-28) volveremos al tema del horror al océano experimentado por los intelectuales romanos.

IV. POSIBLES EVIDENCIAS DE ANTIGUOS CONTACTOS TRANSATLÁNTICOS

FUENTES AMERICANAS

Si en la Antigüedad hubo contactos significativos entre el Viejo y el Nuevo Mundo, quizás podríamos rastrear su recuerdo en los escritos de las culturas mesoamericanas. Lamentablemente, la investigación es harto difícil por la sistemática destrucción de las fuentes, descrita con elocuencia por uno de los principales estudiosos (y a la vez, destructor) de la cultura maya del siglo XVI: el fraile, luego obispo, Diego de Landa, quien alrededor de 1566 escribía:

> Usaba también esta gente de ciertos caracteres o letras con las cuales escribían en sus libros sus cosas antiguas y sus ciencias, y con ellas y figuras y algunas señales en las figuras entendían sus cosas y las daban a entender y enseñaban. Hallámosles gran número de libros de estas sus letras, y porque no tenían cosas en que no hubiese superstición y falsedades del demonio, se los quemamos todos, lo cual sentían a maravilla y les daba pena[120].

Solo han sobrevivido cuatro códices mayas y de la obra más importante de aquella literatura, el libro sagrado conocido como el *Popol Vuh,* que narra la historia del origen del pueblo maya quiché comenzando desde la creación del mundo, no conocemos su versión original. Entre 1701 y 1703, el fraile Francisco Ximénez encontró un manuscrito en lengua quiché transcrito en caracteres latinos, que se remonta al primer período colonial; lo copió y tradujo al español[121]. ¿El *Popol Vuh* contiene indicios de antiguas relaciones con poblaciones al otro lado del Atlántico? La respuesta depende de la interpretación del texto. Presentemos algunos pasajes.

---

120 Diego de Landa, *Relación de las cosas de Yucatán* (p. 85, en [de Landa]).

121 N. del T.: Original de la traducción de Ximénez en *Popol Vuh*, trad. de Francisco Ximénez. Editorial Cultura, M.º de Cultura y Deportes de Guatemala, 2021.

Se dice que todo el pueblo quiché desciende de cuatro hombres y cuatro mujeres:

> ... muchísimos fueron los poderosos y no solo fueron cuatro, sino que solo cuatro fueron los padres de nosotros los quichés. Fueron diferentes los nombres de cada uno cuando se multiplicaron allá en el Oriente y fueron muchos los nombres de la gente: unos se llamaron Tepeu, otros Oloman, Cohah, Que-nech Ahau. Así fueron llamados allá en el Oriente donde se multiplicaron [...] Y allí mismo estuvieron en aquella dulzura los hombres blancos y negros; hubo muchas lenguas y de dos orejas [*sic*][122].

Surge la curiosidad de entender cuán lejos al este vivían estos hombres blancos y negros, de muchas lenguas, que los mayas consideraban sus progenitores. Una indicación valiosa parece ser proporcionada más adelante, cuando se relata cómo estos progenitores alcanzaron la actual sede:

> ... y no está claro su paso sobre el mar, por donde pasaron, sino que así como si no hubiera mar pasaron acá[123].

Hemos transcrito la traducción de Ximénez. Dennis Tedlock, en la versión en inglés actualmente más actualizada y con más autoridad, traduce de la misma manera[124], pero señala en una nota que, según otros relatos en lengua quiché de la misma historia, no fue el mar, sino un lago, lo que se cruzó de manera milagrosa[125]. No está claro por qué los progenitores, careciendo de embarcaciones, tuvieron que cruzar el lago de modo portentoso en lugar de simplemente rodearlo, pero se nos explica que probablemente el transcriptor de la época colonial estaba influenciado por la historia bíblica de Moisés que divide las aguas y quería repetirla[126].

122 Original de la traducción de Ximénez, p. 93 [N. del T.].

123 [Popol Vuh:Ximénez], p. 100. [N. del T.].

124 *And it isn't clear how they crossed over the sea. They crossed over as it there were no sea* ([Popol Vuh:Tedlock], p. 158).

125 Esta explicación está en [Popol Vuh:Tedlock], nota en la p. 301 sobre p. 158.

126 *Ibidem.*

Otro pasaje con cierto interés es el siguiente:

> Todos juntos velaron en el camino y sin sentirlo se durmieron. Empezaron a ser repeladas sus barbas y sus ojos, y luego fue desalada la plata de ellos en sus cuellos, con los chalchihuites, sus cuellos y sus varas. Y solo tomaron la plata en escarmiento y castigo de ellos, y el engaño suyo fue hecho en señal de la grandeza de los quichés, y despertando otra vez, a toda prisa palparon sus chalchihuites y sus varas, y no había ya plata en sus cuellos con sus chalchihuites[127]

Para nuestro propósito no es importante reconstruir el episodio identificando a los durmientes y sus asaltantes. Aquí solo nos interesa la circunstancia de que, para humillar a las víctimas, se les quitaron sus barbas y joyas de plata, que evidentemente constituían dos símbolos de estatus. La cosa es interesante porque es bien conocido que los indígenas americanos eran lampiños y el episodio refleja con claridad el prestigio del que disfrutaban antiguos hombres barbudos cuyo recuerdo no se había perdido. Después de todo, la Mesoamérica precolombina está repleta de antiguas representaciones de hombres barbudos que comienzan a surgir antes de la cultura maya, en la época de la civilización olmeca. Las estatuas olmecas a veces también representan a hombres bigotudos (además de muchos otros lampiños).

Volviendo al *Popol Vuh*, he aquí cómo concluye la narración de la muerte de los cuatro progenitores del pueblo quiché:

> ... y así fue cuando desaparecieron y se perdieron Balam Quitzé, Balam Acab, Mahucutah e Iquibalam: *los primeros hombres que vinieron de la otra parte del mar del Oriente*[128].

127 Original de la traducción de Ximénez, pp. 113-114 [N. del T.]. También en este caso la versión en inglés de Tedlock ([Popol Vuh:Tedlock], p. 171) no difiere en lo sustancial de la de Ximénez que hemos mencionado, excepto por la sustitución del término *plata* con un más genérico *metal*.

128 Original de la traducción de Ximénez, p. 118 [N. del T.].

La anterior es de nuevo la traducción de Ximénez, que traduce la palabra en quiché *ch'aqa* como «de la otra parte». Más recientemente, los expertos en lengua quiché han sostenido que este término, que normalmente significa precisamente «del otro lado», en este contexto particular debe entenderse como «cerca» (Tedlock sigue esta dirección traduciéndolo como *beside*[129]). Los progenitores habrían llegado, por lo tanto, desde la costa oriental. El hecho de que, para trasladarse desde la costa hacia el interior, tuviesen que viajar, como hemos visto, sobre el agua puede parecer extraño, pero siempre puede explicarse con la presencia de un lago que llegue hasta la orilla del mar (aunque entonces no se entiende por qué no se mantendría la expresión «desde la otra parte» refiriéndose al lago). Después de la muerte de los progenitores, sus hijos toman una decisión:

> Luego trataron de ir allá al Oriente, tratando de dar cumplimiento a lo que sus padres les mandaron, que no lo habían olvidado [...]: «¡Vamos al Oriente, de donde vinieron nuestros padres!», dijeron cuando se fueron y tomaron su camino los tres hijos [...]. Y así se llamaban los que fueron allá, a la otra parte del mar [...]. «No moriremos, sino que volveremos», dijeron cuando se fueron los tres y así mismo pasaron sobre el mar, llegaron allá al Oriente y fueron a recibir su imperio[130].

También aquí la traducción original de Ximénez no corresponde con la más reciente de Tedlock, quien nuevamente interpreta el término *ch'aqa* como «cerca». Por lo tanto, los tres hijos sencillamente habrían ido «cerca del mar». Poco después, el atravesar el mar se indica sin embargo mediante un verbo que inequívocamente significa «atravesar». Tedlock traduce escribiendo que los tres fueron «cerca» del mar, pero son los mismos tres que pasaron «sobre» el mar[131].

---

129 [Popol Vuh:Tedlock], p. 175.

130 Original de la traducción de Ximénez, p. 118 [N. del T.].

131 *... So these are the names of those who went there beside the sea.* [...] *yet it was these same three who passed over the sea. And then they arrived in the east* ([Popol Vuh:Tedlock], p. 179).

No conociendo la lengua quiché, no puedo cuestionar las interpretaciones corrientes de los pasajes que hemos leído, pero es difícil evitar la sensación de alguna interpretación forzada realizada para no contradecir un paradigma aceptado. Uno podría preguntarse qué habrían tenido que escribir los autores del *Popol Vuh* si hubieran querido afirmar que un grupo de sus progenitores provenía de la otra parte del mar.

Gallinas que atraviesan océanos

En su *Sumario de la natural historia de las Indias*, de 1526, Gonzalo Fernández de Oviedo escribió:

> De las gallinas de España hay muchas y auméntanse mucho, [...] las cuales han procedido de las que de acá en los principios se llevaron; pero sin éstas, hay unas gallinas bravas, que son tan grandes como pavos, y son negras, y la cabeza y parte del pescuezo algo pardo, o no tan negro como lo demás de ellas [...] y son muy importunas, y amigas de estar en el pueblo y cerca de él, por comer las inmundicias[132].

Las «gallinas bravas» de las que habla Oviedo evidentemente eran animales domésticos parcialmente asilvestrados. De hecho, todos los pollos descienden de aves que en estado silvestre viven (y vivieron) solo en Asia meridional, donde fueron domesticados por primera vez y desde donde se difundieron a las demás regiones del Viejo Mundo. Aunque, en el pasado, alguno intentó cuestionar la presencia de pollos en la América precolombina, el testimonio de Oviedo está confirmado por tantos elementos[133] que no puede ser rechazado: en particular está bien documentada la presencia en América, en la época de la conquista, de

132 [Oviedo], pp. 178-179.
133 Muchos reunidos en [Carter].

variedades de origen asiático, bien distintas de las traídas por los españoles. Dado que las poblaciones paleolíticas que poblaron las Américas migrando desde Asia todavía no practicaban la cría de animales, está claro que no podían llevar consigo gallinas. Sus descendientes, nos asegura Sharer[134], inventaron autónomamente la agricultura y la cría de animales, la cerámica, la metalurgia, técnicas de irrigación y escritura, ciudades, Estados y muchos otros productos culturales idénticos a los desarrollados en el Viejo Mundo. Pero difícilmente podrían haber inventado también los pollos, que, por otro lado, ciertamente no podrían haber cruzado por sí solos ninguno de los dos océanos ni el estrecho de Bering. Además, en la América del Norte de los actuales Canadá y Estados Unidos no había gallinas.

Entonces, ¿de dónde vinieron las que ya había en Mesoamérica antes de que las introdujesen los españoles? La única posibilidad es que las trajesen personas que conocían la cría de animales y llegaron a América a través del mar. En efecto, los yacimientos de huesos de aves de corral en las islas del Pacífico han permitido seguir su difusión a través de dicho océano[135], por lo que el origen de los pollos precolombinos ya no puede considerarse un misterio. Aunque durante mucho tiempo se rechazaron, hoy en día existen muchas otras pruebas de los contactos entre los polinesios y el continente americano, además de la proporcionada por las aves de corral[136].

Por lo tanto, el presunto aislamiento cultural completo del continente americano ha sido refutado al menos en otro caso (además del de los vikingos): para los polinesios, el océano tampoco representó una barrera insuperable. A nosotros nos interesa demostrar la tesis (mucho más «herética», como hemos visto) de que, en la Antigüedad, ni el Pacífico ni siquiera el Atlántico constituyeron una barrera infranqueable.

---

134 Ver arriba, pp. 58-59.

135 [Storey Ladefoged Matisoo-Smith].

136 Muchas pruebas de ámbito no solo biológico, sino también arqueológico, lingüístico y etnográfico, están reunidas en [Jones Storey Matisoo-Smith Ramírez-Aliaga].

Otros datos biológicos

Si verdaderamente los «hombres blancos y negros» (entre los cuales había hombres barbudos) de los que el *Popol Vuh* conserva el recuerdo como antiguos ancestros de los mayas quiché vinieron de la otra parte del mar, y si además estos lejanos ancestros hubieran hecho una contribución genética significativa a las poblaciones mayas, los estudiosos de la genética de las poblaciones deberían ser capaces de verificarlo. En efecto, los análisis realizados en el genoma de las poblaciones mayas han mostrado una significativa contribución procedente de ancestros «toscanos» y bantúes[137]. Naturalmente, esta presencia de genes del Viejo Mundo en las poblaciones maya actuales podría atribuirse a cruces ocurridos en la época colonial, como tienden a creer los genetistas.

Varios estudiosos han presentado otras supuestas pruebas de naturaleza genética de contactos precolombinos entre el mundo mediterráneo y América Central, pero sin lograr superar el escepticismo casi unánime de la comunidad académica[138].

Se puede intentar indagar sobre posibles contactos antiguos con América utilizando otros varios datos de naturaleza biológica. Por ejemplo, dado que siempre se ha creído que la sífilis fue importada a Europa desde América después de 1492, se puede imaginar que, si en la Antigüedad hubiera habido contactos no esporádicos, también entonces se habría tenido la misma desagradable consecuencia. El descubrimiento de numerosos casos de sífilis en época romana[139] puede por tanto parecer una confirmación de los contactos precolombinos, pero no constituye una prueba, porque siempre es posible interpretar los datos negando el origen americano de la enfermedad y buscando otras explicaciones para su falta de manifestación (o su falta de reconocimiento) en los siglos intermedios.

---

137 Véase por ejemplo [Hellenthal Auton Falush]. Con la palabra «toscanos» (*tuscan* en el original) se entiende el grupo étnico de origen etrusco, aún reconocible genéticamente, que tenía una presencia muy amplia en la Italia de la época romana.

138 Algunas de estas presuntas pruebas están reunidas en [Jett], pp. 340-356.

139 Véase por ejemplo [Mazzucchi Cattaneo].

Para quien niega los contactos transoceánicos precolombinos es más difícil explicar la presencia de algunos parásitos del ser humano, como el nematodo *Ancylostoma duodenale*, tanto en Eurasia como en la América precolombina: se trata, de hecho, de organismos que pasan parte de su ciclo vital en el suelo y no sobreviven a las bajas temperaturas, por lo que no podrían haber sido transportados por tierra desde Asia a través de Beringia (el istmo que solía unir Siberia con Alaska)[140].

La imagen 9 muestra varias representaciones de época romana de una fruta que parece ser una piña. La estatuilla a la izquierda data del siglo III d. C. y se encuentra en el Musée d'Art et d'Histoire de Ginebra[141]. Arriba a la derecha hay un fresco de la Casa del Efebo en Pompeya, y abajo a la derecha, un mosaico de la época de Augusto encontrado cerca de Roma, en Grotte Celoni, que ahora se conserva en la sede del Palazzo Massimo del Museo Nazionale Romano. Dado que las piñas son originarias de Mesoamérica y no se cultivaban en ningún país del Viejo Mundo en la Antigüedad, estas representaciones, si de verdad son piñas, son difíciles de explicar en el caso de que se niegue cualquier contacto precolombino. Sin embargo, los estudiosos que aceptan el paradigma de la ausencia de contactos las explican como efecto de errores de varios artistas que, queriendo representar otra fruta, se habrían equivocado acercándose casualmente a la forma del ananá, agregando arbitrariamente la característica corona del ananá a una piña de piñones[142].

---

140 El *Anclyostoma* se ha encontrado en momias y coprolitos de época precolombina. Para una bibliografía sobre este parásito puede leerse [Sorenson Johannessen BEPCTV], donde se listan trece parásitos o agentes infecciosos comunes al Viejo y el Nuevo Mundo que, según los autores, solo pueden propagarse a través de viajes transoceánicos: entre ellos, dos especies de piojos.

141 La fotografía es de Elio Cadelo y ha sido utilizada para la portada de su libro *Quando i Romani andavano in America* ([Cadelo]). Se reproduce aquí por gentil concesión del editor.

142 Es importante señalar que varios estudiosos han reconocido que realmente se trata de piñas. En particular, el ananá del fresco pompeyano no solo se ha identificado con seguridad en [Casella], sino también por un crítico severo del difusionismo ([Merrill]). El mosaico también da lugar a pocas dudas. El fruto de la estatuilla tiene un aspecto menos convincente, pero la hipótesis, generalmente propuesta, de que se trata de un racimo de uvas burdamente representado parece contradicha por el penacho que emerge por encima de la mano del chico.

Imagen 9. ¿Ejemplos de piñas de época romana?

En cualquier caso, de muchas otras plantas se tienen registros de su presencia tanto en la América precolombina como en otros continentes: tratándose de plantas que no pueden sobrevivir a las temperaturas árticas, excluyendo, como hacen los biólogos, la posibilidad de evoluciones independientes y paralelas, su propagación solo podría haber ocurrido a través de los océanos[143]. En este caso, para negar los contactos transoceánicos se pueden imaginar semillas que cruzan los océanos por sus propios medios, transportadas por corrientes: una posibilidad que parece poco plausible, pero que no puede ser excluida con certeza.

143 En [Sorenson Johannessen BEPCTV] se enumeran ochenta especies (en su mayoría presentes en Asia y en la América precolombina) para las cuales se probaría una difusión transoceánica. Una documentación más completa, que abarca un centenar de especies, se encuentra en [Sorenson Johannessen WTBE]. Como ya hemos recordado, muchos datos biológicos relacionados con los contactos entre América y los polinesios se han recopilado en [Jones Storey Matisoo-Smith Ramírez-Aliaga].

En definitiva, muchos datos de naturaleza biológica son coherentes con la hipótesis de antiguos contactos entre el Viejo y el Nuevo Mundo y parecen respaldarla de manera significativa. Sin embargo, nadie ha proporcionado una prueba aceptada como tal por la comunidad científica, la cual, si bien en gran parte ha tenido que aceptar la idea de contactos a través del Pacífico, continúa excluyendo cualquier hipótesis de contactos transatlánticos.

Evidencias arqueológicas

Dejando de lado las posibles representaciones de plantas americanas, hay muy pocas evidencias arqueológicas de antiguos contactos transoceánicos. Es más, según la gran mayoría de los académicos no las hay en absoluto. No es algo sorprendente para quien haya leído a Thomas Kuhn, quien ha demostrado mediante abundantes ejemplos cómo los hechos que podrían contradecir un paradigma aceptado por una comunidad científica resultan sistemáticamente ignorados[144].

En el caso de presuntos hallazgos en América de antiguos objetos procedentes del mundo mediterráneo, hay muchas maneras de negar que constituyan evidencias de relaciones culturales entre el Viejo y el Nuevo Mundo. La más obvia es considerarlos falsificaciones y esta ruta, que es la que se sigue normalmente, está, es cierto, favorecida por la efectiva presencia de falsarios en el variopinto mundo de los heterodoxos y a menudo fantasiosos defensores de antiguos contactos. Por ejemplo, la inscripción púnica que se habría encontrado en Paraíba, Brasil, con toda probabilidad era realmente un fraude (realizado, hay que reconocerlo, con tanta habilidad como para al menos engañar a un semitista)[145]. La manera en la que los académicos consideran los

144 [Kuhn].

145 El semitista Cyrus Herzl Gordon (1908-2001) argumenta que la inscripción contenía expresiones púnicas desconocidas en la época de su descubrimiento, pero análogas a las presentes en descubrimientos epigráficos posteriores. Gordon también creyó haber encontrado otras pruebas epigráficas de los anti-

hallazgos de este tipo está bien ilustrada por estas frases del experto en arqueología fenicio-púnica Piero Bartoloni:

> Respecto a la noticia del presunto arribo de una embarcación cartaginesa a Paraíba, una ciudad brasileña ubicada en el extremo oriental del continente sudamericano, ciertamente debe ser rechazada como completamente infundada: la presunta inscripción púnica allí encontrada —conocida solo a través de una copia— es con toda probabilidad una falsificación atribuible a un erudito aficionado a las bromas de finales del siglo pasado. En definitiva, poco importa si llegaron allí, cómo y cuándo, ya que ningún reflejo de esta hazaña ha quedado en la historia y ningún cambio ha sido impreso en el curso de los eventos...[146].

La actitud que hemos observado en el caso de las expediciones vikingas se utiliza aquí de manera preventiva: a los eruditos ortodoxos no les basta con negar la realidad de la presunta expedición cartaginesa a América; sienten la necesidad de precaverse negando cualquier valor histórico incluso de los contactos cuya realidad pudiese eventualmente demostrarse en el futuro. Por un lado, los muchos elementos culturales compartidos entre el Viejo y el Nuevo Mundo se consideran irrelevantes para probar posibles contactos, ya que la falta de hallazgos arqueológicos fiables garantizaría el aislamiento y, por lo tanto, la autonomía cultural americana[147]. Por el otro lado, la irrelevancia de eventuales hallazgos confiables estaría en todo caso garantizada por la ausencia de influencias culturales, que se asume de antemano.

Cuando se reconoce la autenticidad de un hallazgo, todavía se puede negar su valor como prueba cuestionando su procedencia. Por ejemplo, en el caso de las monedas cartaginesas encon-

guos contactos transatlánticos, pero sus tesis no han sido acogidas por la comunidad de los estudiosos.

146 [Bartoloni].

147 Véanse las afirmaciones de Sharer citadas en las pp. 58-59.

tradas en la isla de Corvo (la más occidental de las Azores)[148], si no se quiere dudar de la honestidad del académico autor del hallazgo y no se quiere aceptar que los cartagineses navegaban por el océano Atlántico bien lejos de la costa, se puede argumentar que las monedas podrían haber pertenecido a un numismático de siglos pasados que habría decidido deshacerse de ellas yendo a enterrarlas en aquella isla[149].

El caso de la terracota romana encontrada en 1933 en México en una sepultura precolombina, que varios testimonios fiables han certificado como intacta hasta su descubrimiento, es quizás el único que parece no dejar ninguna duda. El objeto se catalogó en el Museo Nacional de Antropología de Ciudad de México como un objeto de época colonial, en la presunción de que tenía que haber sido introducido misteriosamente por los españoles en el contexto precolombino. Sin embargo, análisis posteriores que dataron el objeto con el método de la termoluminiscencia descartaron esta posibilidad[150]. No obstante, incluso este hallazgo no es incompatible, lógicamente, con la ausencia de contactos. Siempre se puede argumentar, como se ha hecho, que el objeto podría haber sido encontrado en el naufragio de un barco cuyos ocupantes murieron antes de tocar las costas americanas. Con tal de descartar la posibilidad de un contacto transatlántico (cuyo reconocimiento, como hemos visto, se considera particularmente herético), también se ha sugerido que la terracota podría haber alcanzado México atravesando toda Asia y el océano Pacífico[151].

Efectivamente, ninguna de las presuntas «pruebas» de antiguos contactos propuestas hasta ahora es irrefutable: los datos siempre pueden interpretarse de manera coherente con el para-

---

148 El hallazgo se publicó en 1778. Las precisas ilustraciones no han dan dejado dudas a los numismáticos posteriores sobre la autenticidad de las monedas (que se han perdido).

149 Esta explicación se propone en [Roller], pp. 49-50.

150 El análisis con el método de la termoluminiscencia se expone en [Hristov Genovés 1999]. A las objeciones planteadas en [Schaaf Wagner], los autores respondieron en [Hristov Genovés 2001].

151 La hipótesis de que la terracota haya realizado esta extraña vuelta al mundo ha sido realmente propuesta como la más probable en [Heine-Geldern RFVM], p. 119.

digma aceptado. En más de un caso parece, sinceramente, algo forzado, pero nunca es posible traducir esta sensación en una auténtica demostración: por ejemplo, no es imposible que, de entre las tantas imágenes recibidas del mundo clásico, no haya alguna que, de pura casualidad, se asemeje mucho a una piña, o que a los artesanos precolombinos se les ocurriese poner debajo de sus figurillas de animales pequeños discos giratorios que no eran el modelo de nada en particular y casualmente se parecían a las ruedas utilizadas en Eurasia.

En cuanto a los en teoría numerosos hallazgos en América de antiguos objetos provenientes del mundo mediterráneo que han sido considerados falsos, también se puede sospechar que, si el paradigma cambia, una revisión cuidadosa de los objetos podría hacer cambiar a alguno tales juicios, pero esto no puede ser más que una sospecha[152].

En los próximos capítulos veremos que la historia de la geografía matemática puede proporcionar una herramienta decisiva para obtener una auténtica demostración de antiguos contactos entre el Viejo y el Nuevo Mundo. No es posible, sin embargo, comprender la historia de una disciplina en particular sin contextalizarla en la historia de la cultura. En nuestro caso, será fundamental enfocarnos en la interrupción provocada en los estudios geográficos por el colapso cultural generalizado que golpeó al mundo mediterráneo a mediados del siglo II a. C.

152 Un relato interesante sobre varios presuntos hallazgos de antiguos objetos procedentes del mundo mediterráneo en sitios precolombinos y de los argumentos utilizados para desacreditarlos se encuentra en [Jett], pp. 112-119.

SEGUNDA PARTE
UNA CONTRIBUCIÓN A LA SOLUCIÓN: EL ORIGEN DE UN EXTRAÑO ERROR

V. UN DESPLOME CULTURAL[153]

De la fe en el progreso a la moda de los colapsos

Los colapsos, es decir, las regresiones drásticas a niveles más simples de organización social y desarrollo cultural, no han sido un fenómeno marginal en la historia que solo afectase a «callejones sin salida» de la historia humana, como alguno podría considerar (equivocándose claramente[154]) los casos de la antigua Europa y la cultura de Cucuteni-Tripolia (ver arriba, pp. 40-41).

También el recorrido histórico que lleva directamente a la civilización actual ha atravesado repetidas fases de involución. Por ejemplo, la primera urbanización, caracterizada por el crecimiento de la ciudad de Uruk y de una serie de centros fundados o cuyo nacimiento se estimuló desde Uruk, terminó con un colapso que redujo casi todos los asentamientos al nivel de aldea[155]. El paso de la Edad del Bronce a la del Hierro conllevó otro grave retroceso en la urbanización, en la complejidad social y cultural[156], y la construcción política más duradera de la historia humana, el Estado egipcio de la época faraónica, se disolvió por lo menos en tres ocasiones.

El colapso de ciudades y Estados, con el consiguiente retorno a la «barbarie», es un tema recurrente en las literaturas más antiguas, que lo abordaban en el género literario específico de las «lamentaciones», al cual pertenecen, por ejemplo, la sumeria *Lamentación sobre la destrucción de Ur*[157] y la egipcia *Admoniciones de Ipuwer*, que describen el colapso del Antiguo Reino[158].

---

153 Una versión más extensa y argumentada de las tesis expuestas en este capítulo se encuentra en [Russo TC].

154 Estas culturas, de hecho, antes de extinguirse, ejercitaron una profunda influencia que indirectamente llega hasta nosotros.

155 Véase, por ejemplo, [Liverani AO], pp. 130-132.

156 [Liverani AO], pp. 539-565. Un libro de fácil lectura sobre este tema es [Cline].

157 Una traducción en español se encuentra en [Leick]. [N. del T.].

158 Una traducción en español se encuentra en la web *Egiptomanía*: Las Admoniciones de Ipuwer, Ángel Sánchez Rodríguez, s.f. [N. del T.].

Mientras que los textos sumerios, egipcios y hebreos se ocupan del colapso de construcciones políticas particulares, idealizadas o demonizadas, en la época clásica también surge la consideración de que la destrucción es el destino común de civilizaciones, ciudades e imperios. Según Platón, los griegos habían retrocedido periódicamente a la barbarie, perdiendo el uso de la escritura y la memoria del pasado[159]. Polibio también considera que cada Estado está destinado a decaer y terminar[160] y atribuye la misma creencia a Escipión Emiliano, quien, según su testimonio, tras haber arrasado Cartago lloró sobre sus ruinas pensando en el destino similar que aguardaba a Roma[161].

El inevitable fin de las civilizaciones constituye uno de los temas centrales de la *Scienza nuova* de Giambattista Vico, pero la conciencia de la fragilidad de las construcciones humanas se volvió mucho más rara en los autores posteriores. Naturalmente, ciertos colapsos específicos, en particular el del Imperio romano de Occidente, siempre han sido un tema privilegiado de la investigación histórica, pero se estudiaron como eventos individuales y no como fenómenos recurrentes.

A partir de la Ilustración, los autores modernos estuvieron tan convencidos de *le magnifiche sorti e progressive* (las «magníficas suertes progresivas») de la humanidad, sobre las cuales un pensador contracorriente como Leopardi ironiza en *La ginestra*, que en general ven como una grave limitación del pensamiento antiguo la ausencia de su propio concepto de progreso automático.

En la segunda mitad del siglo XX, el ingenuo optimismo de los historiadores intentó asumir una apariencia «científica» en los intentos de construir una teoría cuantitativa de la historia, propia del neoevolucionismo, que ya hemos mencionado. Tales esfuerzos se insertaron en la más general *teoría de la complejidad*, que se pensó que podía aplicarse a clases muy generales de sistemas no aislados, a los que pertenecerían las sociedades humanas, que evolucionarían siempre en el sentido de una mayor complejidad[162].

---

159 Platón, *Timeo*, 22b-23c.
160 Polibio, *Historiae*, VI, 57.
161 Ivi, XXXVIII, 22.
162 Ver arriba, pp. 20-21 (y nota 7).

Como otros fenómenos culturales, el rechazo a reconocer los recurrentes colapsos en la historia, común en el siglo XIX y gran parte del siglo XX, también tiene una correspondencia específica en la ciencia biológica. En la Antigüedad, varias mitologías habían transmitido la noción de que en un pasado lejano ocurrieron cataclismos que llevaron a la extinción de especies animales y formas anteriores de humanidad[163]. A la creencia en catástrofes míticas (entre las cuales el diluvio universal, en la versión transmitida por la Biblia, fue especialmente importante en la cultura europea) la ciencia moderna contrapuso el *actualismo* (defendido en particular por Charles Lyell), según el cual el pasado siempre había sido sustancialmente similar al presente. El actualismo, que parecía una consecuencia necesaria del racionalismo, pero que ciertamente también se había alimentado de la reluctancia a aceptar pruebas aterradoras sobre la precariedad de nuestra existencia, impidió durante mucho tiempo el reconocimiento oficial por parte de la ciencia de las «extinciones en masa» (de las cuales la más popular, la que llevó a la desaparición de los dinosaurios, no fue la más grande), algo que se dio hace pocas décadas[164].

En el último cuarto del siglo XX, los problemas ligados a la degradación medioambiental y a la limitación de los recursos no renovables, evidenciados por eventos como la crisis petrolífera de 1973, comenzaron a socavar la confianza en la inevitabilidad de la evolución progresiva. En 1989, Joseph Tainter incorporó al ámbito del esquema conceptual propio de la *processual archaeology*[165] el estudio de los colapsos[166], definiéndolos como rápidos decrecimientos de la complejidad. Tainter propuso una teoría general, construida con herramientas tomadas del análisis macroeconómico y basadas en la idea de que los sucesivos aumentos en la complejidad de una sociedad generan ventajas cada vez

163 Sobre la posible conexión entre mitos como el de la gigantomaquia y el hallazgo de fósiles de grandes vertebrados extintos puede leerse [Mayor].

164 Sobre las extinciones en masa y el difícil camino hacia su reconocimiento es útil leer [Benton].

165 Ver arriba, p. 21.

166 [Tainter]. El libro también incluye una interesante revisión histórica de las teorías propuestas hasta entonces para explicar los colapsos.

menores, hasta crear una situación de equilibrio inestable. A decir verdad, la complejidad, a pesar de estar representada como una medida cuantitativa en varios gráficos del libro de Tainter, no está definida, pero no es sorprendente, porque de hecho ninguna de las distintas definiciones propuestas es realmente medible ni generalmente aceptada en las aplicaciones históricas.

En el nuevo milenio, a consecuencia de las crisis económicas y el acuciamiento de los problemas medioambientales, el tema de los colapsos se ha convertido en una moda. En particular ha tenido mucho éxito el libro de Jared Diamond[167], que, analizando muchos casos específicos de colapsos, ve siempre como causa la degradación medioambiental provocada por el ser humano. Sin embargo, el análisis de Diamond ha sido objeto de críticas[168], en cuanto que su deseo (de por sí más que justificado) de incidir en las actuales políticas ambientales probablemente altera en algunos casos el examen objetivo de los datos históricos, cuya interpretación se ve influenciada por elecciones ideológicas[169].

En este capítulo abordaremos el desmoronamiento cultural que ocurrió en el mundo mediterráneo a mediados del siglo II a. C. Se trata ciertamente de un caso atípico, pues en general se piensa en los colapsos como fenómenos de disolución de entidades políticas (Tainter explícitamente restringió su estudio a estos fenómenos), mientras que, en nuestro caso, el advenimiento político que consiste en la imposición del dominio de Roma sobre el mundo mediterráneo va justo en la dirección opuesta.

No obstante, observamos que las rápidas disminuciones en la complejidad que según Tainter caracterizan a los colapsos no necesariamente van acompañadas de la disolución de grandes entidades políticas, sino que también pueden ser causadas

167 [Diamond].

168 En particular en los ensayos recopilados en [McAnany Yoffee].

169 Por ejemplo, la tesis de Diamond de que entre las principales causas del colapso de los asentamientos vikingos en Groenlandia estaría la obtusa determinación de los colonos de mantener su propia cultura europea, en vez de adaptarse al nuevo ambiente adoptando la cultura de los inuit, parece tener su origen más en la voluntad de revertir el eurocentrismo que en el análisis de los hechos. La capacidad de los colonos de adaptarse al nuevo ambiente (al que, aparte, llegaron antes que los inuit) parece de hecho estar probada por la duración del asentamiento, de en torno a cinco siglos.

por procesos de homogeneización que generalmente caracterizan el surgimiento de tales entidades. La situación actual ofrece un ejemplo elocuente de esto. Aunque a menudo, de manera extraña, se afirme lo contrario, la complejidad de la sociedad humana, da igual como quiera definirse, en tiempos recientes ha disminuido velozmente (junto con la de la biosfera) a raíz de la globalización, que conlleva la drástica reducción de las lenguas habladas, de las especies vegetales cultivadas y de los oficios practicados; la uniformización de los productos a escala planetaria; la desaparición de las particularidades culturales locales; la concentración de los conocimientos, en concreto los tecnológicos, en un porcentaje irrisorio de la población; y la reducción de gran parte de la humanidad a una masa carente de competencias y empeños sociales significativos.

Volviendo al siglo II a. C., sin intentar evaluaciones cuantitativas extremadamente difíciles de conceptos como la «complejidad» del mundo mediterráneo, principalmente nos ocuparemos del desmoronamiento cultural de esos años, en la creencia de que se trata de un fenómeno gravemente subestimado, con importantes consecuencias en todos los aspectos de la vida colectiva. En concreto, la solución al problema de la historia de la geografía que afrontaremos en los próximos capítulos había sido obstaculizada hasta ahora por la subestimación de la ruptura cultural que separa a Ptolomeo de sus fuentes.

Los sucesos del 146-145 a. C.

A mediados del siglo II a. C., el mundo mediterráneo experimentó una catástrofe que culminó en el bienio 146-145 a. C., que, interrumpiendo bruscamente un extraordinario desarrollo de varios siglos, provocó una grave pérdida de conocimiento y, sobre todo, de herramientas intelectuales. Se trata de un evento, por lo general, extrañamente ignorado. En este caso, además de la tendencia común a ocultar las pruebas de la fragilidad de los logros culturales, es fácil identificar otras razones que han dificultado el reconocimiento de la magnitud de esta tragedia. En primer lugar, sus responsables, al recuperar en los siglos posteriores elementos de la civilización destruida, haciendo una versión propia alterada y al mismo tiempo dejando muy pocas huellas de lo que no pudieron asimilar, han generado una engañosa sensación de continuidad. Además, debemos tener en cuenta que el agravamiento de la falta de comunicación entre lo que se ha llamado las «dos culturas» significa que, hoy en día, las personas con formación científica a menudo no tienen interés en la historia antigua, mientras que los estudiosos de la Antigüedad rara vez pueden apreciar la antigua pérdida de herramientas intelectuales, típicas del método científico, que les son casi siempre ajenas. Por otro lado, está claro que borrar de la memoria colectiva los colapsos culturales del pasado es la mejor estrategia para preparar el próximo.

Los sucesos del bienio que nos ocupa constituyen el epílogo de un proceso que había comenzado hacía tiempo y se había acelerado en el medio siglo precedente, gracias en concreto a la segunda guerra púnica y a la tercera guerra macedónica. A consecuencia de una sucesión de victorias, Roma se había convertido en la única verdadera potencia del mundo mediterráneo. La novedad consistió en un abrupto cambio en la política exterior. Hasta entonces, los romanos habían combatido principalmente para obtener esclavos y botines de guerra, sin proponerse en general el objetivo de gobernar a los países vencidos; por ejemplo, al emprender la primera guerra macedónica (214-205 a. C.), estipularon una alianza con los etolios según la cual les habrían cedido todo el territorio conquistado, reservándose para ellos mismos tan solo el derecho de saqueo[170]. En cambio, durante el bienio que nos ocupa, Roma decidió extender sus propios dominios eliminando cualquier entidad estatal del mundo mediterráneo que no aceptase la tutela romana.

Diodoro Sículo, que dibuja un cuadro idílico de la política romana previa, describe este cambio de la siguiente manera:

170 Polibio, *Historiae*, XVIII, 38.

> ... Por lo que reyes, ciudades y pueblos, todos pasaron bajo el gobierno de los romanos debido a [su] mayor moderación. Sin embargo, éstos, habiendo obtenido el dominio de casi todo el mundo habitado, lo consolidaron a través del miedo y la destrucción de las más ilustres ciudades[171].

La nueva política se implementó de maneras diferentes en relación con Cartago, Grecia y los reinos helenísticos. En el 149 a. C., el Senado romano decidió enviar a África un ejercito comandado por los dos cónsules con la orden secreta de concluir las operaciones solo tras la completa destrucción de Cartago[172]. Los cartagineses habían intentado salvarse ofreciendo una capitulación completa, entregando todas las armas y trescientos nobles como rehenes y declarándose dispuestos a aceptar cualquier otra condición. Sin embargo, cuando los cónsules ordenaron que los mismos cartagineses destruyeran su propia ciudad y se trasladaran al menos a ochenta estadios de distancia del mar, no pudieron hacer otra cosa que intentar una defensa desesperada[173]. Sorprendentemente, consiguieron rearmarse y resistir durante tres años a los ejércitos romanos. Fue solo en el 146 a. C. cuando Escipión Emiliano logró finalmente tomar la ciudad, que quedó arrasada. Después de seis días de masacres, los cincuenta mil habitantes refugiados en la ciudadela fueron dejados con vida y sometidos a esclavitud.

Los romanos fueron tan eficientes en su obra destructiva que dejaron sobrevivir escasas huellas de la cultura cartaginesa, la cual hoy, en el imaginario colectivo, se asocia casi exclusivamente con los sombríos ritos de sacrificios de niños al dios Moloch, que, reevocados desde tiempos romanos hasta el *Salammbô* de Flaubert y D'Annunzio[174], han cumplido magistralmente la tarea de hacer tan abominable el recuerdo de Cartago como para justificar su destrucción a ojos de las generaciones posteriores.

---

171 Diodoro Sículo, *Bibliotheca historica*, XXXII, frr. 4, 5.

172 Apiano, *Historia romana*, VIII, 75, 349.

173 La fuente principal sobre estos eventos es Apiano de Alejandría, *Historia romana*, VIII, lxxvi-cxxxvi.

174 En 1914, D'Annunzio guionizó la película *Cabiria*, que, con evidentes objetivos de propaganda colonialista, daba espacio a horrosos sacrificios púnicos.

Este punto merece una breve digresión. Ciertamente, los cartagineses, como todos los pueblos del Mediterráneo, incluyendo a los judíos y los griegos de la época arcaica, habían practicado sacrificios humanos y es cierto que continuaron haciéndolo bastante más tiempo que los griegos, pero es probable que los relatos de asesinatos rituales transmitidos por Diodoro Sículo (informa de un caso que fecha en el 310 a. C.) y otros autores[175] se basen en el recuerdo de antiguas tradiciones ya extintas en la época de las guerras púnicas.

Esta posibilidad se plantea no solo por la falta de referencias a tales prácticas en las obras de historiadores como Polibio (que estuvo presente en la toma de la ciudad por los romanos y en su obra *Historiae* se detiene varias veces en las costumbres de los habitantes y su religión), sino también por diversas fuentes que informan explícitamente sobre el abandono de estos ritos[176].

Además, parece estar probado que el Tophet de Cartago, que se creía que era el cementerio de los niños sacrificados, en realidad era un cementerio normal que acogía a niños que habían muerto de muerte natural[177]. Por otro lado, no debemos olvidar que, en la época de la conquista de Escipión Emiliano, los sacrificios humanos eran, al contrario, legales en Roma, donde fueron oficialmente abolidos solo en el 97 a. C.[178]. Incluso prescindiendo de los juegos de gladiadores, que pueden considerarse una versión alterada de estos sacrificios, según algunas fuentes auténticos sacrificios humanos continuaron realizándose en Roma hasta época bajo imperial[179].

---

175 Diodoro Sículo, *Bibliotheca historica*, XX, xiv; Dionisio de Halicarnaso, *Antiquitates Romanae*, I, 38; Plutarco, *De superstitione*, 171C.

176 Plutarco menciona en dos ocasiones que fue el tirano de Siracusa Gelón quien, tras haber vencido la guerra contra Cartago en el 480 a. C., impuso el fin de los sacrificios humanos, incluyéndolo dentro de las condiciones del tratado de paz (*Regum et imperatorum apophtegmata*, 175A; *De sera numinis vindicta*, 552A). Porfirio, en cambio, defiende que los sacrificios humanos fueron abolidos por Ifícrates (Porfirio, *De abstinentia ab esu animalium*, II, 56).

177 [Schwartz Houghton Macchiarelli Bondioli].

178 Plinio, *Naturalis Historia*, XXX, 12.

179 Tanto Porfirio como Lactancio hablan de sacrificios humanos en Roma en ofrenda a Júpiter Lacial en su época, en torno al 300 d. C. (Porfirio, *De abstinentia ab esu animalium*, II, 56; Lactancio, *Divinae Institutiones*, I, 21).

No ha sobrevivido ningún texto en lengua púnica, que hoy conocemos solo por alguna inscripción y algunos chistes presentes en una comedia de Plauto[180]. Aparte de las pocas páginas del *Periplo de Hannón*, sobre las que volveremos, la única obra cartaginesa que conocemos, aunque sea indirectamente, es el tratado de agricultura en veintocho libros de Magón, que constituyó la fuente principal de todos los agrónomos latinos posteriores[181]. Esta circunstancia no se debe a un interés exclusivo de los cartagineses por la agricultura, sino al desinterés de los romanos por el resto de las temáticas. Cuando ocuparon Cartago, los romanos se encontraron de hecho con varias bibliotecas, pero juzgaron digno de interés únicamente el tratado de Magón, que mandaron traducir; el resto de los libros, considerados carentes de utilidad, fueron regalados a los reyes de Numidia[182].

Los cartagineses, que en el siglo II a. C. estaban profundamente helenizados, con toda probabilidad eran superiores a los romanos no solo en el campo de la agricultura y la navegación, en el que eran maestros[183], sino también en otros ámbitos: tenemos, por ejemplo, alguna noticia del uso de refinada tecnología helenística en minería[184] y volveremos sobre sus conocimientos

180 Plauto, *Poenulus*, 930-948 (y pocos chistes más a lo largo de la comedia).

181 De todas formas, los escritores romanos de agronomía no utilizaron la traducción del extenso tratado de Magón, sino la del breve compendio hecho en griego por Diófanes de Nicea.

182 Plinio, *Naturalis Historia*, XVIII, 22. Plinio habla genéricamente de *regulos Africae*, pero con seguridad se refiere a los reyes de Numidia hijos de Masinisa y, en particular, al primogénito Micipsa, que unos años después se convertiría en el único rey de Numidia y de cuyo amor hacia la cultura habla también Diodoro Sículo (*Bibliotheca historica*, XXXIV/XXXV, fr. 35). Tanto los descendientes de Micipsa (directamente) como algunos raros autores latinos (en traducción) siguieron teniendo acceso a estos libros durante varios siglos. Salustio, en su obra sobre África, afirma haber utilizado, en traducción, los «libros púnicos» conocidos como «de Hiempsal» (Salustio, *Bellum Iugurthinum*, xvii). No está claro si habla del hijo de Micipsa, Hiempsal I, o del sucesivo Hiempsal II, pero en todo caso es probable que se refiera a libros no escritos pos el rey de Numidia, sino por él atesorados en cuanto que procedentes de las bibliotecas de Cartago. Veremos que Avieno, ya en el siglo IV d. C., afirmaba poder acceder a fuentes cartaginesas.

183 La superioridad de los cartagineses sobre todos los demás pueblos, griegos incluidos, en el campo de la náutica era bien conocida (véase, por ejemplo, Polibio, *Historiae*, VI, 52).

184 Diodoro Sículo habla de pasada de los sistemas de drenaje introducidos por los cartagineses en las minas ibéricas en el siglo III a. C., basados en el uso en se-

geográficos. Sin embargo, nunca sabremos el contenido de sus bibliotecas. Por ejemplo, nunca sabremos si poseían libros de filosofía, aunque tenemos una pista significativa de su existencia y nivel.

De hecho, Diógenes Laercio informa que un tal Asdrúbal enseñaba filosofía en Cartago en lengua púnica (en la que, podemos deducir, se había desarrollado un léxico filosófico). Solo sabemos de la existencia de Asdrúbal porque, a diferencia de sus probables compañeros, tuvo la feliz idea de abandonar la ciudad poco antes de su destrucción y se trasladó a Atenas, donde cambió su nombre por Clitómaco. No se ha conservado ninguna de sus obras (según Diógenes Laercio, había escrito más de cuatrocientas), pero un indicio útil para especular sobre su nivel intelectual es que, a pesar de ser un extranjero, tras el fallecimiento de Carnéades fue llamado a sustituirlo como jefe de la gloriosa Academia (es decir, la escuela fundada por Platón)[185]. Es innecesario recordar que, en aquellos tiempos, ningún romano era capaz no solo de escribir, sino incluso de leer un libro de filosofía[186].

La política romana hacia Grecia fue casi tan brutal como hacia Cartago. La Liga Aquea, con el apoyo del rey de Egipto, Ptolomeo VI, había implementado una política expansiva que los romanos decidieron no tolerar. El cónsul Lucio Mumio, quien fue enviado con un ejército a Grecia en el mismo año 146 a. C. en que Cartago fue destruida, resolvió el problema con medidas drásticas. El principal centro de la Liga, Corinto, fue arrasado por completo. Inmediatamente después, Roma disolvió la Liga e incorporó, al menos en la práctica, a toda Grecia a sus domi-

---

rie de los tornillos de Arquímedes, que habían sido inventados recientemente (Diodoro Sículo, *Bibliotheca historica*, V, xxxvii, 3-4).

185 Diógenes Laercio, *Vitae philosophorum*, IV, 67.

186 El primer intelectual de lengua latina que mostró interés por la filosofía y la ciencia griega fue Lucrecio, que escribió su poema alrededor de un siglo después de los eventos aquí tratados y constituyó, de todas formas, una luminosa excepción. Lucrecio era plenamente consciente de la absoluta novedad de su empresa: al comienzo de la obra subraya, de hecho, la dificultad de su tentativa de traducir al latín «los oscuros descubrimientos de los griegos (*Graiorum obscura reperta*)» (*De rerum natura*, I, 136-139).

nios (aunque algunas ciudades permanecieron formalmente independientes durante algún tiempo).

Esto es lo que Polibio escribe sobre los eventos del 146 a. C., de los cuales fue testigo:

> A pesar de que [Grecia] ha sufrido repetidas derrotas totales y parciales, ninguna de las anteriores se ajustaría mejor al nombre y al concepto de desgracia que la que le ha golpeado en nuestros días. [...] Mientras que la destrucción de Cartago parece representar la más grave de las desgracias, la ruina de los griegos no es en absoluto menor, sino que es aún más dolorosa. [...] Los cartagineses, arrasados por completo por su desgracia, ya no tienen ni siquiera el presentimiento del desenlace desafortunado de sus asuntos, mientras que los griegos, al presenciar su propia ruina, han dejado como legado a los hijos de los hijos el recuerdo de sus miserias[187].

Uno de los aspectos de la profunda crisis, también moral, en la que cayó Grecia fue un grave descenso demográfico. Según Polibio, en su época, las ciudades griegas se despoblaban a causa de la falta de deseo de tener hijos[188].

El desnivel cultural entre vencedores y vencidos puede explicarse con algún ejemplo. La conquista de Grecia puso a los romanos en contacto directo con el arte helenístico, provocando la destrucción y el daño de muchas obras de arte[189]. Otras fueron consideradas dignas de ser confiscadas. Sabemos por Plinio que Lucio Mumio, después de la victoria sobre la Liga Aquea que le valió el epíteto de Acaico, llenó Roma de estatuas y cuadros[190]. La escasa familiaridad del general romano con este tipo de objetos está atestiguada al inicio de nuestra era por el historiador Veleyo Patérculo:

---

187 Polibio, *Historiae*, XXXVIII, 3.

188 Ivi, XXXVI, 17.

189 Por ejemplo, durante el saqueo de Corinto, el trato reservado a los cuadros por la soldadesca romana es mencionado por Estrabón (*Geographica*, VIII, vi, 28).

190 Plinio, *Naturalis Historia*, XXXIV, 36.

> Mumio fue tan bruto que, habiendo conquistado Corinto, al adjudicar el transporte a Italia de los cuadros y estatuas obra de los artistas más grandes, advirtió a los contratistas que, si los perdían, tendrían que reemplazarlos por otros nuevos[191].

Para el general romano no debía ser fácil entender porqué el arte eran tan apreciado. Leamos a Plinio:

> Pero el primero en conferir prestigio públicamente en Roma a cuadros extranjeros fue Lucio Mumio, a quien la victoria otorgó el cognomen de Acaico. En efecto, cuando vio que el rey Átalo, en la venta del botín [obtenido saqueando Corinto], había comprado un cuadro de Arístides que representaba a Baco por 600 000 denarios, asombrado por el precio y sospechando que esa obra guardaba algún poder desconocido para él, exigió el cuadro de vuelta a pesar de las quejas de Átalo y lo expuso en el templo de Ceres[192].

El teatro de Corinto, al igual que muchos otros en Grecia, estaba equipado con un sofisticado sistema de acústica que se valía de resonadores de bronce[193]. Por aquel entonces, ningún romano era capaz de comprender de qué se trataba. Vitruvio, quien un siglo después fue el primer escritor latino en interesarse por el tema, hablando de las reglas seguidas por los griegos para obtener la acústica en sus teatros, escribe:

> Si nos preguntamos en qué teatro se han aplicado estas normas, en Roma no podemos mostrar ninguno, pero hay varios en diversas regiones de Italia y en muchas ciudades griegas. Y también tenemos el testimonio indirecto de

191 Cayo Veleyo Patérculo, *Historiae Romanae*, I, xiii, 4.

192 Plinio, *Naturalis Historia*, XXXV, 24.

193 Estos dispositivos entraban en resonancia cuando eran excitados con frecuencias oportunas. Posicionándolos debajo de los asientos de la cávea se obtenía el efecto de reenviar, amplificándola, una selección adecuada de los sonidos provenientes de la orquesta.

> Lucio Mumio, quien, destruido el teatro de Corinto, llevó a Roma esos vasos resonadores de bronce y los dedicó como décima parte del botín en el templo de Luna[194].

Como en el caso del arte, para el general romano la única utilidad imaginable de los resonadores era mágico-religiosa; la idea de dedicárselos a la Luna quizás se la sugirió su forma esférica.

Mientras que el 146 a. C. fue el año crucial para la suerte de Cartago y Grecia, el año siguiente tuvo una importancia equiparable para los dos Estados helenísticos más grandes: el Imperio seléucida y el Egipto ptolemáico.

En el año 145 a. C., el soberano seléucida Alejandro I Balas y el rey de Egipto Ptolomeo VI Filométor se enfrentaron en la batalla de Antioquía, que conllevó la muerte de ambos soberanos: Alejandro Balas, derrotado, se refugió al amparo de un rey de los nabateos que prefirió mandarlo decapitar para donar su cabeza al vencedor Ptolomeo VI, que poco después murió también a causa de las heridas sufridas en la batalla.

En Egipto, el hermano del difunto soberano, también llamado Ptolomeo, quien en ese momento reinaba en Cirenaica y contaba con el respaldo de Roma, se apoderó fácilmente del trono de Egipto, haciendo matar al joven hijo de Filométor, quien había sucedido a su padre con el nombre de Ptolomeo Neo Filopátor.

Apoyándose en la ayuda externa de Roma y en la ayuda interna de las clases bajas egipcias, el nuevo rey llevó a cabo una política de feroz persecución contra la clase dirigente griega. Todos los reyes helenísticos de Egipto solían asumir un epíteto y este Ptolomeo (llamado una vez VII y ahora más comúnmente VIII, reservando el numeral VII para el desafortunado sobrino a quien él mató) eligió para sí mismo el de Evergetes, es decir, el Benefactor; sin embargo, sus súbditos preferían llamarlo Kakergetes (es decir, el Malhechor) o Fiscón (es decir, Barrigón). Así es como Valerio Máximo describe algunas de sus gestas:

---

194 Vitruvio, *De architectura*, V, v, 8.

> Vuelve aquí Ptolomeo Barrigón, poco antes citado como ejemplo horrible de lujuria desenfrenada y digno de ser recordado como modelo excepcional de crueldad: [...] comprendiendo cuánto lo odiaba su pueblo, buscó un remedio para el temor a un atentado y, para reinar con mayor seguridad quitando de en medio al pueblo, rodeó de soldados y fuego el gimnasio repleto de jóvenes, matando a todos los que allí estaban, en parte con las armas, en parte con el fuego[195].

La masacre en el gimnasio fue solo un episodio en la campaña de aniquilación de la clase intelectual en la ciudad de Alejandría. Sobre los efectos de la política de este monarca, Estrabón nos narra el testimonio de Polibio:

> Polibio, que visitó la ciudad, quedó disgustado por sus condiciones en aquella época [...]. Cuando éstos [los alejandrinos de origen griego] fueron en gran parte exterminados, precisamente por Evergetes Barrigón, durante cuyo reinado Polibio llegó a Alejandría —de hecho, el Barrigón, en respuesta a los intentos de derrocarlo, envió repetidamente a los soldados contra el pueblo y ordenó masacrarlo—, la ciudad cayó en un estado tal que realmente, como dice el poeta, *viajar a Egipto es un viaje largo y penoso*[196].

Una inscripción encontrada en Delos dedica una estatua a un general del reino de Egipto por parte de comerciantes romanos, como agradecimiento «a los beneficios que se les concedieron tras la toma de Alejandría por el rey Ptolomeo Evergetes [esto es, el Barrigón]»[197].

---

195 Valerio Máximo, *Factorum et dictorum memorabilium libri IX*, IX, ii, ext. 5.

196 La aseveración de Polibio, referenciada en un libro perdido de su obra histórica, la recoge Estrabón (*Geographica*, XVII, i, 12). El verso es de Homero (*Odisea*, IV, 483).

197 La inscripción ([OGIS], 135) se muestra en [Fraser], vol. II, p. 217. La dedicatoria no se refiere a los hechos del 145, sino a un episodio posterior (cuando, en el 127, el Barrigón retomó la ciudad, de la que había sido expulsado por los alejandrinos).

Mientras beneficiaba a los comerciantes romanos, el Barrigón eliminaba la vida cultural de Alejandría. Una descripción eficaz del éxodo de los intelectuales de la ciudad la proporciona Ateneo:

> Una renovación de todo el sistema cultural ocurrió luego con Ptolomeo VII rey de Egipto, a quien los alejandrinos con razón apodaron «el Malhechor»; de hecho, masacró éste a muchos habitantes de Alejandría y obligó al exilio a no pocos de aquellos que habían sido jóvenes en tiempos de su hermano, llenando así islas y ciudades de filólogos, filósofos, practicantes de la geometría y la música, pintores, entrenadores de gimnasia, médicos y muchos otros profesionales; éstos, obligados por la pobreza, se dedicaron a enseñar sus conocimientos y así formaron a numerosos estudiosos ilustres[198].

Naturalmente, el efecto aparentemente benéfico del éxodo no pudo más que ser efímero: en ausencia de financiación y estructuras educativas y de investigación, los intelectuales huidos de Alejandría y «obligados por la pobreza» no tenían ninguna posibilidad de crear escuela.

En el reino de los seléucidas, tras la muerte de Alejandro I Balas comenzó la disputa entre los dos pretendientes al trono, Demetrio II Nicátor y Diodoto (que asumiría la Corona con el nombre de Diodoto Trifón). Demetrio, al igual que el Barrigón, era odiado por los habitantes de la capital Antioquía y, al igual que él, se mantuvo en el poder con masacres de civiles[199]. También Demetrio había pedido la ayuda de Roma y recibido del Senado romano la garantía de su apoyo siempre y cuando su política satisficiera a Roma[200]. Sin embargo, a diferencia de lo que sucedió en Egipto, los habitantes de Antioquía lograron expulsarlo definitivamente de la ciudad. Entonces Demetrio se trasladó a Seleucia del Tigris, haciéndola su capital, y el imperio se dividió en dos reinos: uno, más pequeño, constituido por

198 Ateneo, *Deipnosophistae*, IV, 184b-c.
199 Diodoro Sículo, *Bibliotheca historica*, XXXIII, fr. 4.
200 Polibio, *Historiae*, XXXII, fr. 3, 11-13.

la parte mediterránea de Siria, con capital en Antioquía, y el otro con capital en Seleucia del Tigris, formado por las satrapías orientales; Trifón era el soberano del primero, que pronto entró en la esfera de influencia de Roma, y Demetrio II Nicátor del segundo.

En el año 141 a. C., el destructor de Cartago, Escipión Emiliano, comienza un largo viaje por los países del Mediterráneo oriental todavía independientes formalmente. Plutarco ilustra eficazmente la misión encomendada por el Senado de Roma a Escipión, así como la naturaleza de sus relaciones con los soberanos y ciudadanos de los países visitados:

> [Escipión Emiliano] fue enviado por tercera vez por el Senado «para observar —como dice Posidonio[201]— los abusos y actos justos de los hombres», es decir, como inspector de ciudades, pueblos y soberanos. Cuando llegó a Alejandría y una vez desembarcó, avanzó con la cabeza cubierta por la toga, los alejandrinos lo rodearon y le rogaron que se descubriera y los complaciera mostrándoles su rostro. Cuando se descubrió, estallaron gritos y aplausos. Como el rey avanzaba con dificultad, siguiendo el paso con fatiga por la vaguería y flacidez del cuerpo, Escipión susurró tranquilamente a Panecio: «los alejandrinos ya han obtenido algo de nuestra llegada: gracias a nosotros han visto al rey caminar»[202].

Está claro que el patético Barrigón que avanza a duras penas detrás de Escipión, enviado para juzgar su gestión y ridiculizado por él, es solo un rey fantoche en las manos de Roma. El hecho de que Escipión Emiliano, en su viaje de inspección, también fuese enviado a Siria para dirimir litigios y presentar al

201 El nombre Clitómaco, que aparece en los manuscritos, se corrige en Posidonio con base en la comparación con Plutarco, *Maxime cum principibus philosopho esse disserendum*, 777A y Ateneo, *Deipnosophistae*, XII, 549d-e. La frase citada por Posidonio es un verso homérico (*Odisea*, XVII, 487).

202 Plutarco, *Regum et imperatorum apophtegmata*, 200E-F. El rey es, naturalmente, el Barrigón. La misión de Escipión también se describe en Diodoro Sículo, *Bibliotheca historica*, XXXIII, fr. 28b.

Senado los casos más difíciles[203] demuestra que el fragmento del ex Imperio seléucida, con Antioquía como capital, tambien había perdido toda independencia real. Además, pocos años después, Roma lo dividiría aún más apoyando la revuelta de los macabeos y dando vida, en una parte de lo que había sido su territorio, a un Estado hebreo, también cliente suyo.

Los reyes de pequeños Estados como Pérgamo, Ponto y Bitinia eligieron convertirse en vasallos leales y obedientes de Roma, al igual que lo hicieron ciudades griegas antaño poderosas, como Rodas y Massalia (la Marsella actual). El Mediterráneo se tornó *de facto* un lago romano. La importancia epocal de este evento, a menudo subestimada en los libros modernos de historia[204], era evidente para sus contemporáneos. Polibio, refiriéndose a los hechos del bienio 146-145 a. C., concluye así su obra historiográfica:

> He tratado toda la historia del mundo [...] hasta la conquista de Cartago, la batalla del Istmo entre aqueos y romanos, y la posterior reorganización de Grecia. De esta narración los lectores obtendrán el resultado más importante y útil: conocer cómo y gracias a qué política casi todo el mundo habitado fue sometido al dominio de una sola potencia, la de los romanos, de lo cual jamás hubo ejemplo[205].

Así es como un historiador moderno resume la naturaleza de las relaciones en esos años entre Roma y los Estados aún formalmente independientes en el Mediterráneo:

> Se ha notado con frecuencia (y, de hecho, ningún erudito puede evitar notarlo) que la diplomacia internacional consistía, en gran medida, por un lado, en embajadas en-

---

203 Cicerón, *De re publica*, VI, xi; Diodoro Sículo, *Bibliotheca historica*, XXXIII, fr. 28b.

204 En general, se considera más importante la anexión oficial de Egipto al Estado romano, tras la batalla de Azio en el 31 a. C. En el caso de la historia romana, la tendencia a privilegiar los aspectos jurídicos y formales sobre los sustanciales probablemente deriva, entre otras, de la circunstancia de que una contribución importante a la historiografía tradicionalmente viene de historiadores con formación jurídica, procedentes del estudio del derecho romano.

205 Polibio, *Historiae*, Epílogo.

viadas a Roma (por reyes, ligas o ciudades individuales) para quejarse de sus antagonistas, buscando justicia a través del arbitraje romano, y, por otro lado, en comisiones de investigación enviadas desde Roma para resolver los problemas planteados. Se consideraba que estas comisiones estaban investidas de autoridad absoluta, sujeta solo a la aprobación del Senado, para resolver con decretos los asuntos del mundo griego. Al mismo tiempo, Roma no sentía ninguna obligación de hacer cumplir sus decisiones con recursos militares u otros. Era responsabilidad de las partes interesadas[206].

En otras palabras, las relaciones de Roma con las entidades políticas helenísticas se habían convertido en las típicas de un Estado soberano con sus súbditos.

El colapso cultural

Los eventos brevemente descritos en el parágrafo anterior tuvieron consecuencias trágicas en la historia cultural del mundo mediterráneo. Los principales focos culturales, Alejandría en primer lugar, fueron apagados de la noche a la mañana. La clase de intelectuales de habla griega se vio privada de los recursos necesarios para su trabajo y diezmada por las deportaciones. Solo unos pocos tuvieron la suerte de permanecer activos, poniéndose al servicio de alguna influyente familia romana[207]: una suerte que ciertamente no tuvo ningún científico.

La evidencia quizás más escalofriante sobre lo que ocurrió en Alejandría tiene que ver con su institución cultural más famosa: la celebérrima Biblioteca. No solo se trataba de la colección de libros más grande del mundo, sino también del principal centro de producción editorial, estrechamente vinculado al Museo de

206 [Green], p. 436.
207 Este fue el caso, como veremos, de Panecio y Polibio y Antíoco de Ascalón.

Alejandría, es decir, la principal institución pública de investigación del mundo antiguo, donde los mejores académicos vivían a expensas del Estado, dedicándose a sus actividades sin preocupaciones materiales. Precisamente para preparar sus ediciones fue como surgió la ciencia de la filología. Para dirigirla se llamó a algunas de las personalidades más prestigiosas del mundo helenístico, desde Apolonio de Rodas hasta Eratóstenes. En la época de crisis estaba bajo la dirección de uno de los principales filólogos de la Antigüedad: Aristarco de Samotracia. Un papiro proveniente de Oxirrinco, que enumera los directores de la famosa institución, nos informa que cuando, en el año 145 a. C., este, junto con todos los demás intelectuales, se vio obligado a abandonar Alejandría, fue reemplazado en la dirección de la Biblioteca por un tal Cidias ἐκ τῶν λογχοφόρων, esto es, un oficial de lanceros[208].

La Biblioteca sobrevivió, pero de sus directores posteriores no tenemos ninguna información. El estudioso más conocido que trabajó allí más tarde, activo en el siglo I a. C., fue Dídimo de Alejandría, apodado Calcentero (es decir, «tripas de bronce») debido a su incansable dedicación al estudio, pero también βιβλιολάθας (es decir, Olvidalibros), ya que con frecuencia contradecía en sus obras afirmaciones contenidas en obras previas que había escrito y olvidado. Se puede entender, dado que, según Séneca, había publicado cuatro mil de ellas[209]. Naturalmente, se trataba de comentarios eruditos producidos en serie. Entre las consecuencias del deterioro cultural, junto con el colapso de la calidad de las publicaciones, a menudo se produce un aumento vertiginoso de su número. También el glorioso Museo sobrevivió como una cáscara vacía: ser miembro de él se convirtió en un mero título honorífico que no conllevaba el deber de participar en actividades comunes ni siquiera la obligación de residir en Alejandría[210].

Entre los romanos ricos se puso de moda el lujo de poseer una biblioteca griega saqueada en los países vencidos; sin embargo, los nuevos propietarios de los libros no tenían ni la voluntad de

208 P. Oxy. 1241, II, 16.
209 Séneca, *Epistulae*, 88, 37.
210 [Berti Costa], p. 164.

leerlos ni la cultura necesaria para entender su contenido. No debe sorprendernos que la casi totalidad de las obras científicas y filosóficas helenísticas acabaran perdiéndose[211].

Los romanos de las clases altas entraron en contacto con la civilización helenística a través de las bibliotecas y las obras de arte saqueadas y, sobre todo, gracias al empleo de griegos reducidos a la esclavitud como escribas, tutores, secretarios, bibliotecarios y asesores. El resultado fue un gradual proceso de culturización de las élites en el arco de tres o cuatro generaciones, pero, mientras que la producción literaria e historiográfica en latín, partiendo de modelos griegos, tuvo desarrollos interesantes, nada parecido fue posible con la filosofía y mucho menos con la ciencia. Uno de los puntos culminantes de la nueva cultura latina, nutrida por el largo y constante contacto con las obras griegas, está representado por Cicerón (106 a. C.-43 a. C.), a quien debemos, entre otras cosas, el comienzo de la formación de una terminología filosófica (y a veces, de manera indirecta, también científica) en latín[212]. Con todo, su distancia de la filosofía y la ciencia griegas es evidente: el proyecto promovido por Cicerón de una cultura unificada, también como herramienta de formación para la clase dirigente destinada a gobernar el Estado, se centra en la oratoria, apenas trata la filosofía y es completamente ajeno a la ciencia.

Uno de los argumentos utilizados por Cicerón en *De oratore* para respaldar la superioridad de la oratoria sobre todas las demás actividades intelectuales se basa en la escasa cantidad numérica de oradores:

211 La Biblioteca de Alejandría, sobreviviendo durante varios siglos, proporcionó uno de los principales canales de transmisión de informaciones científicas desde el período helenístico al imperial, pero, naturalmente, como veremos, la supervivencia de libros no pudo impedir la degradación de los conocimientos en ausencia de maestros capaces de transmitir las competencias necesarias para comprenderlos.

212 Para dar solo dos ejemplos de los muchos posibles, términos como *inducción* y *probabilidad* nacen, en su significado filosófico y científico, de la decisión de Cicerón de crear el término latín *inductio* como calco del griego ἐπαγωγὴ y de traducir con *probabilis* la palabra πιθανὸς, con el significado filosófico con el que la utilizó Carnéades.

> Cuando, en varias ocasiones, he pensado en los hombres más destacados y dotados de un ingenio supremo, me ha parecido que es necesario preguntarse por qué son más numerosos en cualquier otra disciplina que en la oratoria[213].

De entre las disciplinas en las que muchísimos lograron sobresalir (y que por tanto son, a su juicio, de inferior calidad), Cicerón incluye la filosofía y la *mathēmatiká* (término griego que en la Antigüedad abarcaba un amplio conjunto de disciplinas que corresponden más o menos con el concepto actual de «ciencia exacta»):

> Bien sabes que los hombres más doctos tienen por madre y procreadora de todas las ciencias a la que los griegos llaman filosofía, en la cual es difícil enumerar cuántos escritores se han ejercitado [...]. ¿Quién no sabe que los llamados matemáticos tratan de cosas oscurísimas, recónditas, múltiples y sutiles? Y, sin embargo, ha habido entre ellos muchos hombres consumados, hasta el extremo de que bien puede decirse que nadie se dedica a esta ciencia con ardor sin conseguir lo que desea[214].

Después de argumentar que, a pesar de que muchos jóvenes emprenden estudios de oratoria, muy pocos logran convertirse en verdaderos oradores porque, a diferencia de la filosofía y la «matemática», la oratoria requiere rarísimas cualidades excepcionales, Cicerón concluye:

> Por lo tanto, dejemos de asombrarnos de cuál es la causa de la escasez de oradores, cuando la elocuencia se compone de todas esas cosas, cada una de las cuales requiere un esfuerzo extraordinario[215].

213 Cicerón, *De oratore*, I, 6.

214 Ivi, I, 9-10. [N. del T.: Traducción al español de este párrafo de Marcelino Menéndez Pelayo en *Diálogos del orador*].

215 Ivi, I, 19.

De manera puntual subrayamos el hecho de que el humanismo renacentista italiano se inspiró en gran medida en Cicerón, en particular en el *De oratore*, para la organización de los *studia humanitatis*, que han influido profundamente en la cultura europea, y en particular la italiana, de los siglos posteriores[216]. Aún hoy en día perdura una concepción de los estudios humanísticos de estilo ciceroniano que genera en muchas personas una reacción de rechazo contra toda la herencia cultural clásica.

Ni los pocos intelectuales latinos que se interesaron en la filosofía o la ciencia ni los eruditos de habla griega que en la época imperial intentaron retomar el hilo de las investigaciones interrumpidas lograron recuperar los métodos utilizados por los filósofos y científicos helenísticos. Demos unos pocos ejemplos de esta insuperable brecha cultural[217].

Una de las conquistas más significativas de la civilización helenística había sido el desarrollo del convencionalismo lingüístico, que constituía un aspecto esencial del nuevo método científico: por primera vez, algunos hombres se sintieron libres de crear arbitrariamente nuevos términos para designar conceptos y esta conciencia había posibilitado la creación sistemática de nuevos conceptos. Entre los primeros artífices de esta revolución cultural se encontraba Herófilo de Calcedonia, quien, al introducir la disección anatómica humana como método de investigación, creó también una terminología nueva y convencional para describir sus descubrimientos anatómicos[218].

Los anatomistas de época imperial utilizaban a Herófilo como su fuente principal, pero, habiendo regresado a una concepción estática del lenguaje, ya no podían comprender la metodología y en concreto su aportación de nuevos términos anatómicos. En el tratado de terminología anatómica escrito a finales del siglo II d. C. por Rufo de Éfeso, algunos términos acuñados

216 La influencia del *De oratore* (que de manera significativa fue la primera obra impresa en Italia) sobre la tradición de los estudios humanísticos se subraya, por ejemplo, en [Narducci], pp. 315-316.

217 Para un análisis mas completo remito a [Russo TC].

218 Apreciar el papel cultural de Herófilo, del que no tenemos obras, ha sido posible tras la colección de referencias sobre él realizada por Heinrich von Staden ([Von Staden]).

por Herófilo (que había trabajado en Alejandría) se critican en cuanto que utilizados por «médicos egipcios» no lo suficientemente duchos en griego[219].

También otros médicos de la época imperial critican a menudo el lenguaje de Herófilo, de quien ya no pueden comprender su aspecto creativo. Por ejemplo, Celio Aureliano, al escribir sobre la descripción que Herófilo había dado de un caso de enfermedad mental en su trabajo pionero sobre la psiquiatría, lo reprende por haber dado significados diferentes a dos palabras (que él traduce como *deliratio* y *alienatio*) que a su entender eran en realidad sinónimas[220]. También en matemáticas, la posibilidad de introducir una terminología nueva y convencional, que había sido utilizada sistemáticamente, entre otros, por Arquímedes y Apolonio, fue abandonada y, en algunos casos, se volvió a la terminología prehelenística[221].

Para dar un ejemplo en otro campo, recordemos que los científicos helenistas habían comprendido que no es posible determinar qué cuerpo está en reposo absoluto, por cuanto las percepciones visuales solo pueden informar sobre el movimiento relativo entre observador y objeto observado. Euclides expresó este concepto de manera nítida:

> Si el ojo y diferentes cuerpos que se mueven a diferentes velocidades se desplazan en la misma dirección, aquellos que se mueven a la misma velocidad que el ojo se consideran inmóviles, los más lentos parecen moverse hacia atrás y los más rápidos hacia adelante[222].

Herófilo (que estaba particularmente interesado en la óptica fisiológica) debió haber retomado el concepto euclideo, subrayando también él que las observaciones no permiten determinar si un cuerpo está quieto o en movimiento. Sus consideracio-

---

219 Rufo de Éfeso, *De nominatione partium hominum*, 151.

220 Celio Aureliano, *Celeres vel acutae passiones*, I, praef. 4-5 = test. 211 [Von Staden].

221 Este es el caso del punto geométrico, para el que Euclides utilizó la palabra σημεῖον, que fue abandonada para volver a la tradicional στιγμή, que había sido utilizada por Platón y Aristóteles (de la que deriva el calco en latín *punctum*).

222 Euclides, *Óptica*, proposición 51.

nes sobre el tema pueden reconstruirse con el siguiente párrafo del médico más reputado de época imperial, Galeno, que sin embargo es incapaz de captar la idea de su predecesor:

> Él [Herófilo] también dudará de otra manera haciendo las siguientes distinciones: «quien ve tiene la sensación de lo que se ve o, estando en reposo, de un objeto en reposo o, en movimiento, de un objeto en reposo o, en movimiento, de un objeto en movimiento o, estando en reposo, de un objeto en movimiento». Luego, mostrando que no es convincente explicar la percepción según ninguna de las afirmaciones anteriores, niega nuestra capacidad de ver de algún modo[223].

Hay una clara coherencia entre el abandono del convencionalismo lingüístico y la pérdida de conciencia de que, incluso en la descripción de los movimientos, nuestras afirmaciones se basan en elecciones arbitrarias (en este caso, del sistema de referencia), aunque sean generalmente implícitas e inadvertidas. La idea de la relatividad del movimiento surgió en estrecha conexión con la de los movimientos de la Tierra. Cuando se abandonó, desaparecieron tanto el heliocentrismo, que se remontaba a Aristarco de Samos, como la idea más antigua de la rotación diaria de la Tierra, que fue propuesta por primera vez por Heráclides Póntico en el siglo IV a. C.[224].

La tendencia a eliminar la brecha cultural de la que estamos hablando suele confinar en la categoría de «adelantadas a su tiempo» a la antigua teoría heliocéntrica, retrotrayendo arbitrariamente su rechazo (documentado en el *Almagesto* de Ptolomeo) a los astrónomos inmediatamente posteriores a Aristarco de Samos, de los cuales no tenemos obras; en realidad, varias fuentes pretolemaicas testimonian que la idea heliocéntrica seguía viva en la astronomía helenística y había desarrollado incluso una

---

223 Galeno, *De causis procatarcticis*, XVI, 197-204 = test. 59a [Von Staden, H], 40-45.

224 Los testimonios más relevantes sobre la teoría astronómica de Eráclides (debidos a Simplicio) están traducidos en [Heath Aristarchus], pp. 254-255.

forma de mecánica celeste[225]. La esfera cristalina de las estrellas fijas había perdido su utilidad cuando se comprendió que el movimiento diurno rígido de las constelaciones era una ilusión causada por la rotación terrestre y, por lo tanto, ya había sido abolida en el siglo IV a. C. por Heraclides Póntico[226], dejando en su lugar una superficie esférica teórica utilizada como modelo matemático para ubicar las estrellas[227].

Tras el colapso cultural, la esfera de las estrellas fijas recuperó toda su pesada corporeidad, en la que todavía creerá Kepler en el siglo XVII. El último es un ejemplo de un fenómeno general: habiéndose perdido el concepto de modelo teórico, los entes científicos fueron considerados objetos concretos. Por ejemplo, también a las esferas homocéntricas de Eudoxo y Calipo se les atribuyó una realidad material[228]; hubo que esperar hasta finales del siglo XIX, con Giovanni Virginio Schiaparelli, para comprender su naturaleza original como elementos de un algoritmo de cálculo[229].

El interés por los astros no disminuyó, pero la astronomía fue reemplazada por la astrología, una creencia de origen mesopotámico que tras el colapso también se difundió por el mundo

225 Algunas de las principales fuentes son: Plutarco, *De facie quae in orbe lunae apparet*, 923F-924C; Séneca, *Naturales Quaestiones*, VII, xxv, 6-7; Vitruvio, *De architectura*, IX, i, 12; Plinio, *Naturalis Historia*, II, 69. Estas y otras fuentes se discuten en [Russo Ipparco] y [Russo RD], pp. 264-307 (en las pp. 297-302 también se reconstruye la prueba del heliocentrismo, basada en el fenómeno de las mareas, que fue dada por Seleuco de Babilonia).

226 Heráclides Póntico concibió un universo infinito, en el que cada astro constituía un mundo propio (Estobeo, *Eclogae*, I, 182, 20-21; I, 204, 21-25 = [DG], 328b, 4-6 e 343b, 9-15).

227 Dado que tan solo era posible medir las coordenadas angulares, y no la distancia, de las estrellas, la idea de que estas podían imaginarse de manera útil sobre una superficie esférica ficticia, utilizada como modelo matemático, todavía está presente en Gémino, que la explica claramente (*Introducción a los fenómenos*, I, 23). Gémino, que vivió en Rodas probablemente en el siglo I a. C., mantiene el recuerdo de algunas ideas científicas que en su tiempo fueron en general abandonadas. Probablemente esta afortunada circunstancia se deba a la situación particularmente favorable mantenida por Rodas. De todas formas, la única obra suya que tenemos es un texto muy elemental, de carácter evidentemente divulgativo.

228 Estos astrónomos pensaron en obtener el movimiento observable del Sol, de la Luna y de los planetas componiendo una sucesión de movimientos rotatorios uniformes de esferas centradas en la Tierra, cada una de ellas con los extremos del eje de rotación fijos respecto de la esfera precedente.

229 [Schiaparelli], tomo II, pp. 3-112.

grecolatino[230]. A menudo, los intelectuales de época imperial intentan mantener una relación de continuidad con los estudiosos helenísticos usando su terminología. Por ejemplo, muchos filósofos que vivieron después del colapso cultural se autodenominaban estoicos, es decir, seguidores de una de las principales corrientes filosóficas helenísticas, de la que Crisipo había sido el máximo exponente.

Los historiadores de la filosofía distinguen entre un «estoicismo antiguo» anterior al colapso y un «estoicismo medio» inmediatamente posterior, cuyos principales exponentes son Panecio de Rodas (a quien ya hemos conocido como fiel acompañante de Escipión Emiliano) y Posidonio (que lo supera claramente). Para comprender la separación entre las dos escuelas, que únicamente comparten el nombre, basta con recordar, por un lado, que las investigaciones más profundas del estoicismo antiguo, como las relacionadas con la lógica proposicional y la semántica, se abandonan por completo y, por otro lado, ilustrar con algunos ejemplos el nivel intelectual del máximo exponente del estoicismo medio: Posidonio. Mientras que las dimensiones de la Luna habían sido determinadas en una primera aproximación por Aristarco[231] y con gran precisión por Hiparco[232], Posidonio afirma que la Luna es más grande que la Tierra[233] y se nutre de aguas potables[234]. La astronomía y la geografía eran dos de los principales intereses de Posidonio. Como ejemplo relacionado con la geografía, recordemos que, mientras Polibio había afirmado (probablemente refiriéndose a África) que debajo del ecuador hay regiones muy elevadas, Posidonio le objetó que no puede haber ningún punto elevado en una esfera, porque la superficie esférica es por todos lados uniforme[235].

---

230 El primer horóscopo conocido en griego es de los años setenta del siglo I a. C. ([Neugebauer], p. 1371).

231 Aristarco (*De magnitudinibus et distantiis solis et lunae*, prop. 17) dedujo de sus hipótesis que el diámetro de la Tierra era en torno a un triple del de la Luna.

232 La precisión de su medición es deducible por la de la distancia media entre la Tierra y la Luna, que midió en 59 radios terrestres (sobre este punto, ver más adelante en la p. 148.

233 Aecio, *Placita* (*Doxographi graeci*, 357b, 6-8).

234 Diógenes Laercio, *Vitae philosophorum*, VII, 145.

235 Estrabón, *Geographica*, II, iii, 3, 1-4.

Uno de los principales intelectuales posteriores al colapso está, por lo tanto, convencido de que la esfericidad de la Tierra no es un modelo útil aproximado de la realidad, sino una verdad absoluta que le permite hacer afirmaciones apriorísticas sobre la orografía de regiones que desconoce.

Como último ejemplo transcribimos un fragmento de Posidonio sobre ética, que deja la sospecha de que tampoco profundizó mucho en este campo:

> Posidonio de Apamea ha dicho que para los hombres el bien supremo consiste en la riqueza y la salud[236].

No sorprende que Posidonio haya sido uno de los primeros griegos en creer en la astrología[237].

Más en general, también en el ámbito del resto de las escuelas, los autodenominados filósofos posteriores al colapso eran intelectuales que, viviendo la mayoría de las veces en la corte de algún poderoso romano[238], sin realizar investigaciones originales, intentaban transmitir a la élite romana un poco de retórica y una versión sincrética y simplificada de la tradición filosófica griega.

Tampoco en época imperial hubo recuperación alguna de la filosofía helenística. Para darse cuenta de esto en el ámbito de la escuela estoica, basta con leer este pasaje del principal estoico de época imperial, Epicteto:

> Pero yo, ¿qué quiero? Conocer la naturaleza de las cosas y seguirla. Para esto busco un intérprete que pueda explicármela; y cuando me he enterado de que Crisipo es capaz de hacerlo, recurro a él. Pero no entiendo las cosas que ha escrito; entonces busco un intérprete[239].

---

236 Epifanio, *Panarion*, vol. III, 509, 10-11 (ed. Holl).

237 Agustín de Hipona, *De civitate Dei*, V, 2.

238 Panecio, por ejemplo, era un componente fijo de la corte de Escipión Emiliano (cfr. Cayo Veleyo Patérculo, *Historia romana*, I, xiii, 3). Para dar otro ejemplo, uno de los principales exponentes de la Academia posterior al derrumbe, Antíoco de Ascalón, se encontraba en la corte de Lúculo.

239 Epicteto, *Manual*, 49. He usado la traducción de Giacomo Leopardi [N. del T.: Traducción al español del italiano en el original].

Comprender a Crisipo se había vuelto tan difícil como desvelar la naturaleza de las cosas. No sorprende, por ende, que no haya quedado ninguna obra de Crisipo. La pérdida de sus obras ha dificultado durante mucho tiempo captar la distancia insuperable que separa a los filósofos helenísticos de los estudiosos de época romana, una brecha que de todas formas es reconocible en los registros preservados y que se ha vuelto mucho más evidente gracias a los trabajos de la segunda mitad del siglo XX, sobre lógica estoica en particular.

El colapso fue mucho más devastador de lo que podría parecer por los ejemplos mencionados hasta ahora. A los intelectuales latinos que, un par de siglos más tarde, intentaron involucrarse en la ciencia no solo les faltaban los métodos que habían permitido obtener resultados sofisticados, sino también las herramientas conceptuales necesarias de base para comprender el significado de los resultados más elementales. Es inevitable, por lo tanto, que surjan graves malentendidos. Por ejemplo, cuando Plinio describe poblaciones lejanas cuyos pies tendrían el talón por delante y los dedos hacia atrás[240], está claro que expone una idea generada por un burdo malentendido del concepto de «antípodas».

El fin de la ciencia quebró toda relación entre los saberes de ingenieros y artesanos y la cultura escrita. En el período helenístico, la ciencia tuvo muchas aplicaciones tecnológicas. Por poner pocos ejemplos, recordemos el salto de calidad en la ingeniería naval gracias al nacimiento de la hidrostática de Arquímedes, el desarrollo de mecanismos basados en la ciencia de la mecánica (desde máquinas para elevar pesos a las basadas en engranajes de precisión), los inventos de Ctesibio de la bomba y del órgano hidráulico, ambos basados en la ciencia de la neumática. También se desarrolló una literatura sobre tecnología, obra de científicos e ingenieros[241]. Tras el colapso cultural, la tecnología, a pesar de conservar una serie de elementos de la tecnología científica precedente, volvió a ser empírica y así se mantuvo durante

240 Plinio, *Naturalis Historia*, VII, 11.

241 Estos temas se desarrollan ampliamente en [Russo RD].

muchos siglos: las catedrales góticas todavía las construirían arquitectos formados en la cantera y ajenos a la cultura escrita[242].

Durante el primer período imperial, autores como Plinio y Séneca muestran un gran respeto hacia la ciencia, de la que admiran sus resultados, sobre todo porque, seguramente, al no haber comprendido en absoluto el método con el que se habían obtenido, los juzgan prodigiosos. Posteriormente, mientras los intentos de recuperar el método científico se vuelven cada vez menos eficaces, un número creciente de autores muestra un rechazo despreciativo hacia la ciencia, que puede ejemplificarse con la descripción que hace de los científicos uno de los escritores más brillantes del siglo II, Luciano:

> Te reirás, amigo, escuchando de sus fanfarronadas y de las maravillas que relataban en sus discursos. En primer lugar, a pesar de estar en la Tierra y sin ser en nada superiores a nosotros que caminamos sobre el suelo, ni teniendo una visión más aguda que la de su prójimo, algunos de ellos, incluso casi ciegos por la vejez o la inercia, sin embargo afirmaban ver más allá de los límites del cielo, medían la circunferencia del Sol, alcanzaban las estrellas más allá de la Luna y, como caídos de las estrellas, precisaban sus tamaños y formas; y a menudo ocurría que, sin saber siquiera con exactitud cuántos estadios hay de Megara a Atenas, osaban decir de cuántos codos es la distancia que separa al Sol de la Luna. También medían la altura de la atmósfera, la profundidad del mar y la circunferencia de la Tierra...[243].

La desconfianza hacia el método científico no se expresaba solo con la mofa, sino también mediante la teorización filosófica: un buen ejemplo a un nivel particularmente alto lo da la obra de Sexto Empírico *Contra los matemáticos* (que, en el nau-

242 Para un análisis más amplio de éste fenómeno una vez más remito a [Russo TC].

243 Luciano de Samósata, *Icaromenippo o el hombre sobre las nubes*, 6. He utilizado la traducción de Vincenzo Longo [N. del T.: Traducción al español del italiano en el original].

fragio generalizado de la literatura filosófica y científica helenística, es para nosotros una fuente esencial sobre muchas teorías).

La magnitud de la destrucción puede apreciarse reflexionando sobre el hecho de que los pocos escombros preservados de la antigua cultura continuaron estimulando el desarrollo científico en los dos milenios siguientes: desde la ciencia árabe, inconcebible sin el estudio de los tratados helenísticos, pasando por la revolución copernicana (generada por la recuperación de la teoría heliocéntrica de Aristarco de Samos), la reintroducción de la antigua idea de que las enfermedades podían transmitirse por gérmenes invisibles[244], el surgimiento de la mecánica celeste (estimulada también ella por la lectura de obras antiguas[245]), la introducción de la teoría de los números reales (surgida por la traducción de una definición de Euclides a un nuevo lenguaje[246])... hasta los modernos desarrollos de la psicología[247], de la lógica proposicional y la semántica[248].

---

244 La idea la recoge, entre otros, Lucrecio (*De rerum natura*, VI, 1090-1286) y fue recuperada en el Renacimiento por Girolamo Fracastoro, que la desarrolló en particular en sus *De contagione et contagiosis morbis et curatione libri tres*, del 1536.

245 Ver arriba, p. 115, nota 225. Particularmente importante fue la lectura del pasaje de Plutarco en el que se explica que la Luna no cae sobre la Tierra porque su peso está equilibrado por la velocidad del movimiento de rotación, como le sucede a una piedra que rota en una honda (Plutarco, *De facie quae in orbe lunae apparet*, 923 C-D). La idea expuesta por Plutarco (que he defendido que se remonta a Hiparco, véase [Russo Ipparco] y [Russo RD], pp. 274-278) fue recuperada primero por Giovanni Alfonso Borelli en 1666 ([Russo Santoni], pp. 165-166). El diálogo de Plutarco, que contiene muchas otras afirmaciones de gran importancia para el desarrollo de la mecánica, también fue estudiado intensamente por los científicos posteriores y en concreto por Newton. Un estímulo importante provino de otras referencias sobre la antigua teoría de las mareas ([Russo FR]).

246 La moderna teoría de los números reales, que permitió dar rigor al análisis matemático, nació en los años setenta del siglo XIX gracias a Weierstrass y Dedekind, que en lo esencial tradujeron al nuevo lenguaje numérico la quinta definición del quinto libro de los *Elementos* de Euclides.

247 En la psicología de la percepción de finales del siglo XIX, fue particularmente importante la recuperación del papel desempeñado por el consenso activo del sujeto, que Crisipo llamó συγκατάθεσις y se reintrodujo en psicología gracias a investigadores alemanes expertos en filosofía antigua.

248 La estrecha vinculación de las ideas de Gottlob Frege sobre la lógica proposicional y la semántica con los precedentes estoicos se demuestra en [Gabriel Hülser Schlotter] y sobre todo en [Bobzien].

La decadencia, naturalmente, también repercutió en los conocimientos geográficos. El uso de métodos matemáticos en este ámbito se perdió por completo durante algunos siglos: de hecho, después del derrumbe cultural, geógrafos como Estrabón regresaron a una geografía descriptiva y no volvieron a utilizar las coordenadas esféricas (latitud y longitud).

También Polibio, pese a que rondaba los sesenta años en el 145 a. C., puede ser asimilado por sus vivencias personales a los intelectuales postcrisis. Hombre culto e inteligente, perteneciente a una ilustre familia griega, tenía formación militar y política (fue comandante de la caballería de la Liga Aquea), pero las victorias romanas, truncando su carrera, lo llevaron a Roma como rehén en el 166 a. C. En Roma, el desnivel cultural con los vencedores le permite reciclarse como erudito, gracias a una poderosa familia romana dotada de curiosidad intelectual como la de los Escipiones, que puede permitirse utilizar a un exgeneral y estadista como preceptor y asesor. Polibio se convirtió en historiador y, consciente de que para comprender la historia son indispensables conocimientos geográficos, también escribió de geografía, pero evidentemente, no teniendo formación científica, no pudo comprender plenamente los métodos de la geografía matemática.

La pérdida de conocimientos no afectó solo a las metodologías científicas de la geografía y la cartografía, que trataremos en el próximo capítulo, sino también a informaciones cualitativas de países y pueblos, que a menudo provenían de épocas muy antiguas. El mundo mediterráneo se cerró sobre sí mismo y en gran medida se olvidaron los conocimientos sobre las regiones del mundo no incorporadas al dominio de Roma. A menudo, también los viajes del pasado desaparecieron o se desvanecieron en la leyenda, pues parecían increíbles para quienes no eran ya capaces de repetirlos. Para ilustrar las consecuencias del colapso en los conocimientos geográficos, en este parágrafo recordaremos brevemente (por lo que sabemos) su extensión previa, que en la mayoría de las ocasiones se olvida. Por ejemplo, en el imaginario colectivo está profundamente arraigada la idea, transmitida también por Dante, de que las columnas de Hércules se consideraban «en la Antigüedad» un límite insuperable[249]. La falsedad de este tópico se hace evidente, en primer lugar, por la existencia de puertos importantes más allá de las columnas de Hércules, que obviamente vivían sobre todo de la navegación por el océano Atlántico. El más antiguo del que tenemos noticias, Tarteso, era un lugar no localizado de la costa ibérica, quizás cerca de la desembocadura del Guadalquivir, y fue destruido por los cartagineses en el siglo VI a. C. Los fenicios habían fundado varias ciudades portuarias en las costas atlánticas: las más importantes eran, en la costa africana, Lixos y, sobre algunas islitas cerca de la costa ibérica, Gadir (llamada Gades por los romanos, actual Cádiz), que en los siglos IV y III a. C. se convirtió en un importante centro comercial que competía con Cartago[250].

Por las aguas del Atlántico navegaron embarcaciones de diversa proveniencia desde época preclásica. Sabemos por Heródoto que, ya en el siglo VII a. C., África fue circunnavegada por navegantes fenicios por encargo del faraón Necao II[251]. Partiendo del mar Rojo, los barcos fenicios navegaron costeando África en el sentido de las agujas del reloj y regresaron a través de las columnas de Hércules después de un viaje de tres años. Dado que la navegación era estacional y se interrumpía cada año para cultivar y esperar la cosecha, se trata de un tiempo razonable, que por sí mismo consitituye un indicio de veracidad. Además, hay un detalle que deja pocas dudas sobre la credibilidad de este testimonio: Heródoto informa, aunque personalmente lo considera increíble, de que los marineros dijeron haber circunnavegado África con el Sol a la derecha, es decir al norte. A Heródoto, que está claro que se refiere a la parte del viaje realizada hacia oeste, al sur del continente africano, el detalle le parece increíble, ya que, pensando que la Tierra es plana, cree que el Sol debe recorrer su recorrido siempre a lo largo de una ór-

249 *Quando venimmo a quella foce stretta / dov'Ercule segnò li suoi riguardi, / acciò che l'uom più oltre non si metta* (Dante Alighieri, *Commedia*, *Inferno*, canto XXVI, vv. 107-109). Retomaremos más adelante (en las pp. 238-239) el origen de este mito.

250 [Martin Cobo].

251 Heródoto, *Historiae*, IV, xlii.

bita inclinada hacia el sur. Ni siquiera los marineros fenicios sabían que norte y sur invierten sus roles en el hemisferio austral, al que probablemente llegaron por primera vez navegantes de un país mediterráneo, que por lo tanto no podrían haber imaginado este fenómeno si no lo hubiesen observado de verdad.

Los conocimientos de los fenicios en navegación, particularmente en el océano Atlántico, fueron heredados por los cartagineses, que cuando menos en ciertas épocas ejercieron algún tipo de control sobre las columnas de Hércules, y por los gaditanos. Sin embargo, la discreción púnica sobre las rutas seguidas por sus propias naves, junto con la destrucción de las fuentes, nos permite saber muy poco sobre los países alcanzados. Por ejemplo, Heródoto tuvo noticias de las circunnavegaciones cartaginesas de África, de las que no tenemos más información[252]. La hazaña de circunnavegar África, que según Heródoto también había sido intentada sin éxito por parte del persa Sataspes en el siglo v a. C.[253], se consideraba posible incluso en fuentes griegas del siglo iv a. C.[254]. Según Plinio, también lo logró en el siglo ii a. C. Eudoxo de Cícico, quien, después de ser expulsado de Egipto, habría llegado a Gadir partiendo del mar Rojo[255]. Tras las conquistas romanas, nadie más lo logró hasta el viaje de Vasco da Gama en 1497-1498.

Conocemos el viaje a lo largo de las costas atlánticas de África dirigido por el cartaginés Hannón (seguramente antes del siglo iv a. C.; probablemente en el v a. C.) porque afortunadamente ha sobrevivido una traducción en griego (incompleta y probablemente alterada) de su relato[256]. La expedición de Hannón alcanzó África ecuatorial, muy probablemente hasta la actual Gabón[257], y —¡esto es lo más interesante!— está claro que regresó dando

252 Heródoto, en el pasaje citado, tras mencionar la circunnavegación de África lograda a órdenes de Necao, afirma: «... así se conoció por primera vez la forma de África. Más tarde, fueron los cartagineses quienes la dieron a conocer».

253 Heródoto, *Historiae*, IV, xliii.

254 (Pseudo) Escílax, *Periplus* (en [GGM], vol. I), 112 (pp. 94-95).

255 Plinio, *Naturalis Historia*, II, 169. Plinio dice que obtiene esta información de Cornelio Nepote. Más adelante volveremos a Eudoxo de Cícico a propósito de sus viajes a India.

256 *Hannoni Carthaginiensium regis Periplus*, en [GGM], vol. I, 1-14.

257 [Roller], pp. 40-41.

media vuelta. Dado que los vientos y las corrientes hacen que la navegación a lo largo de las costas atlánticas de África en dirección sur-norte sea extremadamente difícil, es muy probable que el regreso no se realizase mediante navegación costera.

Dos autores nos informan de la expedición de otro cartaginés, Himilcón, que navegó en el Atlántico del Norte, también en el siglo v a. C.[258]. Avieno, en el siglo iv d. C., lo cita en tres ocasiones, al parecer directamente, atribuyéndole noticias sobre algas que le habrían dificultado la navegación y monstruos marinos. Este testimonio es interesante, sobre todo, como prueba de la impresionante pérdida de conocimientos geográficos que lleva a un escritor latino de la Antigüedad tardía a creer (¡con razón!) que la mejor fuente de información sobre el océano es la crónica de viaje escrita por un cartaginés ochocientos años antes.

Entre las expediciones en el océano Atlántico de las que se conserva su recuerdo, están las de dos navegantes procedentes de Massalia: Eutímenes y Piteas. Algunos han supuesto que estas exploraciones fueron posibles gracias a acuerdos especiales con Cartago, pero también es posible que el control cartaginés del estrecho no fuera tan estricto como generalmente se ha considerado. En el caso de Piteas, parte de los estudiosos considera probable que alcanzase las costas atlánticas a través de la red fluvial de la Galia, sin pasar por las columnas de Hércules.

Probablemente en torno al 500 a. C. (aunque la fecha es muy incierta y ha habido quien ha querido fecharlo en el siglo iv a. C.), Eutímenes navegó a lo largo de las costas atlánticas de África, pero nos quedan poquísimas noticias de la narración que escribió de su viaje: solo sabemos que llegó a la desembocadura de un gran río, que se ha identificado mediante conjeturas con Senegal, y que extrañamente imaginó que podía ser el Nilo[259]. Hay mucha más información disponible sobre el viaje de exploración al Atlántico del Norte del massaliota Piteas, que

---

258 Plinio, *Naturalis Historia*, II, 169; Avieno, *Ora maritima*.

259 Parece que Eutímenes imaginó que el Nilo podía estar formado por aguas oceánicas que, penetrando en el continente en el punto que él visitó, terminaban llegando hasta Egipto. Esta extraña noticia la refiere, entre otros, Séneca (*Naturales Quaestiones*, IVa, ii, 22).

lo describió al detalle en su tratado *Sobre el Océano* (*Περί τοῦ Ὠκεανοῦ*)[260]. Piteas, cuyo viaje se ubica con probabilidad en los años veinte del siglo IV a. C.[261], llegó entre otros al círculo polar ártico, recalando en la isla de Tule (cuya identificación ha supuesto grandes problemas[262]), y a la banquisa polar. Piteas también tenía intereses científicos, como prueban los fragmentos de su obra que tratan de las mareas y de la determinación del polo norte celeste, y también podría haber hecho una contribución personal a la naciente ciencia de la geografía matemática; ciertamente constituyó una fuente importante para la obra geográfica de Eratóstenes e Hiparco también lo consideraba veraz[263].

Tras el derrumbe cultural ya no se prestó fe al testimonio del explorador massaliota. Estrabón lo considera un mentiroso, lo aúna a los escritores de obras fantásticas, como Evémero[264] y Antífanes de Berga[265], y considera una culpa grave de Eratóstenes el haberle prestado fe[266].

El tratado de Piteas, considerado no fiable, no volvió a copiarse y se perdió; por suerte, Estrabón y otros escépticos como él, denigrándolo, nos han transmitido fragmentos que hoy permiten verificar la veracidad. Sin embargo, la antigua desconfianza no ha desaparecido del todo y algunos estudiosos modernos, probablemente porque se resisten a tomar nota del derrumbe posterior de los conocimientos geográficos, son propensos a restringir el viaje del antiguo explorador a las cerca-

260 Los testimonios y fragmentos que nos han llegado están reunidos en [Piteas: Bianchetti] y [Piteas:Roseman].

261 [Roller], pp. 61-65.

262 Volveremos a este argumento en las pp. 213-19.

263 Hiparco, *In Arati et Eudoxi phaenomena commentarii*, I, 4, 1 = Piteas, fr. 1 (Bianchetti); Estrabón, *Geographica*, II, i, 18 = Piteas, fr. 11 (Bianchetti); Estrabón, *Geographica*, II, v, 8 = Piteas, fr. 8c (Bianchetti).

264 La *Historia Sagrada* de Evémero, de la que quedan fragmentos, describía una ciudad ideal situada en una isla imaginaria y ha sido fuente de inspiración para toda la literatura utopíca posterior.

265 Tenemos poca información sobre Antífanes de Berga, que parece que escribió una parodia del tratado de Piteas. Plutarco menciona una descripción suya de un país tan frío que en invierno las palabras, en cuanto eran dichas, se congelaban y solo podían escucharse en la época del deshielo (Plutarco, *Quomodo quis suos in virtute sentiat profectus*, 79a). El término *Bergeo* se utilizó para nombrar a los inventores de patrañas inverosímiles.

266 Estrabón, *Geographica*, II, ii, 5; II, iv, 2.

nías de las islas británicas, mostrándose escépticos, en particular, a su llegada a la banquisa polar. En realidad, no todos los testimonios son claros y el pasaje en el que Estrabón refiere que Piteas habría visto lugares en los que no existían ni tierra, ni mar, ni aire, sino una mezcla de todos los elementos, parecida a un «pulmón marino»[267], claro que no son de fácil interpretación. Pero no se entiende cómo podría haber afirmado que en Tule, alrededor del solsticio de verano, el sol no se ponía, mientras que en invierno no salía, y que a un día de navegación hacia el norte el mar estaba solidificado[268], si no es sobre la base de la observación[269].

Sabemos muy poco de otras expediciones griegas en el Atlántico. La noticia recogida por Plutarco de que un tal Demetrio de Tarso habría explorado las islas alrededor de Britania a cuenta de un rey no identificable[270] probablemente no sea infundada, ya que en York se han encontrado inscripciones griegas con la firma de un Demetrio[271]. Otro griego, un misterioso Ofelas, en una época indeterminada, habría explorado las costas africanas del Atlántico, pero la única fuente que lo nombra es Estrabón, que como es habitual muestra incredulidad hacia la empresa[272]. Naturalmente, dado el secretismo sobre las rutas seguidas, que se suma a la desaparición de las fuentes, no podemos pensar que estamos informados de un porcentaje significativo de los antiguos viajes de exploración.

Las expediciones en el Atlántico aparentemente tuvieron una brusca interrupción con los sucesos del 146-145 a. C. De hecho, los romanos no se preocuparon en tomar el relevo de Cartago

---

267 Estrabón, *Geographica*, II, iv, 1.

268 Plinio, *Naturalis Historia*, IV, 104; Estrabón, *Geographica*, I, iv, 2.

269 Dado que Piteas escribía en una época en la que la geografía matemática estaba apenas en los albores, no está claro si habría podido obtener la afirmación sobre el sol de medianoche a través de razonamientos teóricos; de todas formas, parece completamente imposible que hubiese podido imaginar la existencia de un mar congelado sin haberlo visto.

270 Plutarco, *De defectu oraculorum*, 419E-420A. Demetrio habría tenido información sobre una isla en la que estaba confinado Cronos: un mito que reencontraremos.

271 [Roller], p. 124, nota 61.

272 Estrabón, *Geographica*, XVII, iii, 3.

en el control de las rutas oceánicas. En el mismo 146 a. C. en el que había destruido la ciudad enemiga, Escipión Emiliano mandó a Polibio explorar con una flota las costas atlánticas de África[273], probablemente utilizando informaciones reunidas en Cartágo y a marineros cartagineses, pero parece que el resultado de la expedición (de la que tenemos escasísimas noticias) fue completamente negativo. De hecho, no sabemos de ningún otro viaje en el océano Atlántico organizado por los vértices del Estado romano en el siglo siguiente. Además, Polibio, después de su expedición, difundió escepticismo sobre la posibilidad de circunnavegar África[274] y descrédito sobre el tratado de Piteas[275]; él mismo refiere que los massaliotas interrogados por Escipión tampoco dijeron nada interesante sobre las rutas atlánticas[276]. Ciertamente, el historiador y exgeneral griego no hizo nada para atraer el interés de los dirigentes romanos hacia una expansión a occidente; quizás se dedicó más bien a lo contrario.

Entre las expediciones al océano organizadas por Roma o por sus Estados cliente, podemos recordar la atribuida a Juba II, rey de Numidia y Mauritania bajo tutela romana, alrededor del 25 a. C. Según Plinio, sus barcos alcanzaron las «islas Afortunadas»[277]. La realidad de la expedición es dudosa, pero lo cierto es que Plinio tiene la intención de referirse a las Canarias.

Germánico intentó una expedición en el Atlántico del Norte en el 16 d. C., pero tuvo un resultado desastroso. La flota solo consiguió alcanzar la isla de Burcana (casi seguramente Borkum, a una decena de kilómetros de la costa) antes de hundirse por completo durante una tempestad. Uno de los pocos supervivientes, Albinovano Pedón, escribió un poema sobre aquella calamidad; Séneca el Viejo cita una parte del poema[278] y retoma su miedo por el océano:

273 Plinio, *Naturalis Historia*, V, 9.
274 Polibio, *Historiae*, III, 38.
275 Estrabón, *Geographica*, II, iv, 1-3.
276 La afirmación de Polibio se menciona en Estrabón, *Geographica*, IV, ii, 1.
277 Plinio, *Naturalis Historia*, VI, 202-205.
278 Séneca el Viejo, *Suasoriae*, I, 15.

> Dicen que sobre el océano se extienden tierras fértiles y que allende el océano hay de nuevo otras lides y otro mundo nace [...]. Son suposiciones infundadas porque el océano no se puede navegar[279]. [...] Imagina monstruos inmensos; mira con qué tormentas y oleajes se ensaña el mar, qué olas empuja sobre la costa, con qué violencia se encuentran allí los vientos, con qué furia se agita hasta lo más profundo; no se ofrece puerto alguno a los navegantes, ninguna salvación, nada que ellos conozcan; todo lo que es primitivo e informe en la naturaleza está oculto y escondido allí. Ni siquiera los ejércitos que huían de Alejandro se aventuraron en estos mares. La naturaleza ha puesto al océano alrededor de las tierras como una barrera sagrada[280].

La idea de que el océano constituye una barrera infranqueable, idea ajena tanto a griegos como fenicios, cartagineses, gaditanos y polinesios, se enraiza con tal fuerza en aquellos años en la cultura latina como para que aún hoy día muchos se la atribuyan a todas las culturas antiguas.

En cuanto a las rutas hacia oriente, hay que recordar sobre todo que, quizás ya en época faraónica (en el siglo VII a. C., en los tiempos del faraón Necao II), fue posible navegar desde el Mediterráneo al océano Índico gracias a la excavación de un canal que unía el mar Rojo con una rama del Nilo. Con toda seguridad este canal, del que aún quedan restos arqueológicos, fue excavado, si no restaurado, en la época de la dominación persa de Egipto, durante el reinado de Darío I (522-486 a. C.)[281], y posteriormente rehabilitado durante el período helenístico por Ptolomeo II Filadelfo (rey desde el 285 al 246 a. C.)[282]; tam-

---

279 Séneca el Viejo, *Suasoriae*, I, 1.

280 Ivi, I, 4.

281 La excavación del canal por obra de Darío la recuerda Heródoto (*Historiae*, II, clviii; IV, xxxix), según el cual Darío habría llevado a término la obra iniciada por Necao; así como una inscripción del mismo Darío ([Posener], pp. 48 ss.).

282 El canal es atribuido a Ptolomeo II Filadelfos tanto por Estrabón (*Geographica*, XVII, i, 25) como por Diodoro Sículo (*Bibliotheca historica*, I, xxxiii, 9-11). Ambos mencionan los antecedentes faraónicos y persas, pero solo como intentos fallidos (equivocándose en este punto, por lo menos por lo que respecta a Darío, a la luz de la inscripción citada en la nota previa).

bién se remonta al reino de Filadelfo la exploración de las costas orientales de África realizada a cuenta del rey por Timóstenes de Rodas[283].

Los conocimientos geográficos helenísticos se extendían en profundidad hacia oriente. Las primeras obras sobre India, después de las narraciones de la hazaña de Alejandro, fueron escritas por Megástenes, que alrededor del 300 a. C. fue embajador de Seleuco I en la corte del fundador del Imperio maurya, Chandragupta Maurya, y de su sucesor Deímaco, embajador de Antíoco Sóter en la corte del heredero de Chandragupta, Bindusara. Tenemos distintos fragmentos que muestran cómo los dos embajadores reunieron muchas noticias de diversa credibilidad, sin examinarlas críticamente, haciendo así una contribución importante al nacimiento de la imagen fabulosa de India que se asentaría largo tiempo en la cultura occidental. Posteriormente, desde la segunda mitad del siglo III a. C., las relaciones intensas entre la civilización helenística y los países del Lejano Oriente estuvieron en un principio aseguradas por el reino grecobactriano, cuya capital estaba en el actual Afganistán, y luego por el reino indogriego fundado por Eutidemo I. Según Estrabón, este soberano y su hijo Demetrio I habrían extendido sus conquistas hasta China en torno al 200 a. C.[284]. Tenemos noticias de estas construcciones políticas, que se vieron sobrepasadas por las poblaciones locales a lo largo del siglo I a. C., solo por unas pocas inscripciones, menciones de fuentes clásicas y, sobre todo, muchos hallazgos de monedas. Sin embargo, las interacciones culturales entre el mundo helenístico y China, compañeras del intenso comercio a lo largo de la Ruta de la Seda, se pueden documentar con una base arqueológica, en concreto examinando los productos artísticos y tecnológicos chinos que muestran influencias helenísticas[285].

---

283 Estrabón, *Geographica*, IX, iii, 10.

284 Estrabón, *Geographica*, XI, xi, 1.

285 Para las influencias artísticas pueden verse, por ejemplo, [Boardman] y el catálogo de la exposición *Alexander the Great: East-West Cultural contacts from Greece to Japan* (Tokyo National Museum, 2003).

Mientras que el interés de los Estados mediterráneos por la navegación atlántica sufrió un retroceso decisivo tras la destrucción de Cartago, algunas fuentes parecen señalar un aumento de las relaciones entre Egipto e India en tiempos del rey Ptolomeo Barrigón. Datan de su reinado, en efecto, el nombramiento de un funcionario «responsable del mar Eritreo y el océano Índico»[286], el primer viaje a India de Eudoxo de Cícico y la edición de la famosa obra *Sobre el mar Eritreo* de Agatárquides de Cnido (en aquella época se llamaba *mar Eritreo* a los actuales mar Rojo, mar Arábigo y golfo Pérsico). Con todo, parece que en realidad Ptolomeo Barrigón, pese a su evidente interés, no logró estimular el desarrollo del comercio con India. Sabemos, de hecho, que Eudoxo de Cícico siguió una ruta directa desde el golfo de Adén hasta las costas indias, seguramente aprovechando el conocimiento sobre los monzones, pero también que, a su regreso, vio cómo el rey le confiscaba todo el preciado cargamento de especias y gemas[287]. Un segundo viaje, realizado por Eudoxo tras la muerte del Barrigón, terminó con otra incautación del cargamento a manos del nuevo rey.

Es razonable suponer que la política de incautaciones, más que fomentar el comercio con Oriente, lo truncó. Es verdad que Estrabón se muestra convencido de que el comercio con India se incrementó posteriormente gracias a las autoridades romanas[288], pero su juicio podría estar influenciado por el deseo de complacer a los gobernantes a los que dirige su obra, ejemplificando varias veces la utilidad con finalidades políticas y militares[289]. La lectura de la primera obra geográfica de un autor latino aumenta la sospecha, la *Chorographia* de Pomponio Mela (escrita en los años cuarenta del siglo I de nuestra era, es decir, dos décadas después de la muerte de Estrabón). Aquí, de hecho, India es descrita de manera fantasiosa; aparte de otros detalles, por allá abajo las hormigas serían tan grandes como perros y habría serpientes capaces de engullir elefantes[290]: noticias que en parte provienen

286 [Rostovtzeff], vol. II, p. 362.

287 Estrabón, *Geographica*, II, iii, 4. La fuente de Estrabón es el tratado perdido *Sobre el Océano* de Posidonio.

288 Ivi, II, v, 12.

289 En las pp. 245-46 citaremos algunos pasajes que aclaran este punto.

290 Pomponio Mela, *Chorographia*, III, 62.

de las antiguas obras de Megástenes y Deímaco pero que habría sido imposible volver a proponer si realmente se hubiesen tenido con India las directas e intensas relaciones descritas por Estrabón. La opinión de Estrabón de que, en sus tiempos, el tráfico marítimo entre Roma e India era más intenso que en la época ptolemaica parece contradicha por el hecho de que al canal entre el Mediterráneo y el mar Rojo se lo dejó cegar por la arena. Plinio sabe que hubo intentos de excavarlo, pero no que alguna vez estuvo en funcionamiento[291]. Para volver a tener la posibilidad de navegar de un mar a otro hubo que esperar hasta 1869.

También otros escritores del primer período imperial, a menudo, se vanaglorian del aumento del tráfico con países lejanos, asegurado en sus tiempos por la benéfica dedicación del emperador y el consiguiente progreso en los conocimientos geográficos. Por ejemplo, Séneca, riéndose de las antiguas opiniones profesadas por Eutímenes, asegura que, en sus tiempos, las costas occidentales de África eran bien conocidas en cuanto surcadas «en toda su extensión por embarcaciones mercantiles»[292]. La vacuidad de esta afirmación se demuestra, no obstante, con el contemporáneo Plinio, quien en los libros geográficos de su monumental *Naturalis Historia* muestra no saber casi nada acerca del África occidental al sur de los dominios romanos. Sus mejores fuentes sobre este tema son el rey vasallo de Roma Juba II de Numidia y Mauritania, de quien obtiene algunas informaciones sobre las islas Canarias[293], y, para la tierra firme, el cónsul Suetonio Paulino, quien habría osado adentrarse al sur de la cordillera del Atlas (es decir, justo al sur de los dominios romanos) «la distancia de al-

291 Plinio, *Naturalis Historia*, VI, 165-166.

292 *Nunc vero tota exteri maris ora mercatorum navibus stringitur* (Séneca, *Naturales Quaestiones*, IVa, ii, 24).

293 Plinio, *Naturalis Historia*, VI, 202-205. La opinión, bastante difundida, de que Juba había liderado una expedición a las islas Canarias no parece tener suficientes pruebas. Quizás los intereses de Juba, más que de exploración de primera mano, se nutrieron de lecturas ([Delgado]). Además, Juba probablemente podía leer los libros púnicos que los romanos habían donado a su bisabuelo Micipsa (ver arriba, p. 81, nota 27), como parece confirmar Amiano Marcelino, que, a propósito de una extraña teoría sobre las fuentes del Nilo, afirma que Juba la habría sacado de fuentes púnicas (Amiano Marcelino, *Historiae*, XXII, xv, 8).

gunas millas» (*aliquot milium spatio*)[294]. Para las zonas más meridionales, el docto Plinio no puede hacer otra cosa más que evocar el vago recuerdo del antiguo viaje del cartaginés Hannón[295].

Mientras que la exposición geográfica de las provincias del Imperio de Plinio es bastante detallada, apenas deja atrás los confines del Estado romano, describe países envueltos en la leyenda. Cree que el resto del mundo lo habitan poblaciones monstruosas. En África describe, entre otros, a los egipanos, mitad hombres y mitad bestias; los trogloditas, que no saben hablar sino emitir berridos; los blemios, sin cabeza y con los ojos y la boca en medio del pecho[296]; y los cinamolgos, con cabeza de perro[297]; cree que en el norte de Europa habitan los arimaspos, con solo un ojo[298], y entre las extrañas gentes de la India sitúa a los astomi, que no tienen boca y se nutren de olores[299], y a los graciosos esciápodos, que para protegerse del calor tendrían la costumbre de tumbarse haciéndose sombra con su único y enorme pie[300]. Naturalmente, no se trata de invenciones de Plinio, sino de pueblos imaginarios presentes en varias mitologías (algunos habían sido citados en las narraciones de Megástenes y Deímaco sobre India), pero sí que es suya la idea de hablar de ellos en una obra geográfica y sobre todo de situarlos en las afueras del Imperio romano[301].

La mayoría de las veces, los modernos lectores de Plinio lo han considerado un típico exponente de las «concepciones antiguas», olvidando que, algún siglo antes de él, los habitantes cultos de los países mediterráneos tenían noticias fiables acerca del África subsahariana, la banquisa polar, China, Indochina y quién sabe qué más[302].

---

294 Plinio, *Naturalis Historia*, V, 14.
295 Ivi, V, 8.
296 Ivi, V, 44-46.
297 Ivi, VI, 195.
298 Ivi, VII, 10.
299 Ivi, VII, 25.
300 Ivi, VII, 23.
301 De hecho, los seres monstruosos como los cíclopes o los lestrigones, que la tradición situaba en regiones dentro del Imperio, Plinio considera que fueron rechazados en un pasado lejano (*Naturalis Historia*, VII, 9).
302 Ptolomeo, en su *Geographia*, claramente basada en fuentes helenísticas, ofrece latitudes y longitudes de localidades en África ecuatorial, China e Indochina.

VI. LA GEOGRAFÍA MATEMÁTICA Y LAS DIMENSIONES DE LA TIERRA

Este capítulo contiene una síntesis de los resultados que conocemos bien de la geografía matemática helenística y que conviene conocer para seguir el resto de nuestra historia.

El surgimiento de la geografía matemática

Para ilustrar las consecuencias del colapso cultural sobre los conocimientos que tienen que ver con nuestro tema en concreto, es conveniente dar un paso atrás y recorrer en breves hitos el camino que llevó al nacimiento de la geografía matemática.

Desde siempre, todos los pueblos han tenido nociones de geografía empírica, es decir, un conocimiento más o menos extenso de la posición recíproca de varios lugares, y a menudo también han representado de modo simbólico tales conocimientos con dibujos. En cambio, la geografía matemática es un típico producto cultural helenístico que consiste en la elaboración de un modelo matemático de la Tierra en el que es posible incluir datos numéricos obtenidos mediante mediciones que puede usarse tanto para realizar cálculos útiles y preveer resultados de otras mediciones como para elaborar, a través de procedimientos unívocamente reproducibles, mapas que contengan información cuantitativa.

Una premisa necesaria de la geografía matemática es el conocimiento de la forma esférica de la Tierra (con una aproximación óptima), algo que se logró en el ámbito de la filosofía natural en la Grecia clásica. El primer paso clave hasta este resultado se dio en Mileto en la primera mitad del siglo VI a. C., gracias a una profunda revolución intelectual obrada por Anaximandro[303]. Mientras que, hasta entonces, siempre se había pensado

303 Un bonito libro que ilustra el alcance de esta revolución conceptual, identificándola con el nacimiento del método científico, es [Rovelli].

en los conceptos de «arriba» y «abajo» como absolutos, considerando que aquello que está abajo tiene propiedades opuestas a lo que se encuentra arriba, Anaximandro por primera vez osó pensar si no habría cielo también debajo de nuestros pies. En muchas culturas se planteó el problema de por qué, a diferencia de otros cuerpos, la Tierra no caía y siempre se había solucionado imaginando que se sostenía sobre algún apoyo (y evitando preguntarse qué sostenía al apoyo).

Por lo que sabemos, Anaximandro fue el primero en comprender que los objetos no caen «hacia abajo» sino hacia la Tierra y que, por lo tanto, la Tierra misma no tiene ningún motivo para caer. Se podía también deducir que, «por debajo» de la Tierra, los cuerpos «caen», desde nuestro punto de vista, «hacia arriba». De hecho, Anaximandro concibió una Tierra cilíndrica: una de las dos bases es aquella sobre la que nosotros caminamos; en la otra, en todo equivalente, los conceptos de alto y bajo se invierten. Parece plausible que también de él provenga la idea de que la otra cara está habitada por los antípodes, aunque esta autoría no es documentable basándonos en los pocos textos conservados.

Anaximandro también dibujó un mapa de todo el mundo, del que sabemos poco. Tenemos alguna noticia más sobre el mapa realizado posteriormente por su conciudadano Hecateo, activo en la segunda mitad del siglo VI a. C., en el que estaban representadas todas las costas del Mediterráneo y del mar Negro. Sin embargo, no parece que estos mapas (que ciertamente no incorporaban datos cuantitativos) tuviesen alguna relación con las nuevas ideas sobre la forma de la Tierra.

La idea de la forma esférica de la Tierra puede considerarse el resultado de una generalización de la concepción de Anaximandro, obtenida extendiendo en todas direcciones la equivalencia por él identificada entre arriba y abajo. Este importante paso parece que se dio en la primera mitad del siglo V a. C. gracias a Parménides[304], a quien también se atribuye una primera diferen-

304 Pese a que otras fuentes atribuyan el descubrimiento a Pitágoras, la autoría de Parménides referida por Diógenes Laercio (*Vitae philosophorum*, IX, 21) es creíble, sea porque la fuente es Teofrasto, generalmente fiable, sea porque parece haber un nexo lógico claro entre la esfericidad de la Tierra y el descubrimiento

ciación de la superficie terrestre en «zonas» climáticas. De todas formas, la idea tardó en ser acogida: Heródoto, por ejemplo, una treintena de años más joven que Parménides, no parece tener ni el más mínimo indicio de ella a pesar de estar muy interesado en geografía[305]. Durante la primera mitad del siglo IV a. C., la noción de la esfericidad de la Tierra, hecha propia por Platón y Eudoxo de Cnido, se impone en la cultura griega. En esta época también parecen nacer las nociones de ecuador y trópico. Es probable que una notable contribución al desarrollo de estos conceptos provenga de Eudoxo, pero no es posible documentarla.

En la segunda mitad del siglo IV se realizó un salto de calidad en los conocimientos sobre países lejanos, gracias sobre todo a la campaña de Alejandro y al viaje exploratorio de Piteas del que ya hemos hablado. Estas expediciones, asegurando una enorme ampliación del mundo conocido por los griegos, también dieron un empuje definitivo al desarrollo de la geografía matemática. El conocimiento de una porción notable de la superficie terrestre, que comprendía lugares en los que las diferencias de latitud tienen consecuencias esenciales en las condiciones de vida, convirtió por primera vez en tema de gran interés práctico nociones teóricas como las de la forma de la Tierra y la división de su superficie en zonas climáticas.

Aristóteles proporciona la primera estimación conocida de las dimensiones de la Tierra, valorando la longitud de la circunferencia terrestre en 400 000 estadios[306]. Su alumno Dicearco hizo una contribución importante al nacimiento de la geografía matemática al determinar un paralelo fundamental, es decir, al identificar una sucesión de ubicaciones (incluyendo el estrecho de Gibraltar y el de Mesina) situadas todas ellas de manera aproximada en la misma latitud. La estimación de la oblicuidad de la eclíptica[307] en

de Parménides del origen de las fases lunares (que conlleva el reconocimiento de la esfericidad perenne de la Luna). Por otro lado, las atribuciones a Pitágoras incluso cuando no son pitagóricas parecen influidas por el pitagorismo.

305 Ver arriba, pp. 122-23.

306 Aristóteles, *De caelo*, 298a, 15-20.

307 Hoy en día estamos habituados a definir la oblicuidad de la eclíptica como el ángulo que el plano ecuatorial terrestre presenta con el plano de su órbita alrededor del Sol. Los griegos, de manera equivalente, pero más ligados a los

1/15 de vuelta (es decir, 24°), con toda probabilidad, era más antigua (quizás de tiempos de Enópides de Quíos, del siglo v a. C.). Por lo tanto, en los inicios del período helenístico ya se habían establecido los principales elementos de la geografía matemática, que aparecerá en su forma completa en la obra de Eratóstenes.

Eratóstenes de Cirene

Eratóstenes es uno de los protagonistas de nuestra historia. Nacido en Cirene alrededor del 275 a. C.[308] en una familia modesta[309], fue discípulo de su conciudadano Calímaco y estudió en Atenas, donde conoció a los filósofos más importantes de su época y adquirió fama escribiendo poesías y ensayos sobre temas diversos. Ptolomeo III Evergetes, rey de Egipto del 246 al 222 a. C., a comienzos de su reinado, lo convocó en Alejandría como sucesor de Apolonio de Rodas en la dirección de la Biblioteca.

De los testimonios y fragmentos que han sobrevivido se desprende la personalidad de uno de los intelectuales más versátiles e interesantes de su época, en la cual aún no existían límites disciplinarios infranqueables. Fue, entre otras cosas, filósofo e historiador de la filosofía, mitógrafo y poeta. Su obra sobre la cronología, en la cual introdujo el sistema de datación basado en las Olimpiadas, resultó fundamental para establecer sobre bases sólidas la datación de los eventos en la historia griega. Al acuñar para sí mismo el término *filólogo*, también contribuyó terminológicamente al desarrollo de la disciplina de la filología, que cultivó en el ámbito de su labor como editor

---

datos observacionales, la definían como el ángulo entre el ecuador celeste y el plano del zodíaco. Dicho ángulo es a día de hoy, con la aproximación de un minuto, de 23° 26′, pero durante el período helenístico era de 23° 44′. Los trópicos se definen como los paralelos cuya latitud (norte o sur) coincide con la oblicuidad de la eclíptica.

308 En [Geus], pp. 10-15, se argumenta de manera convincente a favor de esta datación, que es la que se transmite en la *Suda*. En cambio, diversos estudiosos anticiparon su fecha de nacimiento en una década.

309 [Eratóstenes: Roller], p. 8.

de textos e historiador de la literatura (escribió, entre otros, un tratado *Sobre la comedia antigua*).

A pesar de la pérdida casi total de sus escritos, tenemos pruebas claras del valor de Eratóstenes como matemático. Nos quedan su descripción del *mesolabio*, un ingenioso aparato mecánico ideado por él con el que se podían calcular raíces cúbicas[310], y algunos títulos de sus trabajos matemáticos. Particularmente sugestivo para nuestro tema es el título *Sobre las medias*, en referencia a un tratado en el que probablemente, según una información proporcionada por Papo de Alejandría, se trataba un nuevo tipo de lugares geométricos relacionados con medias[311]. Sabemos además que mantuvo correspondencia sobre estos temas con Arquímedes, quien le dedicó su fundamental tratado *Sobre el método*.

Generalmente se considera que la contribución más destacada de Eratóstenes a la astronomía, estrechamente relacionada con su trabajo como geógrafo, es una medición precisa de la oblicuidad de la eclíptica[312]. Los intereses como astrónomo y mitógrafo se fusionaron en su obra conocida como *Catasterismos*, de la que nos queda un escueto epítome y en la que, aparte de relatarse la mitología, se ofrecía una detallada descripción de cada constelación[313].

El principal interés de Eratóstenes parece haber sido la geografía, que cultivó en todos sus aspectos, ocupándose, además de geografía matemática, que nos interesa especialmente, de geografía física y de etnografía. En concreto, investigó el fenómeno de las mareas (que sabía que dependían de la influencia de la Luna): no solo comprendió que entre sus efectos están las corrientes en estrechos como el de Mesina, sino que también

310 La descripción de Eratóstenes del aparato se conservó gracias a Eutocio (*Comentario al tratado de Arquímedes «Sobre la esfera y el cilindro»*, 64-69).

311 Papo de Alejandría, *Collectio*, VII, 636, 24-25 (donde se recoge el título de la obra) y 662, 15-18 (donde se encuentra la afirmación sobre los lugares geométricos). Es sugerente la conjetura de que este trabajo pudiese tener alguna relación con el método utilizado por Eratóstenes para determinar la línea del trópico (se expone en el Apéndice B).

312 La atribución, basada en un pasaje de Ptolomeo (*Almagesto*, I, xii, 68), es no obstante refutada en [Shcheglov HTC], 2.5.2.1.

313 Sin embargo, no está demostrado y no parece probable que la obra incluyese un auténtico catálogo estelar, como muchos han supuesto ([Neugebauer], pp. 287, 577-578).

reconoció que este fenómeno implicaba una modificación en la hidrostática de Arquímedes[314]. Son muy importantes también las observaciones de Eratóstenes sobre las transformaciones sufridas por la Tierra durante períodos de tiempo que hoy en día definiríamos como geológicos: estudiando en concreto los fósiles marinos en el oasis de Siwa (ubicado en el Sahara, en una posición más o menos equidistante entre Alejandría y su ciudad natal Cirene, pero a gran distancia del mar), dedujo el desplazamiento de la línea de costa a lo largo del tiempo.

Los intereses etnográficos lo llevaron entre otros a la convicción de que no se tenía que dividir a los hombres en griegos y bárbaros, como tradicionalmente se hacía en la Grecia clásica, sino con base en sus cualidades, puesto que había «bárbaros» altamente civilizados y griegos pésimos[315]. Esta idea está lejos de las ideas de Aristóteles, pero no está para nada aislada. En el primer período helenístico, la división entre griegos y bárbaros perdió en poco tiempo su significado, como lo demuestran los no griegos que alcanzaron posiciones de gran prestigio en la comunidad intelectual de habla griega (aparte del cartaginés Clitómaco elegido como encargado de la Academia, del que ya hemos hablado[316], también podemos recordar, por ejemplo, al fundador de la escuela estoica Zenón de Citio, que era probablemente de origen fenicio).

El término *geografía* (como *filología*) es creación de Eratóstenes, que lo utilizó en el título de sus *Geographica*[317]. En esta obra, la geografía matemática es ya en gran parte la que se ha transmitido hasta nosotros, es decir, una teoría científica que utiliza para la Tierra un modelo matemático construido asociando a cada lugar de nuestro planeta un punto en una superficie esférica, que puede identificarse mediante dos coordenadas: latitud y longitud. La teoría permite, entre otras cosas, calcular, para

314 Estrabón, *Geographica*, I, iii, 11. Volveremos sobre este punto en la p. 155.

315 La afirmación de Eratóstenes se recoge en Estrabón, *Geographica*, I, iv, 9.

316 Ver arriba, p. 100.

317 La obra se ha perdido, pero tenemos muchos fragmentos, transmitidos por Estrabón y otros autores, reunidos en [Eratóstenes: Berger]. [Eratóstenes: Roller], mucho más reciente, no contiene los fragmentos sino solo, siguiendo una costumbre cada vez más difundida, una traducción en inglés.

cada latitud y día del año, la duración de las horas de luz y oscuridad; explicar, sobre la base de esto, la diversidad de climas y dibujar mapas que conserven la información relacionada con las coordenadas de los distintos lugares. La Tierra se divide en zonas climáticas diferenciadas por paralelos elegidos con tal fin, entre los que desempeñan un importante papel los trópicos y los círculos polares.

Cabe subrayar que la geografía matemática de Eratóstenes, en cuanto que permite predecir los resultados de las mediciones mediante cálculos dentro de un modelo matemático, es una ciencia exacta y que, por lo tanto, difiere significativamente de los conocimientos elaborados por filósofos presocráticos como Anaximandro o Parménides, aunque constituyan un desarrollo que sería de otro modo inconcebible.

El método de medición de Eratóstenes

En la Antigüedad, el más célebre y famoso logro de Eratóstenes fue su medición de las dimensiones de la Tierra. Eratóstenes describió detalladamente el procedimiento seguido en la obra de dos libros *Sobre la medición de la Tierra*. La obra, como todas las demás de Eratóstenes, no se ha preservado. Entre los testimonios que quedan, el más rico en información es el de Cleómedes[318], que permite reconstruir sin ambigüedad quizás no los detalles técnicos, pero sí por lo menos el principio del método utilizado. Eratóstenes utiliza un modelo basado en los siguientes supuestos:

a. La luz se propaga en línea recta.
b. La Tierra es esférica.
c. La distancia Tierra-Sol es tan grande respecto del tamaño de los dos cuerpos que los rayos que, desde distintos puntos, llegan desde el Sol hasta diversos puntos de la superficie terrestre pueden considerarse todos ellos como paralelos.

318 Cleómedes, *Caelestia*, I, 7, 48-120.

La longitud de un círculo máximo de la Tierra podía entonces determinarse del siguiente modo. Llamemos *P* al punto donde el meridiano que pasa por Alejandría (indicada en la imagen 10 con la letra *A*) cruza el trópico de Cáncer, *d* a la longitud del arco de meridiano comprendido entre *P* y Alejandría, y α al ángulo entre la vertical de Alejandría y la del punto *P*. La relación entre α y el ángulo completo de giro es evidentemente igual a la relación entre *d* y la longitud de toda la circunferencia terrestre. Si se conocen *d* y α, entonces es suficiente una sencilla proporción para obtener la longitud de un círculo máximo de la Tierra.

La imagen 10 se refiere al momento del solsticio de verano en el que en Alejandría (y en todos los puntos de su meridiano, que tienen la misma hora local) es mediodía (esto es, cuando el Sol alcanza su máxima altura sobre el horizonte). Durante ese

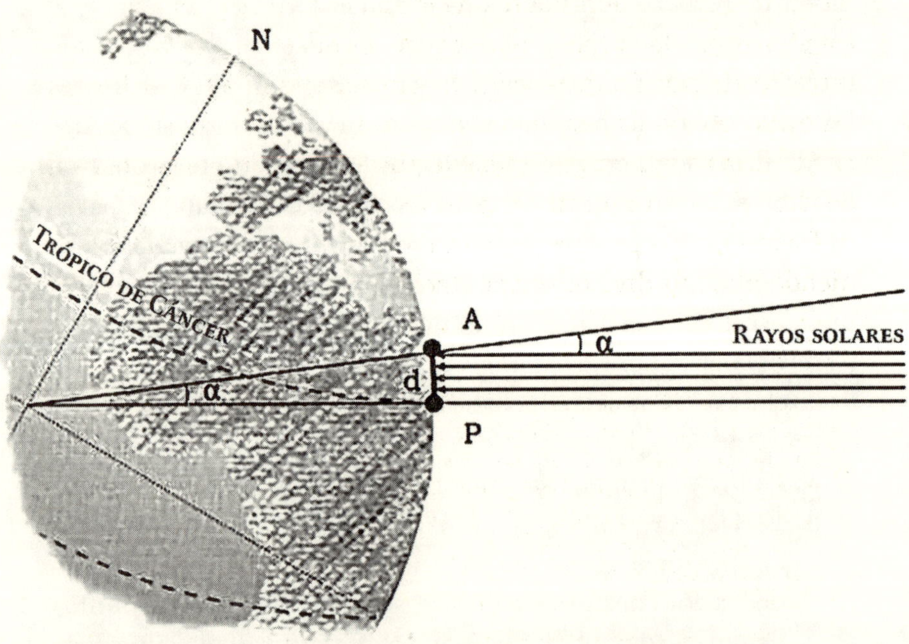

Imagen 10. El principio del método de Eratóstenes.

momento, en *P*, que está sobre el trópico, los rayos del sol son exactamente verticales (por definición de trópico y de solsticio); α, por lo tanto, es directamente medible, ya que concide con el ángulo que los rayos del sol forman con la vertical durante ese momento en Alejandría. El método es muy sencillo, siempre que se sepa determinar con precisión la posición del trópico y se consiga —y esta es la mayor dificultad —medir la distancia *d* (varios cientos de kilómetros en el Sáhara).

Cleómedes escribe que Eratóstenes obtuvo el resultado de 250 000 estadios para la longitud de la circunferencia terrestre, mientras que todas las demás fuentes[319] refieren el número ligeramente distinto de 252 000, lo que equivale a 700 estadios por grado.

En el mundo griego se usaron diversos «estadios» y no hay un consenso general respecto de la longitud del utilizado por Eratóstenes, para el que se han propuesto valores variables entre 148,5 y 210 metros[320]. La longitud de 157,5 metros, deducida del pasaje de Plinio que proporciona la relación entre el esqueno y el estadio según la «Eratosthenis ratio», es decir, según la relación introducida por Eratóstenes[321], ha sido aceptada por muchos de los estudiosos más respetados[322].

El número 252 000 es divisible por todos los números naturales del 1 al 10 (su mínimo común múltiplo es 2520)[323].

Dado que los griegos preferían operar con números que, teniendo muchos divisores, eran fácilmente divisibles y que el tes-

---

319 Estrabón, *Geographica*, II, v, 7, 34; Gémino, *Introducción a los fenómenos*, XVI, 6; Macrobio, *Commentarii in Somnium Scipionis*, I, xx, 20; Vitruvio, *De architectura*, I, vi, 9; Plinio, *Naturalis Historia*, II, 247; Censorino, *De die natali*, xiii, 5; Teón de Esmirna, *De utilitate mathematicae*, 124, 10-12 (ed. Hiller); Herón de Alejandría, *Dioptra*, xxxv, 302, 13-17 (ed. Schöne); Marciano Capela, *De nuptiis Philologiae et Mercurii*, VI, 596.

320 Para una revisión de todas las hipótesis propuestas, en el apéndice A de [Tupikova Geus].

321 Plinio, *Naturalis Historia*, XII, 53.

322 Véanse, entre otros: [Letronne], pp. 104-119 e 212-246; [Hultsch], pp. 60-63; [Tannery], pp. 109-110; [Dreyer], p. 175; [Miller], pp. 6-7; [Oxé], pp. 269-270; [Aujac], pp. 176-179; [Fraser], vol. II, p. 599, n.312; [Stückelberger], p. 188; [Dutka], pp. 63-64; Meuret, pp. 163-164; [Tupikova Geus], p. 21.

323 Esta propiedad ha sido señalada en [Rawlins], donde sin embargo se hipotetiza que Eratóstenes habría alterado los datos para llegar al resultado de 252 000.

timonio de Plinio nos informa de que Eratóstenes introdujo un nuevo estadio, debemos pensar que eligió un conveniente submúltiplo de la circunferencia terrestre que había medido. En la época moderna, la ciencia se comportaría de manera análoga al definir el metro como la veintemillonésima parte de un meridiano terrestre.

Del resto de las opiniones acerca de la longitud del estadio utilizado por Eratóstenes, la más difundida es la de que utilizó el «estadio olímpico», de alrededor de 185 metros[324], que ciertamente se utilizaba ampliamente. No obstante, según el testimonio de Plinio, Eratóstenes había introducido un estadio de diferente longitud. Dado que, como veremos, los geógrafos posteriores siguieron dando al estadio el valor de Eratóstenes, podemos pensar que el estadio olímpico siguió usándose para otros fines, pero no para las obras geográficas, en las que la autoridad de Eratóstenes había impuesto la medida por él introducida.

Si se acepta un valor de 157,5 metros para el estadio, la medición de Eratóstenes equivaldría a cerca de 39 700 km, con un error inferior al 1 % (cerca de un 7,5 ‰): una precisión que sugiere que la distancia d se midió en una campaña de mediciones a lo largo de todo Egipto. Si, en cambio, se considera que Eratóstenes utilizó el estadio olímpico, el valor que habría obtenido sería de unos 46 600km, con un error cercano al 16,5 %; en este caso, uno podría pensar que la distancia desde Alejandría al trópico se calculó toscamente, por ejemplo, sobre la base del número de días necesarios para realizar el trayecto. La elección entre ambas alternativas conlleva una valoración drásticamente diferente de los recursos a disposición de los científicos durante el período helenístico y de la eficiencia de sus métodos.

324 Por ejemplo, esta es la longitud defendida en [Columba], pp. 63-68; [Czwalina], p. 295; [Hiparco:Dicks], pp. 42-46; [Rawlins ESNM], p. 218; [Pothecary], pp. 49-67; [Ptolomeo:Berggren Jones], p. 14, nota 10. Este valor aparentemente lo valida la circunstancia de que Plinio utiliza el estadio de 185 metros cuando traduce en millas romanas la medición de Eratóstenes de la circunferencia (*Naturalis Historia*, II, 247). Dada la difusión del uso del estadio olímpico en tiempos de Plinio, la contradicción entre este pasaje y el citado anteriormente es comprensible pero no quita valor a la relación que Plinio, claramente recurriendo a alguna fuente, atribuyó explícitamente a Eratóstenes.

Cleómedes proporciona un elemento claramente a favor de la primera posibilidad cuando escribe que, durante el mediodía del solsticio de verano, los meridianos no daban sombra en una franja de 300 estadios de anchura alrededor del trópico[325]. De esto podemos deducir que fueron muchas las mediciones con meridianos solares y que el trópico se determinó como la línea media de la franja sin sombra[326]. Este método requería la participación de muchos medidores, pero permitía determinar la posición del trópico con gran precisión y no parece compatible con la hipótesis de que la distancia entre el trópico y Alejandría fuese toscamente estimada después.

Dejaremos para el próximo capítulo la determinación del valor del estadio, que nos permitirá evaluar la precisión de la medición de Eratóstenes, y expondremos ahora algunas consideraciones sobre el método que utilizó.

El procedimiento de Eratóstenes, que hoy en día corre el riesgo de resultarnos banal, especialmente porque parece fácil de ilustrar con un sencillo dibujo, se puede apreciar mejor si lo comparamos con el mostrado en una colección enciclopédica china, el *Huai-nan Tzu*, que se remonta al 120 a. C.[327].

En China también se habían dado cuenta de que los rayos solares pueden tener al mismo tiempo una inclinación distinta en lugares lejanos entre sí. En concreto se observó que, cuando, a mediodía del solsticio de verano, los rayos son verticales en un punto *P*, en otro lugar *A* al norte de *P* forman un ángulo α con la vertical. Con lo cual pensaron que, midiendo el ángulo α y la distancia entre *A* y *P*, obtendrían información gracias a métodos geométricos. Sin embargo, el estudioso chino que elaboró el procedimiento carecía del modelo de Eratóstenes. Considerando que la Tierra era plana y el Sol estaba cerca, creyó que podía recabar la distancia que nos separa del Sol de los valores α y d, con el método ilustrado en la imagen 11.

325 Cleómedes, *Caelestia*, I, 7, 75-76.

326 Esta deducción ya está en [Hultsch PGES], p. 14.

327 Sin embargo, el texto que nos interesa muy probablemente sea una interpolación incluida sucesivamente, como se argumenta convincentemente en [Cullen].

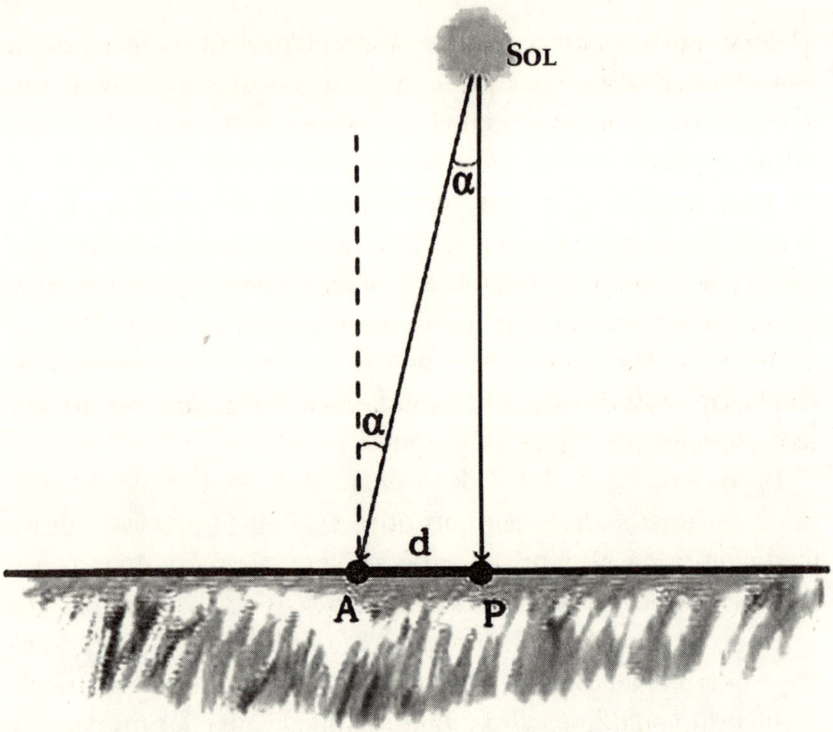

Imagen 11. La interpretación del estudioso chino.

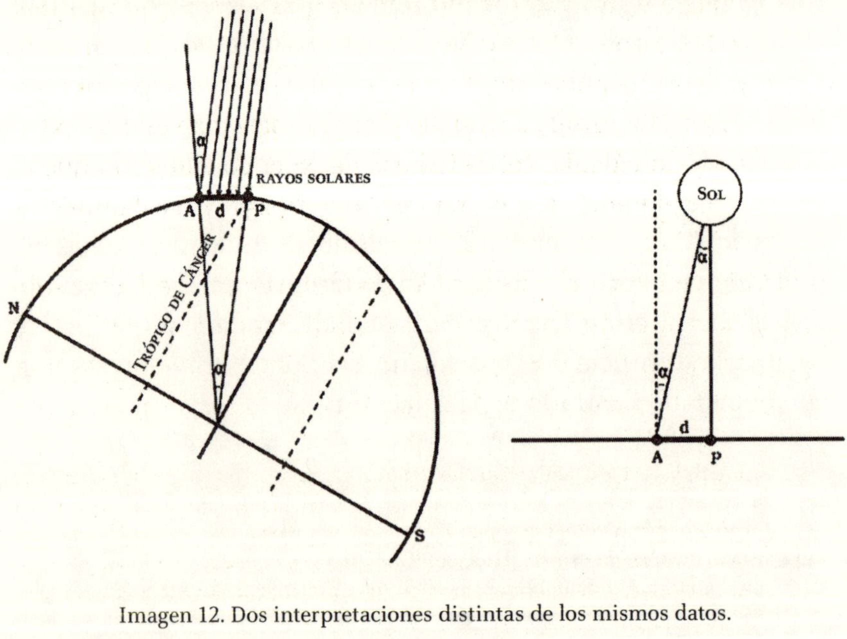

Imagen 12. Dos interpretaciones distintas de los mismos datos.

Hay que admitir que la deducción china es muy natural y que el único motivo por el que no se nos ocurre es que estamos habituados al modelo de la Tierra esférica heredado de los científicos griegos.

En la imagen 12 se ilustran los dos diferentes modelos utilizados para interpretar los mismos datos. Se entiende con facilidad que la presunta distancia al Sol, medida con el método chino, prácticamente equivaldría al radio de la Tierra[328].

Veamos ahora lo que escribe Plinio el Viejo cuando trata de explicar cómo se obtuvo la medida de la Tierra (que en otro pasaje atribuye a Eratóstenes):

> [Dionisodoro] era un Melio famoso por su cultura geométrica: ya viejo concluyó sus días en su patria y su funeral fue atendido por las allegadas que heredaron sus pertenencias. Estas mujeres, cuando días después cumplían con las debidas exequias, [se dice que] encontraron en la sepultura una carta, firmada por «Dionisodoro» y dirigida al mundo de los vivos; decía que había llegado desde su sepulcro hasta el punto más bajo de la Tierra y que hasta allí había 42 000 estadios. No faltaron geómetras que, para interpretar este dato, explicaran que la carta había sido enviada desde el centro de la Tierra, que es la mayor distancia desde la superficie hacia abajo y precisamente, el punto central del globo. A partir de esto se extrapoló un cálculo, sobre la base del cual concluyeron que la circunferencia tiene una longitud de 252 000 estadios[329].

Evidentemente, el método de Eratóstenes parece banal solo a quienes ya están familiarizados con el modelo que utilizó (y que por lo tanto pueden comprender dibujos como el de la imagen 10), mientras que resulta inaccesible tanto para aquellos que

---

328 En realidad, el texto del *Huai Nan tzu* recoge datos diversos y contradictorios entre sí. Como muestra el análisis en [Cullen], parece querer transmitir el principio del método más que un cálculo basado en auténticas mediciones.

329 Plinio, *Naturalis Historia*, II, 248. Plinio cree que para calcular la longitud de una circunferencia de la que se conoce el radio se necesitan «expertos en geometría» (que como aproximación a π usarían el 3).

intentan interpretar datos similares empleando un modelo diferente, tal cual hizo el erudito chino asumiendo que la Tierra era plana, como para aquellos que, como Plinio, no tienen la menor idea de cómo se pueden hallar datos sobre el mundo real utilizando un modelo teórico.

Hiparco y sus contribuciones a la geografía

Hiparco es otro de los personajes clave en nuestra historia. Nacido en Nicea, Bitinia, probablemente alrededor del 195 a. C.[330] (es decir, más o menos en la época de la muerte de Eratóstenes), continuó desarrollando sus investigaciones, especialmente en el campo de la astronomía, por lo menos dos décadas después de los eventos del 146-145 a. C. (en el *Almagesto*, Ptolomeo informa de sus observaciones astronómicas realizadas del 162 al 126 a. C.). Su actividad pudo continuar porque se llevó a cabo en Rodas, que, gracias a su lealtad absoluta a Roma (que se había preocupado en minar su poder económico)[331], logró retrasar durante mucho tiempo el saqueo[332]. Sin embargo, sus investigaciones astronómicas no le sobrevivieron: Plinio es consciente de que no había tenido ningún sucesor capaz de recoger su herencia científica[333] y Ptolomeo no conoce observaciones astronómicas realizadas en los dos siglos posteriores[334].

Tan solo ha sobrevivido uno de sus trabajos, si bien completamente secundario: un comentario analítico al poema astronómico de Arato (basado en un tratado de Eudoxo), que se conservó porque fue copiado junto con la mencionada obra poética.

330 [Hiparco:Dicks], p. 8.

331 Roma sustrajo a Rodas sus posesiones en Anatolia y redimensionó drásticamente su desempeño comercial creando un puerto franco en Delos.

332 Rodas no fue saqueada por los romanos hasta el 43 a. C.

333 Plinio, *Naturalis Historia*, II, 95.

334 La primera observación citada por Ptolomeo en el *Almagesto* después de la última de Hiparco (del 126 a. C.) es una observación de la Luna realizada por el astrónomo Agripa en el 92 d. C. (ver el histograma en la p. 158).

Conocemos los títulos de otros trece escritos suyos, de los que en algunos casos tenemos fragmentos[335], y las evidencias son suficientes como para considerarlo el científico más destacado de su época.

Hiparco es uno de los fundadores de la trigonometría y sus refinadas contribuciones al desarrollo del cálculo combinatorio solo se retomarían más de dos milenios después[336]; algunas evidencias incluso sugieren que su trabajo perdido sobre la gravedad contenía resultados de gran importancia[337]. Fue además el primer astrónomo en sospechar que las estrellas aparentemente fijas no eran realmente inmóviles, sino que tenían un movimiento tan lento que no era perceptible a lo largo de una vida humana; precisamente compiló el primer catálogo estelar para que las generaciones futuras pudieran verificar este posible movimiento (como de hecho se hizo casi dos milenios después), así como para documentar la aparición de *novae*[338].

---

335 Un catálogo de los títulos conocidos, con el número de fragmentos conservados, se encuentra en [Hiparco:Dicks], p. 15.

336 La única fuente sobre estos resultados es Plutarco (*Quaestionum convivalium libri iii*, 732F; *De Stoicorum repugnantiis*, 1047C-E). El contenido matemático de estos pasajes (que tienen que ver con nociones que en la época moderna se formularían en 1870) se aclaró por primera vez en 1997 en [Stanley].

337 La tesis de que esta obra era la fuente de algunos pasajes de gran interés científico en la obra de Plutarco *De facie quae in orbe lunae apparet* se expone en [Russo Plutarco] y en [Russo RD], pp. 274-278. Aceptando esta tesis, es necesario deducir que la teoría de Hiparco sobre la gravedad se empleaba sobre todo en astronomía, algo que parece confirmarse en algunos pasajes de autores latinos previos a Claudio Ptolomeo ([Russo Hiparco]).

338 Que estas fueron las razones que empujaron a Hiparco a compilar su catálogo estelar se menciona en Plinio (*Naturalis Historia*, II, 95). El catalogó asumió plenamente la función para la que fue concebido. De hecho, Edmond Halley descubrió en 1718 el movimiento de las estrellas fijas comparando algunas de las coordenadas estelares que había medido con las que se remontaban al catálogo de Hiparco, que podía leer en el *Almagesto*. A pesar de que Hiparco incluyó el registro de *novae* entre los objetivos de su catálogo, está difundida la convicción de que los «antiguos» ignoraban la aparición de *novae* en cuanto que incompatibles con el dogma aristotélico de la inmutabilidad de los cielos. Es gracioso que quien desprecia esta pretendida cerrazón mental de los antiguos científicos lo hace en general utilizando el término *nova*, claramente ignorando que utilizamos este término en latín porque su significado astronómico se tomó de Plinio el Viejo.

Una característica de la capacidad científica de Hiparco que emerge de la escasa documentación disponible[339] es su excepcional habilidad para obtener mediciones particularmente precisas. El valor de 59 radios terrestres que obtuvo como distancia media a la Luna[340] en general se considera excelente, ya que la distancia media entre los centros de ambos cuerpos es de 60,34 radios terrestres. Pero es muy probable que Hiparco se refiriera a la distancia media entre el ojo del observador y la superficie lunar[341], por lo que su valor de 59 debe compararse con el valor real de 59,04. También su principal y más conocido logro astronómico, el descubrimiento de la precesión de los equinoccios, habría sido impensable si no estuviese basado en mediciones angulares de precisión[342]. No sorprende que también se dedicase a la óptica y al perfeccionamiento de instrumentos de observación[343].

Otro rasgo quizás menos simpático de su personalidad es una marcada intolerancia hacia los errores. En la única obra que nos queda de él, el *Comentario a los fenómenos de Eudoxo y Arato*, Hiparco se toma la molestia de corregir en detalle el trabajo astronómico de Arato, a pesar de su carácter poético, en concreto identificando meticulosamente todos los errores come-

---

339 Los fragmentos geográficos de Hiparco han sido reunidos en [Hiparco:Berger] y en [Hiparco:Dicks], pero nadie ha osado jamás intentar recopilar todos los fragmentos y testimonios relativos a su actividad científica.

340 Esta medida, aunque no puede documentarse directamente, puede considerarse cierta. Dado que el valor de 59 radios terrestres aparece en el *Almagesto* de Ptolomeo (V, xiii, 416) como resultado de una serie de errores que se anulan milagrosamente, es seguro que Ptolomeo obtuvo el resultado final de una fuente. Por otro lado, sabemos que Hiparco fue el primero en observar que la paralaje lunar es medible (como lo menciona, entre otros, Plutarco en el *De facie quae in orbe lunae apparet*, 921D), que él también, como Aristarco, escribió una obra *Sobre las dimensiones y distancias del Sol y la Luna* y que es la fuente principal de Ptolomeo. La tesis de que Ptolomeo obtuvo de Hiparco el valor de 59, expuesta en [Toomer HDSM], ha sido en general aceptada.

341 Los científicos helenistas preferían considerar datos directamente ligados a la observación, como la distancia entre el ojo del observador y el centro de la superficie lunar observada. También Aristarco considera la distancia a la Luna desde el ojo del observador (*Sobre las dimensiones y distancias del Sol y la Luna*, prop. 11).

342 La precesión de los equinoccios consiste en un lento desplazamiento de la dirección del eje de rotación terrestre. Hiparco concluyó que el desplazamiento anual es de por lo menos 0,01°; el valor real es de casi 0,014°.

343 Ver más adelante p. 176 y nota 411.

tidos en lo que tiene que ver con coordenadas celestes. También tuvo que ser severo consigo mismo: Ptolomeo nos informa acerca de su insatisfacción por el incompleto acuerdo entre teoría y datos experimentales[344].

A nosotros Hiparco nos interesa sobre todo como el máximo exponente de la geografía matemática de su tiempo. Para apreciar la contribución más importante de la que tenemos noticia en este campo, es decir, el método para medir las diferencias de longitud (que desempeñará un papel clave en los próximos capítulos), conviene abrir un breve paréntesis sobre las características fundamentales de las dos coordenadas utilizadas en la geografía matemática, latitud y longitud.

En dos sitios con distinta latitud, esto es, a diferente distancia del ecuador, las observaciones astronómicas posibles no son las mismas (por ejemplo, las estrellas visibles desde un lugar no coinciden con las visibles desde el otro) y, generalmente, el clima será distinto (el término griego *klíma*, es decir, «inclinación», se introdujo en este contexto justamente para indicar la latitud). Por lo tanto, la latitud se puede medir fácilmente de muchas maneras: en la época de Eratóstenes generalmente se prefería determinar la duración máxima de horas diurnas (en general con la palabra «clima» se entendía dicha duración); otra posibilidad era la de medir el ángulo que los rayos solares forman con la vertical en circunstancias particulares, por ejemplo a mediodía en el solsticio de verano, o el ángulo constante que la dirección del polo norte celeste[345] forma con la vertical en una noche cualquiera.

Ya que todos los meridianos son equivalentes, no tiene sentido hablar de longitud en términos absolutos, sino solo de diferencias de longitud[346]. Si dos lugares tienen longitudes diferen-

344 Ptolomeo, *Almagesto*, IX, ii, 210.

345 El polo norte celeste (es decir, el punto alrededor del cual parecen rotar todas las estrellas fijas en el arco de un día) lo indica de manera aproximada, pero sin mucha precisión, la «estrella polar», como observó Piteas (debido a la precesión de los equinoccios, la estrella que cumplía esta función durante el período helenístico era distinta de la estrella polar de nuestro tiempo) (Hiparco, *In Arati et Eudoxi phaenomena commentarii*, I, 4, 1 = Piteas, fr. 1 Bianchetti).

346 Se puede hablar de longitud de un lugar si se elige, arbitrariamente, el meridiano al que asignar la longitud cero: los geógrafos modernos han elegido el que pasa por Greenwich, cerca de Londres. Durante el período helenístico se

tes pero la misma latitud, es decir, si están en el mismo paralelo, la rotación terrestre, en una fracción del día, llevará a uno de esos lugares donde antes estaba el otro. Por ende, las observaciones astronómicas posibles en un lugar coinciden con las que se pueden hacer en otro unas horas después. La diferencia de longitud está determinada por la duración de dicho intervalo temporal (esto es, por la diferencia entre la hora local) y, por tanto, se puede expresar en horas. Sin embargo, la apreciación real de la diferencia no era para nada sencilla, no habiendo por entonces ningún medio para transmitir instantáneamente la información.

La elección de Eratóstenes no fue expresar las diferencias de longitud en grados u horas, sino registrar las distancias entre varios meridianos a lo largo de un paralelo en concreto.

Hiparco, criticando los métodos semiempíricos utilizados por Eratóstenes, introdujo un eficaz método astronómico para medir las diferencias de longitud[347]. Era suficiente determinar en los dos lugares los tiempos locales del comienzo del mismo eclipse lunar (es decir, el tiempo transcurrido desde el instante en el que el Sol estaba a su máxima altura en el horizonte)[348]: la diferencia de tiempo local entre los dos lugares proporcionaba la diferencia de longitud, con cada grado equivaliendo a cuatro minutos. Los tiempos podían medirse con meridianas y, si era de noche, o con métodos astronómicos o con relojes de agua, que conservaban en el intervalo de unas horas una razonable precisión[349].

---

utilizaban el meridiano que pasaba por Alejandría o el que pasaba por Rodas. En época imperial, Ptolomeo hizo una elección extraña, a la que tendremos ocasión de volver varias veces.

347 El método lo refiere Estrabón (*Geographica*, I, i, 12).

348 En la práctica se podían utilizar como referencia instantes como el amanecer y el ocaso del Sol, ya que se conocía con buena precisión la duración de las horas de luz de cada día y en cada latitud.

349 Sobre los relojes de agua helenísticos véase, por ejemplo, [Russo RD], pp. 127-131. Los relojes se ideaban de tal forma que el flujo de agua corriese a presión constante. La principal causa de error se debía a la variación en la viscosidad del agua con los cambios de temperatura. De todos modos, se trata de un efecto que se tuvo en cuenta, ya que, como sabemos por Plutarco y Ateneo, ya se discutió en la obra perdida de Teofrasto *Sobre las aguas*, a comienzos del período helenístico (Plutarco, *Quaestiones naturales*, 914A; Ateneo, *Deipnosophistae*, II, 42a-b).

No hay que confundir el problema resuelto por Hiparco, que tenía que ver con la diferencia de longitud entre dos lugares fijos, con el que devino de gran actualidad a comienzos de la Edad Moderna, el de determinar la longitud navegando. En este segundo caso, en el que evidentemente no se puede esperar a un eclipse lunar, el problema es mucho más difícil y, tras muchos intentos de diverso tipo[350], finamente se resolvió en el siglo XVIII construyendo relojes mecánicos capaces de conservar la hora de un lugar de referencia, de tal forma que podía compararse con la hora local del navío. Para tal fin eran necesarios relojes que también funcionasen a bordo de un navío en movimiento sin acumular errores de consideración durante los meses de navegación.

El investigador que en 1869 publicó los fragmentos de Hiparco sobre geografía, Hugo Berger, estaba convencido de que el científico, como indica el sentido común, utilizó su método para determinar por lo menos algunas diferencias de longitud y también creyó haber encontrado en las fuentes algunas menciones a dichas mediciones. Incluso parece que Hiparco preparó tablas con fechas y horas de futuros eclipses lunares[351]: claramente una herramienta útil para el empleo de su método.

La extrema precaución que se difundió en el siglo XX entre los estudiosos que consideraron su deber atenerse estrictamente a los hechos directamente documentados (evitando cuidadosamente el uso de la lógica para deducir otros) tiene un ejemplo extremo en la edición de los fragmentos geográficos de Hiparco publicada en 1960. El editor Dicks, después de desmontar cuidadosamente, a su juicio, las referencias a las mediciones de longi-

350 Particularmente interesante fue el de Galileo, que pensó utilizar un método astronómico parecido al de Hiparco, pero sustituyendo la Luna con los cuatro satélites de Júpiter que había descubierto, que con sus posiciones variables respecto del planeta proporcionaban una sucesión continua de eventos astronómicos observables. El sistema no tuvo uso práctico para la navegación por la dificultad de realizar observaciones astronómicas precisas en un navío en movimiento, pero su utilización por parte de Giovanni Domenico Cassini y Ole Rømer para medir la diferencia de longitud entre París y Copenhague dio a Rømer la oportunidad de descubrir un método para medir la velocidad de la luz.

351 Esta es la conclusión a la que han llegado varios estudiosos interpretando las diversas fuentes (en particular Plinio, *Naturalis Historia*, II, 53).

tud realizadas por Hiparco encontradas por Berger en las fuentes, concluyó que el antiguo astrónomo seguramente se limitó a sugerir su método a sus colegas, cuidándose mucho de usarlo él mismo: un extraño comportamiento que probablemente constituiría un caso único en la historia de la ciencia[352].

La única obra geográfica de Hiparco de la que conocemos su existencia (gracias a Estrabón, que la cita a menudo) consiste en una meticulosa, a menudo dura, crítica a las *Geographica* de Eratóstenes. La crítica no atañe, sin embargo, a la medición de las dimensiones de la Tierra, que Hiparco acepta considerando que no es capaz de mejorar[353]. Para nosotros este punto es particularmente significativo. Si Eratóstenes hubiese obtenido un valor burdamente aproximativo, basado en valoraciones empíricas de distancias obtenidas con tiempos de viaje, habría sido difícil entender por qué un siglo después un científico como Hiparco, tan hábil en las mediciones de precisión, tan interesado en la geografía matemática y tan crítico con Eratóstenes, no se sintió capaz de mejorar el resultado. Tenemos, por consiguiente, un fuerte elemento a favor de la tesis de que Eratóstenes se basó en una campaña de mediciones, que evidentemente Hiparco sabía que no podía repetir.

No solo se han perdido todas las obras de Hiparco, sino que tenemos escasas informaciones al respecto. Esto se debe, sobre todo y con seguridad, a la circunstancia de que tuvo que trabajar a caballo de la crisis del 146-145 a. C. y, por lo tanto, parte de sus libros no tuvieron tiempo de ser adquiridos por la Biblioteca de Alejandría antes de la interrupción de su actividad[354].

---

352 Dicks también ha defendido que las tablas con los horarios de los futuros eclipses lunares habrían sido inútiles para mediciones de longitud, ya que para adaptar la hora a una localidad dada hay que saber previamente su longitud ([Hiparco:Dicks], p. 42). Evidentemente, al investigador se le olvidó considerar que predecir un eclipse con la aproximación de un par de horas (como puede hacerse si se dispone de tablas de eclipses y sabiendo *grosso modo* en qué parte se encuentra uno en el propio continente) es más que suficiente para preparar la observación del momento exacto de inicio, con el fin de determinar la propia longitud con precisión.

353 Estrabón, *Geographica*, I, iv, 1; II, v, 7; II, v, 34.

354 No está documentado un cese formal de la actividad. Aun así, se puede imaginar que, después de que todos los intelectuales abandonasen la ciudad de

Ya Ptolomeo, en el siglo II d. C., sabía que, en su época, no todas las obras de Hiparco eran accesibles[355].

Para nuestros objetivos puede ser útil identificar los autores que leyeron las obras de Hiparco y que, por ende, pueden transmitir informaciones que se remontan a él. Entre estos tenemos con seguridad a Plutarco: entre otras noticias, refiere dos veces un resultado de Hiparco de cálculo combinatorio que no conocemos de ninguna otra fuente[356] y, en el diálogo *De facie quae in orbe lunae apparet*, utiliza datos astronómicos numéricos deducidos de Hiparco, cita su observación sobre la mensurabilidad de la paralaje lunar y, probablemente, también toma información de su tratado *Sobre los cuerpos que caen debido a su peso*[357]. Sobre este libro, aparentemente desconocido para todos los científicos de época imperial, tan solo tenemos menciones explícitas por parte de Simplicio, que escribió en el siglo VI d. C.[358]. Puesto que podemos suponer que Juan Filópono, contemporáneo, condiscípulo y adversario de Simplicio, tuvo acceso a las mismas obras, se puede sospechar que algunas de las ideas sobre la gravedad expuestas en su comentario sobre Aristóteles y no mencionadas por ningún otro autor tienen la misma fuente de origen[359]. Es probable que obras escritas tras

---

Alejandría tras el 145 a. C. y de que la dirección de la Biblioteca se asignase a un oficial del Ejército, la actividad, y en particular la adquisición de nuevos libros, se interrumpiese o, cuando menos, descendiese a niveles muy bajos.

355 Ptolomeo, *Almagesto*, IX, ii, 210 (ed. Heiberg). Ptolomeo menciona las «obras de Hiparco que nos han llegado». La afirmación adquiere significado, no solo cautelar, a la luz del hecho de que Ptolomeo conocía, por haberlo citado precedentemente, el «catálogo de las obras propias» de Hiparco. En cuanto a la sugerencia de Dicks de que Ptolomeo quizás se refería exclusivamente a las obras llegadas a su propia biblioteca personal, me parece interesante solo como ejemplo del tipo de cautela del investigador.

356 Ver arriba, p. 147, nota 336.

357 Ver arriba, p. 147, nota 337.

358 Simplicio, *In Aristotelis De caelo commentaria*, [CAG], vol. VII, pp. 264-265.

359 En concreto pienso en la idea (a menudo considerada un descubrimiento de Galileo) de que cuerpos de distinto peso caen igual (Juan Filópono, *In Aristotelis physicorum libri commentaria*, [CAG], vol. XVII, p. 683). La observación no puede ser original de Filópono, puesto que ya está presente en el *De rerum natura* de Lucrecio (II, 225-239). Dado que la idea parece ajena a los estudiosos previos a Hiparco y que, después de él, las investigaciones científicas se interrumpen, es natural la conjetura de que estuviese expuesta en su tratado sobre la gravedad.

la crisis y que no fueron adquiridas por la Biblioteca de Alejandría sobreviviesen en localidades orientales que quedaron fuera del Imperio romano y volvieran a estar en circulación durante el primer período bizantino, gracias a nuevos contactos entre el mundo griego y las regiones que pertenecieron al reino de los seleúcidas[360].

360 Por ejemplo, es notable que la mejor fuente existente sobre las teorías helenísticas de las mareas sea una obra escrita en la primera mitad del siglo VI d. C. por Prisciano de Lidia en Persia, donde se había refugiado con otros estudiosos tras el cierre de las escuelas filosóficas ordenado por Justiniano.

VII. ESTUDIANDO A PTOLOMEO SE APRENDE ALGO SOBRE ERATÓSTENES[361]

En este capítulo analizaremos un error sistemático cometido por Ptolomeo y obtendremos un nuevo método para evaluar la precisión de la medida de Eratóstenes.

Los tratados geográficos tras el desplome

La geografía matemática, habiéndose desarrollado entre los siglos III y II a. C. tras un largo período de incubación, fue barrida por el generalizado colapso cultural. Con Hiparco aún vivo, los nuevos tratados de geografía, como el de Polibio, en vez de seguir la dirección indicada utilizando rigurosos métodos científicos, abandonaron el uso de coordenadas esféricas, volviendo a un nivel puramente descriptivo, característico de los autores anteriores al período helenístico. La desaparición de casi todas las obras helenísticas ha transformado en una fuente preciosa e imprescindible (acerca de una gran variedad de temas, no solo geográficos) a una obra mediocre, la *Geographica* de Estrabón, escrita a finales del siglo I a. C. lo que muestra con claridad el retroceso del conocimento.

Estrabón tiene dificultades evidentes para seguir el razonamiento científico que encuentra en sus fuentes, pero, al no ser consciente de sus propias limitaciones, se cree capaz de polemizar con los científicos desde una posición de superioridad. Por ejemplo, califica de necio a Eratóstenes porque tuvo la osadía, en vez de atenerse pasivamente a las afirmaciones de Arquímedes, como considera obvio que debieran hacer todos los matemáticos, de señalar que la hidrostática de Arquímedes no tenía en cuenta el fenómeno de las mareas[362]. Utiliza como fuente principal a

361 El contenido de este capítulo y de los apéndices se anticipa en parte en [Russo PLEM].

362 Estrabón, *Geographica*, I, iii, 11. Arquímedes, en la segunda proposición del primer libro del *Tratado sobre los cuerpos flotantes*, dedujo de sus principios

Hiparco, pero modificando los datos (por ejemplo, para evitar el uso de coordenadas esféricas, modifica las latitudes expresadas en grados por distancias medidas en estadios), y a menudo no lo comprende[363]; al mismo tiempo lo critica porque, a su parecer, habría introducido en geografía métodos «más geométricos que geográficos»[364].

Si bien el tratado de Estrabón mantiene una relación endeble con los conocimientos científicos, el nivel de las compilaciones geográficas latinas posteriores, como la de Pomponio Mela y la de Plinio, es notablemente inferior. Por ejemplo, Plinio, en su obra enciclopédica, concluye su larga sección geográfica creyendo haber incluido una exposición sobre geografía matemática, que presenta como un «descubrimiento griego de extraordinaria sutileza»[365]. Sin embargo, su tratamiento se reduce a un listado de paralelos que el pensamiento concreto de Plinio no logra concebir como líneas sin grosor, confundiéndolos con «zonas»: uno de sus «paralelos» incluye, por ejemplo, junto a Roma, Campania, Apulia, Toscana y Liguria[366].

El único ejemplo de cartografía romana que nos ha llegado, la Tabula Peutingeriana, muestra con claridad el retroceso del conocimiento en este campo. El ejemplar que tenemos fue creado en la Edad Media, pero seguramente se trata de una copia, al menos en su mayor parte, de un original que se remonta al primer período imperial, como se desprende de los topónimos presentes (Pompeya todavía está indicada, por ejemplo). Se considera que la *tabula* se basa en el mapa del mundo preparado en tiempos de Augusto por el yerno del emperador, Marco Vipsanio Agripa (64 a. C.-12 a. C.). No se trata de un auténtico producto de naturaleza cartográfica, ya que no hay

---

de hidrostática la forma perennemente esférica de los océanos en reposo. Estrabón nos informa de que Eratóstenes con razón había señalado que, para explicar el fenómeno de las mareas, que eleva el nivel de las aguas orientadas hacia la Luna y en la dirección opuesta, era necesario modificar el modelo de Arquímedes.

363 Estos puntos están demostrados en [Shcheglov HTC].

364 Estrabón, *Geographica*, II, i, 40.

365 *Unam Graecae inventionis scientiam vel exquisitissimae subtilitatis* (Plinio, *Naturalis Historia*, II, 211).

366 Plinio, *Naturalis Historia*, VI, 217.

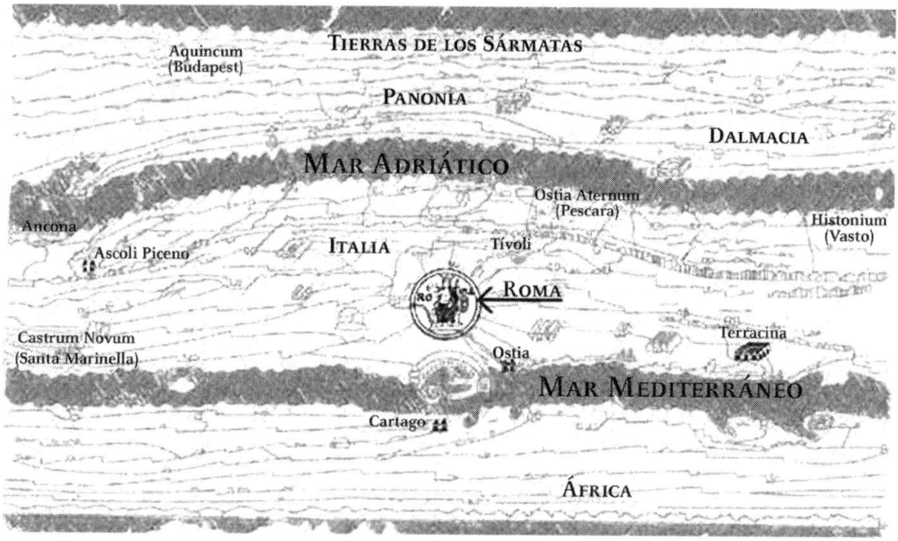

Imagen 13. Parte de la Tabula Peutingeriana,
con algunas de las ciudades en ella presentes.

intención alguna de reproducir la forma de los países representados (el Mediterráneo, por ejemplo, se representa con una delgada franja). La única información realmente transmitida tiene que ver con el orden en el que las ciudades están dispuestas en cada una de las vías consulares y no hay ninguna intención de reproducir las distancias entre ellas[367]. Roma, por ejemplo, está más cerca de Cartago que de Terracina.

Será durante el siglo II d. C., en un contexto de intentos generalizados de retomar el hilo de las investigaciones científicas abandonadas desde hacía siglos, cuando algunos esforzados estudiosos intenten recuperar también la antigua geografía matemática. A esta época pertenece el único tratado antiguo de esta disciplina que nos ha llegado: la *Geographia* de Claudio Ptolomeo, escrita a mediados del siglo II d. C.[368].

367 Hay quien ha sostenido que el autor habría querido ofrecer únicamente una representación simbólica del orden de las ciudades a lo largo de las vías consulares, de modo similar a nuestros mapas de las líneas del metro. La inconsistencia de esta tesis se hace evidente por la presencia de elementos como montañas, promontorios e islas como Hibernia, carente de vías consulares, por todo el mapa.

368 La edición de referencia es [Ptolomeo: Stückelberger Grasshoff].

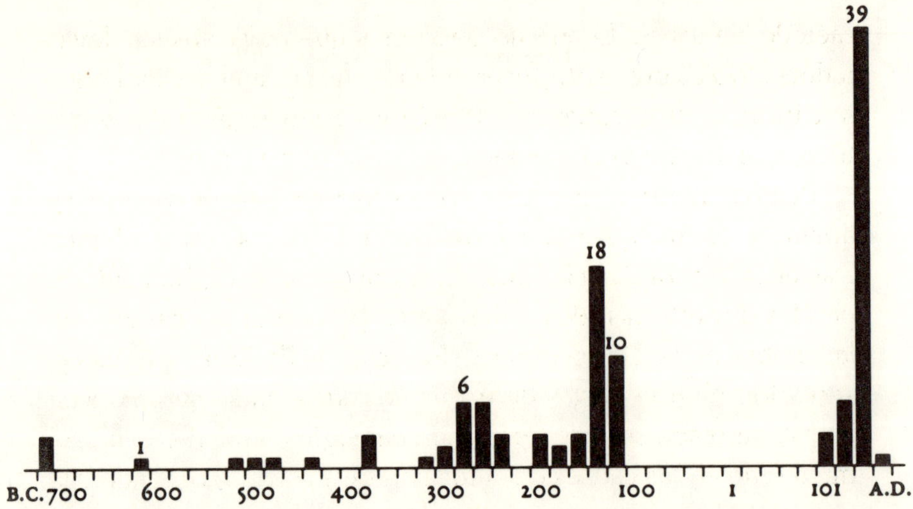

Imagen 14. Distribución temporal de las observaciones citadas en el *Almagesto*.

Ptolomeo trabaja en Alejandría, donde sobrevivía la Biblioteca, y es uno de los científicos más grandes de su época. Nos quedan varias obras suyas que muestran su empeño en el estudio de antiguos textos científicos: aquí recordaremos únicamente la *Óptica* y su famosísimo tratado sobre astronomía, conocido sobre todo con el nombre árabe de *Almagesto*. La brecha que separa a Ptolomeo de sus fuentes helenísticas se muestra con claridad en la imagen 14, un histograma que ilustra la distribución temporal de las observaciones astronómicas citadas en el *Almagesto*[369]. Las observaciones se distribuyen a lo largo de un período de casi un milenio, desde el 720 a. C. hasta el 150 d. C., con una notable interrupción de 218 años: desde el 126 a. C. (fecha de la última observación de Hiparco) hasta el 92 d. C. (fecha de una observación de Agripa de la Luna). Durante más de dos siglos no hubo observaciones astronómicas ni otras investigaciones científicas, con lo que también se interrumpió la cadena maestro-alumno, fundamental para la transmisión del

369 Las observaciones astronómicas citadas en el Almagesto se han recogido usando el índice analítico de [Ptolomeo:Toomer].

método científico, lo que no pudo más que tener efectos devastadores. No es por tanto sorprendente que, a menudo, Ptolomeo sea incapaz de recuperar los antiguos conocimientos y, sobre todo, que sea ajeno al método con que se obtuvieron.

Demos algunos ejemplos. Al principio del *Almagesto* se afirma y «demuestra» la esfericidad de la Tierra. Estas «demostraciones», extraídas claramente de antiguos libros, han sido repetidas durante casi dos milenios (en particular las basadas en la sombra de la Tierra durante los eclipses de Luna y en la observación de qué partes de un navío que se aleja desaparecen antes), pero son solo de tipo fenomenológico. Ptolomeo no está interesado en las causas de la forma esférica y parece ignorar la prueba hidrostática proporcionada por Arquímedes en el primer libro del tratado *Sobre los cuerpos flotantes*[370]. Se trata de una ausencia coherente con la ausencia total de ideas dinámicas en su tratado astronómico. Dicha carencia se ha considerado tradicionalmente como una característica de toda la ciencia antigua, pero ya hemos señalado que esta visión tiene que revisarse a la luz del empleo de ideas dinámicas en astronomía por parte de varios autores, que muestran cómo también la mecánica celeste debe incluirse entre las muchas conquistas intelectuales perdidas a causa del colapso cultural del siglo II a. C.[371].

En el primer libro del *Almagesto*, Ptolomeo expone su tesis de la inmovilidad de la Tierra, pero sabe que debe polemizar contra la tesis opuesta y nos ofrece un involuntario vistazo a la astronomía helenística heliocéntrica que él rechaza cuando afirma que no existen pruebas astronómicas de dicha inmovilidad[372], la cual debe sostener con argumentos de filosofía natural tomados de Aristóteles. En la *Óptica* se tratan los espejos planos, cilíndricos y esféricos, pero se ignora por completo la posibilidad de emplear la teoría de las cónicas en óptica y, en concreto, nunca se habla de espejos parabólicos, acerca de los

370 Estrabón, que quizás manejaba la misma fuente, anticipó algunas de las pruebas expuestas por Ptolomeo; no obstante, también había mencionado el papel de la gravedad en la determinación de la esfericidad terrestre (Estrabón, *Geographica*, I, i, 20).

371 Ver arriba, p. 115, nota 225.

372 Ptolomeo, *Almagesto*, I, vii, 24.

cuales Diocles había demostrado importantes teoremas con toda seguridad alrededor del 200 a. C., y probablemente antes que él, Arquímedes.

La pérdida de conocimientos científicos helenísticos es menos grave que la desaparición del método con el que se obtuvieron tales conocimientos: una desaparición apreciable en todas las obras de Ptolomeo[373], entre las que hay también un tratado de astrología, el *Tetrabiblos,* donde los planetas se diferencian en benéficos o maléficos y se clasifican en tres categorías con base en el sexo: masculinos, femeninos y hermafroditas[374].

La obra de Ptolomeo que aquí nos interesa especialmente, su *Geographia,* fue fundamental durante el Renacimiento para recuperar los métodos de la geografía matemática y la cartografía, pero también hay que verla como un intento de retomar un hilo interrumpido desde hacía siglos: un objetivo que era imposible lograr plenamente. La obra contiene en particular dos errores conectados entre sí: primero, una estimación errónea de las dimensiones de la Tierra y, en segundo lugar, una deformación sistemática de las longitudes. Comenzaremos analizando el segundo error.

Las coordenadas proporcionadas por Ptolomeo

Mientras que las latitudes que proporciona Ptolomeo en su obra no parecen tener errores sistemáticos relevantes pues casi siempre difieren muy poco de las latitudes reales, por lo menos en lo que concierne a las regiones del mundo que se conocían mejor durante el período helenístico, las diferencias de longitud entre las localidades consideradas están sistemáticamente dilatadas. Esto da como resultado una deformación notable en los mapas basados en sus datos, ejemplificada en la imagen 15 en el caso de la península italiana, que parece casi horizontal.

373 Un debate acerca de este punto se encuentra en [Russo TC], pp. 155-159.

374 Ptolomeo, *Tetrabiblos,* I, v-vi.

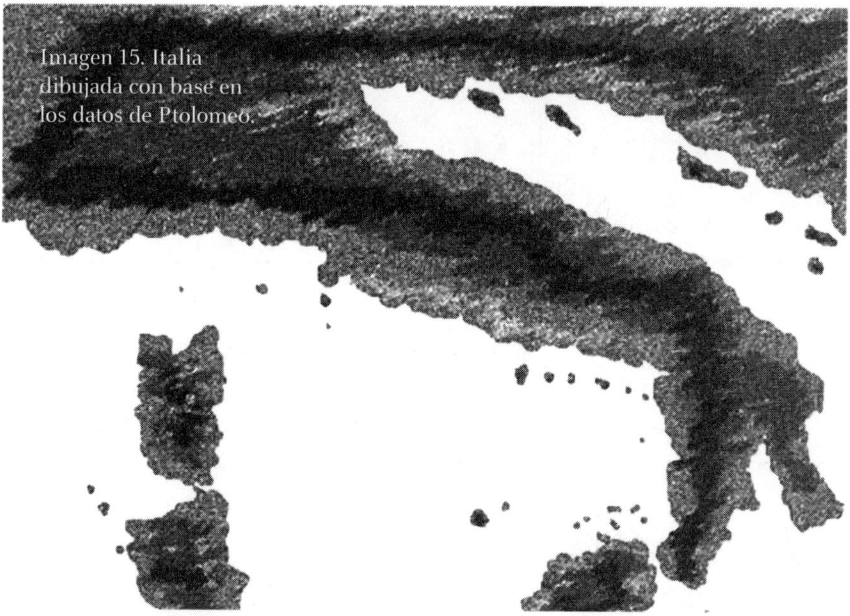

Imagen 15. Italia dibujada con base en los datos de Ptolomeo.

Para analizar esta deformación no conviene examinar las longitudes de cada uno de los 6345 lugares[375] citados en la *Geographia*, por dos motivos. Antes que nada, la mayoría de las localidades son difícilmente identificables. Además, para muchas zonas del mundo, como en el caso de India, el error sistemático que queremos estudiar se superpone a errores de otra naturaleza, debidos al conocimiento insuficiente del país.

Puesto que Ptolomeo fundamentalmente se basaba en fuentes helenísticas, he restringido el estudio a las regiones bien conocidas en aquella época, limitándome a considerar las ciudades más importantes y famosas, en cuanto que no suponen un problema de identificación y su posición presumiblemente se conocía con mayor precisión. La muestra así obtenida está compuesta por las ochenta ciudades mostradas en la imagen 16 y que se listan en el apéndice A con sus coordenadas, tanto las de Ptolomeo como las reales.

375 El número de localidades de las que Ptolomeo otorga las coordenadas se ha contado en [Tolomeo: Stückelberger Grasshoff], p. 23

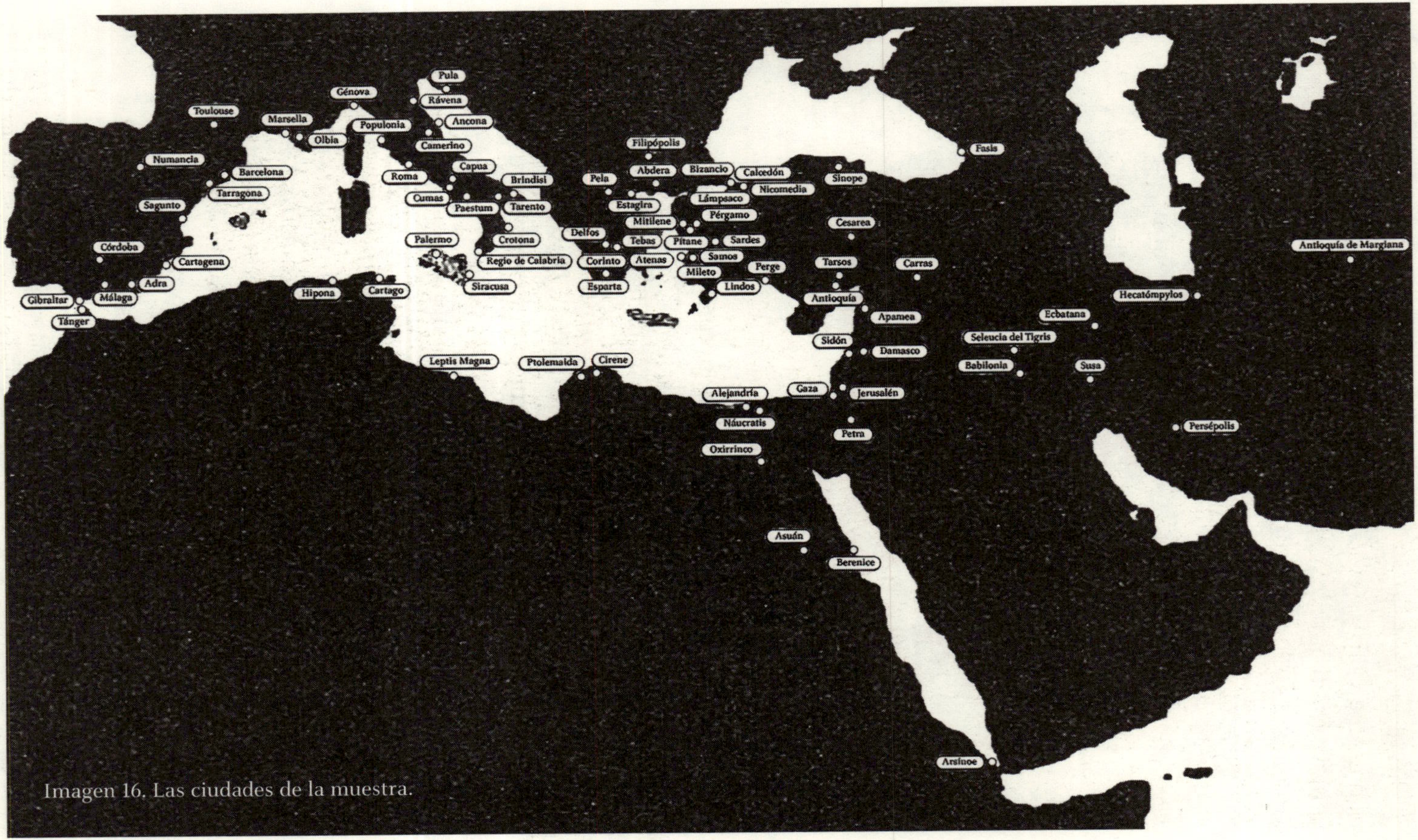

Imagen 16. Las ciudades de la muestra.

En el gráfico de la imagen 17, cada ciudad de la muestra se representa con un circulito cuyo centro tiene como abscisa su longitud real, medida desde el meridiano de Greenwich, y como ordenada, su longitud registrada en la *Geographia* de Ptolomeo (calculada a partir de las islas Afortunadas). Con el método de los mínimos cuadrados (también conocido como método de regresión lineal) se obtiene la recta que mejor se ajusta a los puntos obtenidos de este modo, llamada recta de regresión[376]. La ecuación de tal recta (cuyo gráfico también se muestra en la imagen 17) es:

$$y = 1{,}428x + 17{,}06.$$

El término 17,06 representa la longitud que Ptolomeo habría asignado a Greenwich y no tiene importancia para nosotros. El factor 1,428 brinda la dilatación promedio realizada por Ptolomeo en las diferencias de longitud entre las ciudades de la muestra.

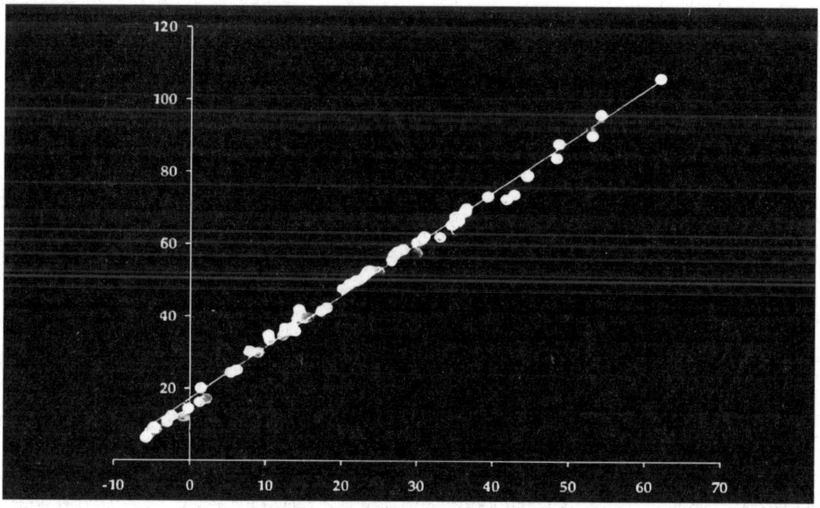

Imagen 17. Las longitudes proporcionadas
por Ptolomeo como función de las reales.

376 La recta de regresión es aquella que convierte en mínima la suma de los cuadrados de las diferencias entre los valores de las longitudes de Ptolomeo y los que la recta misma asocia a las longitudes reales medidas desde Greenwich.

Los estadísticos estiman en qué porcentaje los datos empíricos están bien descritos mediante una recta de regresión utilizando el llamado coeficiente de determinación R^2, que en nuestro caso tiene el valor de[377]:

$$R^2 = 0{,}9935.$$

Un valor tan cercano a 1 muestra (como también se evidencia en la imagen 17) que la relación $y = 1{,}428x + 17{,}06$ se aproxima bien a la relación entre la longitud real *x* de una ubicación (medida según la costumbre moderna desde Greenwich) y la *y* asignada a la misma localidad por Ptolomeo. Como veremos, fue Ptolomeo quien alteró con una dilatación sistemática los datos notablemente precisos que le proporcionaban sus fuentes.

Tras la publicación de la primera edición de este libro[378], Dmitry Shcheglov consideró una muestra más amplia de 245 localidades, elegidas con criterios menos restrictivos, y obtuvo resultados muy similares[379]. En su caso, la ecuación de la recta de regresión es $y = 1{,}4279\,x + 16{,}425$; el coeficiente de determinación:

$$R^2=0{,}9874.$$

El valor más bajo de R^2 (que aun así está bastante cerca de 1 como para asegurar la validez de la aproximación lineal) se debe claramente a los criterios de selección de la muestra (que incluye localidades de regiones menos conocidas durante el período helenístico, como India y Europa septentrional, donde los errores son mayores). Aquí nos interesa señalar que el coeficiente de dilatación es virtualmente idéntico; su validez, por lo tanto, se refuerza notablemente con el nuevo análisis. En lo sucesivo seguiremos utilizando el valor 1,428, ya que, en este contexto, cuatro cifras significativas me parecen más que suficientes. Más adelante regresaremos al interesante análisis de los datos realizado por Shcheglov.

377 La definición del coeficiente R^2 y su cálculo (el de la relación entre las longitudes reales y las que da Ptolomeo) se encuentran en el apéndice A.

378 Y también del artículo [Russo PLEM].

379 [Shcheglov ELPG].

El doble error de Ptolomeo y el valor del estadio

Para abordar el problema del origen de la dilatación sistemática efectuada por Ptolomeo en las diferencias de longitud, es necesario recordar algunos procedimientos de la antigua geografía matemática. Las latitudes se medían con facilidad con métodos astronómicos. Después de que Eratóstenes se hubo cerciorado de las dimensiones de la Tierra, conociendo la longitud de un grado de círculo máximo, las distancias a lo largo de los meridianos podían deducirse a partir de las diferencias de latitud.

El caso de las longitudes era completamente distinto. La dificultad para determinarlas llevó a Eratóstenes a no usarlas en absoluto y a preferir proporcionar las distancias en estadios entre los meridianos, calculadas a lo largo de un determinado paralelo; en particular, había estimado en 77 800 estadios la extensión total del mundo conocido, desde el meridiano más occidental hasta el más oriental, a lo largo del paralelo de Atenas[380].

Hiparco había introducido posteriormente su método astronómico para medir las diferencias de longitud[381], pero Ptolomeo conoce muy pocos datos de este tipo. No queriendo adoptar el sistema utilizado por Eratóstenes, prefirió asignar longitudes en grados, pero tenía a su disposición sobre todo longitudes en estadios de arcos de paralelos (extraídas en su mayor parte de Eratóstenes), que por ende debía traducir a diferencias de longitud[382].

El otro dato esencial que debemos recordar es que Ptolomeo no acepta la medida de Eratóstenes de 252 000 estadios para la circunferencia terrestre, correspondiente a 700 estadios por grado. En cambio, asume una longitud de 180 000 estadios, es decir, 500 estadios por grado. Introduce esta medida diferente sin explicar su origen; ni siquiera menciona el valor obtenido por Eratóstenes: afirma simplemente que el valor de 500 estadios por grado era generalmente aceptado[383].

380 Estrabón, *Geographica*, I, iv, 5.
381 Ver arriba, p. 150.
382 El propio Ptolomeo lo aclara, como veremos en las pp. 188-89. Véase también [Ptolomeo: Berggren Jones], p. 30.
383 Ptolomeo, *Geographia*, I, 11, 2.

La ratio entre la medida en estadios de la circunferencia terrestre determinada por Eratóstenes y la asumida por Ptolomeo, igual a 7/5 = 1,4 está notablemente cerca del factor de dilatación de las longitudes que hemos encontrado: 1,428. En otras palabras, Ptolomeo dilata las diferencias de longitud más o menos en la misma medida en que contrae las dimensiones de la Tierra medidas en estadios[384]. Esta igualdad aproximada se vuelve natural si se admite, como la gran mayoría de los estudiosos ha admitido siempre, que Eratóstenes y Ptolomeo utilizaron el mismo estadio. De hecho, en este caso, la dilatación de las longitudes y la reducción de las dimensiones de la Tierra realizada por Ptolomeo se habrían compensado, al objeto de no alterar las distancias a lo largo de los paralelos extraídas de Eratóstenes. Por lo tanto, de ahora en adelante asumiremos que Eratóstenes y Ptolomeo emplearon el mismo estadio.

El problema del origen del doble error se abordará en el próximo capítulo. Por ahora, observemos que los datos de Ptolomeo, a pesar de su significativo error sistemático, permiten determinar con buena aproximación el valor del estadio utilizado tanto por él como por Eratóstenes, por lo dicho previamente.

Puesto que Ptolomeo dedujo sus longitudes de distancias a lo largo de paralelos expresadas en estadios y que piensa que cada grado de círculo máximo de la Tierra tiene una longitud de 500 estadios, es posible usar los valores que él asignó a las longitudes para derivar las distancias a lo largo de los paralelos expresadas en estadios (la mayoría de las cuales las cogía de Eratóstenes); suponiendo que tales distancias no estuvieran afectadas de errores sistemáticos demasiado grandes, comparándolas con las distancias reales obtenemos una aproximación del valor del estadio.

Dado que la recta de regresión mostrada en la imagen 17 representa una aproximación óptima a las longitudes asignadas por Ptolomeo, debemos suponer que los errores en las medidas de distancia usadas eran pequeños respecto a su dilatación sistemática y, por ello, es razonable pensar que el valor del estadio obtenido de este modo tiene una precisión de algún punto porcentual.

384 Regresaremos sobre el origen de la pequña diferencia en la p. 194.

El cálculo es muy sencillo. Llamemos Δl a la medida en grados de la diferencia de longitud real entre dos lugares arbitrarios, Δl_T a la medida en grados de su diferencia de longitud según Ptolomeo y d_m y d_e a la longitud del arco de ecuador comprendido entre sus meridianos, medido respectivamente en metros y en estadios. Utilizando las equivalencias aproximadas[385]:

$$d_m \cong 111100 \times \Delta l, \qquad d_e \cong 500 \times \Delta l_T;$$

la medida de un estadio en metros resulta ser:

$$d_m/d_e \cong (111100/500)/(\Delta l_T/\Delta l) \cong 222{,}2/1{,}428 \cong 155{,}6;$$

habiendo sustituido el cociente $\Delta l_T/\Delta l$ con su valor medio de 1,428 proporcionado por la recta de regresión.

El hecho de que el resultado (155,6 metros) sea cercano al aceptado por la mayoría de los estudiosos sobre la base del pasaje de Plinio corrobora el procedimiento, lo que hace poco plausible que las distancias utilizadas por Ptolomeo estuviesen afectadas de significativos errores sistemáticos.

Debemos, por tanto, descartar la hipótesis de que Eratóstenes había adoptado el estadio olímpico de 185 metros (o estadios aún más largos, propuesta de rara excepción de algún estudioso[386]) y asumir que nuestro cálculo, al igual que el ampliamente acep-

---

385 Recordando que, según la definición original del metro, la longitud de la circunferencia máxima de la Tierra es de 40 000 km (usando la aproximación de la Tierra esférica), para un grado del ecuador se tiene una longitud de $40000/360 \approx 111{,}1$ km.

386 Hay quien ha imaginado que Ptolomeo había usado un nuevo estadio de aproximadamente 222 metros, con lo que su medida de la circunferencia terrestre coincidiría con la de Eratóstenes. Esta idea, propuesta ya en 1790 en [Gossellin] y en 1822 en [Jomard], ha reaparecido en nuestros tiempos en [Valerio], pero no ha sido tomada en consideración por otros estudiosos debido a varios motivos. Entre otros, en literatura no hay traza alguna de un estadio de 222 metros de longitud y Estrabón afirma explícitamente que la medida de Posidonio de 180 000 estadios había reducido las dimensiones de la Tierra (*Geographica*, II, ii, 2). En el ya citado [Tupikova Geus], donde se debate ampliamente acerca de los diversos valores propuestos para la longitud del estadio, no se consideran merecedores de atención valores fuera del intervalo entre 148 y 180 metros.

tado de 157,5 metros, tiene un error no superior a algún punto porcentual. Consecuentemente, el error de Eratóstenes en la medición del meridiano tampoco excede algún punto porcentual[387].

La medición de Eratóstenes, reconsiderada

El resultado obtenido en el parágrafo anterior implica una notable precisión de la medición del meridiano de Eratóstenes. Sin embargo, varios elementos presentes en las fuentes parecen sustentar la tesis de que Eratóstenes había obtenido solo una estimación aproximada y no el resultado de una auténtica medición.

En primer lugar, en la narración de Cleómedes se afirma que la longitud del meridiano, de 250 000 estadios, sería el resultado de la siguiente multiplicación:

$$5000 \times 50 = 250\,000 \quad [1],$$

en cuanto que la distancia entre Alejandría y el trópico se habría determinado en 5000 estadios, mientras que la medición del ángulo que los rayos del sol formaban con la vertical en Alejandría a mediodía del solsticio de verano habría dado el resultado de 1/50 de vuelta[388]. Siendo muy improbable que medicio-

387 El valor obtenido del estadio representa un «estadio eficaz», que permite una traducción en metros, en promedio correcta, de las distancias en estadios asignadas por Ptolomeo a lo largo de los paralelos. Este valor se aproxima bien al valor real si tales distancias no estaban afectadas de grandes errores sistemáticos (como es probable, también por la cercanía con el valor del estadio de 157,5 metros obtenido del pasaje de Plinio). Al haber utilizado un gran número de distancias, si estas, como consideraba Ptolomeo, se habían obtenido con métodos «terrestres», independientes de la medida del meridiano, hemos obtenido una importante confirmación de que el error de Eratóstenes no superaba algún punto porcentual. En cambio, el procedimiento sería tautológico si, en realidad, las distancias se hubieran obtenido de la medida de Eratóstenes de las dimensiones de la Tierra. Sin embargo, para hacer esto, Eratóstenes habría tenido que saber medir diferencias de longitud con métodos astronómicos: una posibilidad contradicha por su elección de no usar medidas de longitud, por las afirmaciones explícitas de Ptolomeo y por todo lo que sabemos sobre la historia de la geografía matemática.

388 Acerca del método usado para esta deducción, ver arriba, pp. 139-143.

nes precisas den como resultado dos números redondos como 50 y 5000, estos valores parecen convalidar la tesis de que la de Eratóstenes fue tan solo una estimación aproximada[389].

En segundo lugar, según la explicación de Cleómedes, la distancia entre Alejandría y Asuán habría sido calculada asumiendo que ambas ciudades estaban en el mismo meridiano y que Asuán estaba justo sobre el trópico[390]. Puesto que Asúan está en efecto bastante cerca del trópico (como se ve en la imagen 18)[391], pero su longitud difiere notablemente de la de Alejandría (alrededor de tres grados, en comparación con los siete grados y medios de diferencia de latitud), estas asunciones habrían conllevado necesariamente un error significativo.

El valor del estadio que hemos obtenido conlleva una precisión de la medición de Eratóstenes que exige una reconsideración de los argumentos precedentes. En lo que respecta a los números redondos referidos por Cleómedes, es necesario antes de todo recordar que, según todas las demás fuentes, la longitud obtenida había sido de 252 000 estadios. La discrepancia con la cifra referida por Cleómedes ha sido generalmente explicada hipotetizando que Eratóstenes habría añadido 2000 estadios a los 250 000 calculados con la multiplicación [1] para obtener un número divisible por sesenta[392]. Es fácil convencerse de que se trata de una reconstrucción inaceptable.

¿Qué resultado habría tenido que aparecer en el tratado de Eratóstenes *Sobre la medición de la Tierra*? Si tan solo estuviese presente el número 252 000, Cleómedes no habría podido reconstruir el supuesto valor original. Si, en cambio, Eratóstenes hubiese escrito que obtuvo la longitud de 250 000 estadios, observando *a posteriori* que, a su parecer, sería conveniente añadir 2000 estadios para tener un cómodo múltiplo de 60, no se

389 Este es el argumento usado, por ejemplo, en [Goldstein].

390 De entre las muchas explicaciones modernas de la medición de Eratóstenes (que atribuyen a Eratóstenes todas las asunciones sobre Asuán propuestas por Cleómedes), recordemos [Goldstein] y [Dutka].

391 En la imagen 18, el trópico está dibujado en la posición que ocupaba en la época de Eratóstenes. Hoy, debido al cambio en la inclinación del eje terrestre, la distancia desde el trópico a Asuán se ha casi duplicado.

392 Véase, por ejemplo, [Eratóstenes: Roller], p. 143.

entendería por qué todos los demás autores habrían ignorado el auténtico resultado, que además tenía la ventaja de ser un número redondo.

En el apéndice B (donde además hay una discusión acerca de las fuentes de error en la medición) se muestra que, con toda probabilidad, el número 252 000 se había obtenido, no añadiendo arbitrariamente 2000 estadios, sino con la siguiente multiplicación:

$$5250 \times 48 = 252\,000 \quad [2],$$

entendidos los 5250 estadios como la distancia entre Alejandría y el trópico y con 1/48 de vuelta como el ángulo que los rayos del sol formaban con la vertical.

La discrepancia entre la multiplicación [2] y la [1] referida por Cleómedes se explica fácilmente recordando que, mientras que el resto de las fuentes tan solo buscan informar del *resultado* de Eratóstenes, el objetivo de Cleómedes, aclarado desde el comienzo de su narración, es el de divulgar de manera accesible a los profanos el *método* (*ἔφοδος*) utilizado por Eratóstenes; para tal fin, era conveniente redondear las cifras para evitar molestias al lector con cálculos impracticables inmediatamente. Este procedimiento es evidente cuando Cleómedes aproxima a 3 el cociente entre circunferencia y diámetro de un círculo[393]: una aproximación grosera que nadie pensaría en atribuir a Eratóstenes.

También la asunción de que Asuán se encontraba exactamente en el mismo meridiano que Alejandría proviene de la narración de Cleómedes, que la había introducido explícitamente como una simplificación suya:

> El método de Eratóstenes, siendo geométrico, parece más oscuro [que el de Posidonio expuesto previamente]. Lo que él dice será más nítido si presuponemos las siguientes asunciones: antes de nada asumamos que Alejandría y Asuán están en el mismo meridiano[394].

393 Cleómedes, *Caelestia* (ed. Todd), I, 7, 119-120.
394 Cleómedes, *Caelestia*, I, 7, 49-52.

Es evidente que Cleómedes introdujo su hipótesis para evitar el procedimiento geométrico del tratado original, de difícil seguimiento para lectores profanos.

Mientras que antes se daba por cierto que Eratóstenes había dirigido la elaboración de un mapa de Egipto, desde finales del siglo pasado se ha difundido la tendencia a negar la existencia de una cartografía cuantitativa durante el helenismo[395]. Mientras que el resto de las ciencias exactas helenísticas, como la mecánica, la óptica y la astronomía, se desarrollaron ejecutando dibujos de precisión, solo la geografía matemática habría prescindido de ellos. Los griegos elaboraron mapas geográficos desde la época arcaica, pero habrían dejado de hacerlos justo cuando el desarrollo de la geografía matemática posibilitaba elaborar mapas basados en el sistema de coordenadas introducido por ellos mismos. Esta extraña convicción está refutada por la constatación, como hemos visto, de que Ptolomeo en su *Geographia* (básicamente un manual de instrucciones, rico en datos cuantitativos, para la elaboración de mapas geográficos) utilizó de manera fundamental datos numéricos provenientes de fuentes helenísticas, aunque interpretadas incorrectamente por su parte. Aparte, la tesis de que la cartografía cuantitativa es posterior a Eratóstenes está desmentida por el pasaje en el que Hiparco, criticando el tratado geográfico de Eratóstenes, discute algunas localizaciones que figuran en «antiguos mapas (ἀρχαῖοι πίνακες)»[396].

La precisión de la medición de la Tierra, que hemos verificado, nos hace suponer que bajo la dirección de Eratóstenes se elaboró un mapa de Egipto, basado en mediciones sobre el terreno, con un error de pocos puntos porcentuales[397]. Es evidente que, disponiendo de un mapa así, para medir la distancia entre Alejandría y el trópico no es necesario enviar a un marchador atravesar el Sáhara siguiendo exactamente el meridiano mien-

---

395 Ejemplos de esta tendencia son [Harley Woodward], [Brodersen] y [Rathmann].

396 El fragmento de Hiparco se recoge en Estrabón, *Geographica*, II, i, 11.

397 Algunos datos númericos relativos al mapa de Egipto elaborado, o por lo menos utilizado, por Eratóstenes se encuentran en Estrabón (*Geographica*, XVII, i, 2).

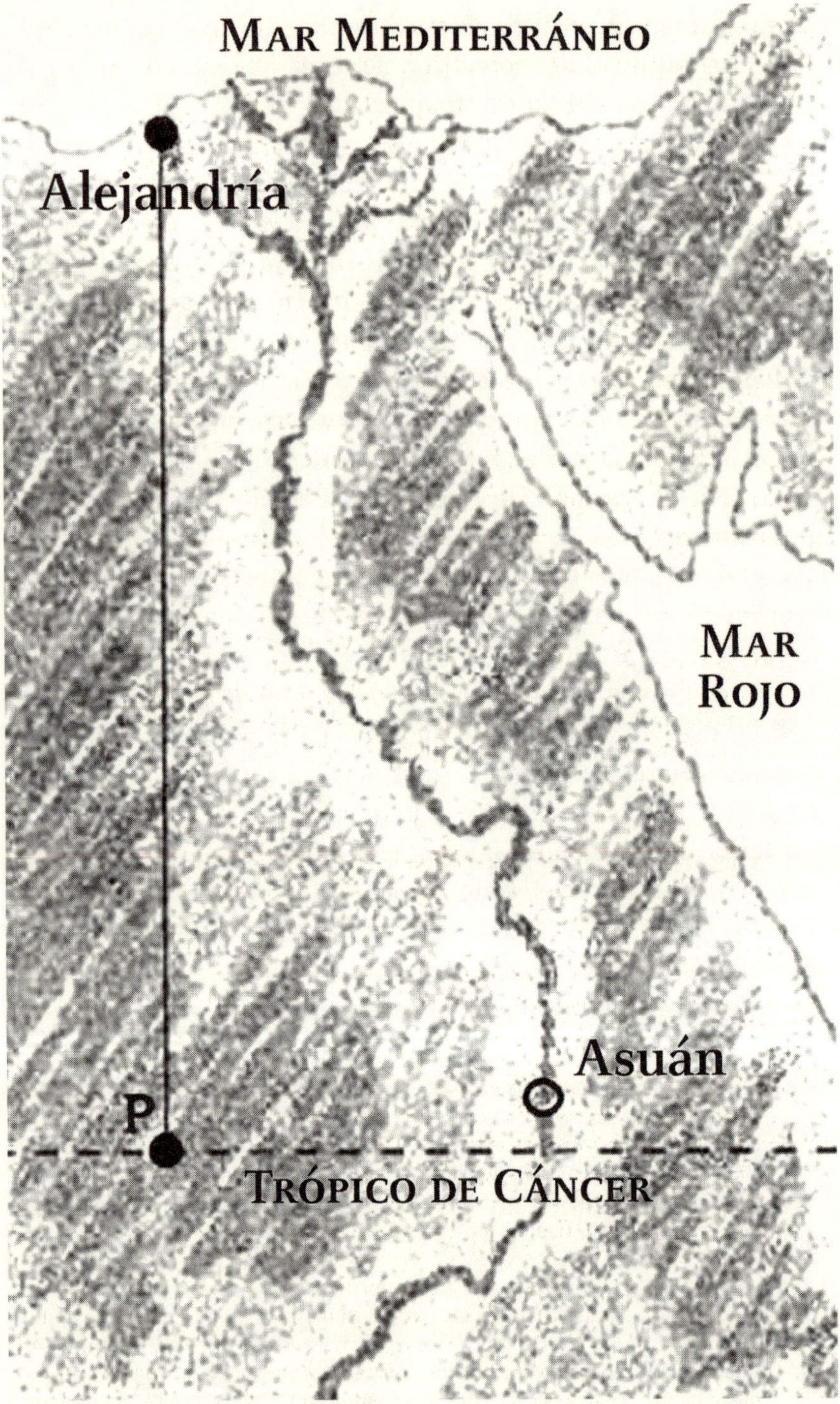

Imagen 18. Alejandría, Asuán y el trópico.

tras cuenta los pasos[398], sino que basta medir en el mapa la longitud del segmento perpendicular trazado desde Alejandría al trópico, es decir, del segmento que tiene como extremos los puntos señalados en la imagen 18 respectivamente con Alejandría y P[399]. El punto P está en pleno Sáhara, pero no se trata de un inconveniente, ya que tan solo hay que visitarlo virtualmente, en el mapa, para cuya elaboración es suficiente una campaña de mediciones a lo largo del curso del Nilo. Uno de los ardides usados por Cleómedes para simplificar su exposición fue el de renunciar al concepto geométrico de proyección ortogonal, sustituyendo el abstracto punto P por la concreta ciudad de Asuán[400].

De hecho, una prueba tardía de las mediciones utilizadas por Eratóstenes la proporciona Marciano Capella, que en torno al 400 escribe:

---

398 También hay quien ha imaginado este tipo de procedimiento, evidentemente ignorando que la geometría euclidiana había sido ideada (precisamente en Alejandría de Egipto, unas décadas antes de la medición de Eratóstenes) justo para limitar las mediciones directas a solo algunas realizables cómodamente, obteniendo después el resto de los datos con procedimientos matemáticos realizables a mano en una mesa.

399 Esta construcción (que equivale a considerar la proyección a lo largo del meridiano de la distancia entre Alejandría y cualquier localidad situada sobre el trópico) es una de las primeras enseñanzas de una obra ciertamente muy familiar para Eratóstenes: los *Elementos* de Euclides (se trata de la proposición 12 del primer libro). El uso de considerar de manera sistemática los componentes de la distancia en dirección a los meridianos y los paralelos aparece también en las *Geographica* de Estrabón, que a menudo recogen debates relativos a triángulos rectángulos con los catetos en la dirección de los meridianos y de los paralelos, atribuyendo algunos de estos explícitamente a Eratóstenes. Sin embargo, a menudo, Estrabón no entiende el procedimiento y confunde segmentos con sus proyecciones, dando la impresión de que se consideraron alineadas localidades que evidentemente no lo estaban. Algunos ejemplos de proyecciones ortogonales de distancias a lo largo del curso del Nilo, consideradas por Eratóstenes y malinterpretadas por Estrabón, están reconstruidos en [Rawlins ESNM]. La escasa fiabilidad de Estrabón a la hora de informar de sus fuentes también se demuestra en [Shcheglov HTC].

400 También Estrabón (*Geographica*, I, iv, 2; II, v, 7) escribe que, según Eratóstenes, el Nilo discurre desde Asuán hasta Alejandría a lo largo del meridiano, pero en los mismos pasajes afirma que el Nilo también discurre a lo largo del mismo meridiano desde Meroe hasta Asuán, mientras que, en el libro dedicado a Egipto, el curso del Nilo, descrito una vez más citando a Eratóstenes, se muestra muy lejos de ser rectilíneo (*Geographica*, XVII, i, 2). Como acabamos de señalar, Estrabón confunde en diferentes ocasiones distancias con sus proyecciones ortogonales.

> Por lo tanto, Eratóstenes, informado por los mensuradores regios de Ptolomeo del número de estadios que transcurren de Asuán a Meroe...[401].

Capella no se refiere a la medición descrita por Cleómedes, sino a la que también dirigió Eratóstenes del arco de meridiano (en Etiopía) comprendido entre Asuán y Meroe[402]. No obstante, no es creíble que se usasen «mensuradores regios» para medir la distancia, en Etiopía, entre Asuán y Meroe y no para la existente, en Egipto, entre Alejandría y el trópico (coincidente casi exactamente con la extensión de norte a sur del reino).

No hay que olvidar que Eratóstenes era el director de la Biblioteca de Alejandría, esto es, la principal autoridad científica del reino ptolemaico: un Estado que claramente financiaba las investigaciones científicas, sobre todo si se consideraban útiles[403]. Por ende, es del todo natural que hubiese podido usar las estructuras del Estado. Probablemente, en el caso de Egipto, los mapas elaborados bajo la dirección de Eratóstenes se basaron no solo en una campaña de mediciones realizada con fines científicos, sino también en mediciones catastrales.

Desde los tiempos de los faraones, en Egipto había, distribuidos de manera capilar por todo el territorio, agrimensores dedicados a la medición anual, con fines fiscales, de todas las pro-

---

401 *Eratosthenes vero, ab Syene ad Meroen per mensores regios Ptolomaei certus de stadiorum numero redditus,* [...] (Marciano Capella, *De nuptiis Philologiae et Mercurii*, VI, 598).

402 Asuán estaba en el confín meridional del reino de Egipto. Meroe está, con una buena aproximación, sobre el mismo meridiano que Asuán y al sur del trópico, con una aproximación óptima a la misma distancia que la que Alejandría, en el norte, mantiene con Asuán.

403 Sobre este punto remito a [Russo RD] y, en concreto, al §10.2. Aquí tan solo recordaremos que, en el siglo III a. C., en todo el mundo helenístico, el poder político utilizaba a los científicos para sus propios fines. En Siracusa, por ejemplo, Arquímedes supervisaba construcciones navales y mejoraba las defensas de la ciudad. En el pequeño reino de Pérgamo se financiaban estudios sobre ingeniería militar y agricultura (también se realizaban en los terrenos de propiedad regia). El reino de los Ptolomeos podía invertir mucho más, como lo prueba la realización de obras proyectadas de manera científica, como el Faro, por el cuidado con que se hacían los experimentos en agricultura, así como por la misma fundación de la Biblioteca y del Museo. Estos aspectos de la política ptolemaica se tratan ampliamente en [Rostovtzeff].

piedades agrícolas (cuya extensión variaba con cada crecida del Nilo). No es casualidad que Heródoto, en un pasaje muy citado de sus *Historiae*, considere que la geometría (etimológicamente «medida de la tierra») nació precisamente en Egipto por las necesidades surgidas de este tipo de mediciones[404]. En aquella época, las mediciones de distancias las realizaban los *arpedonapti* (es decir, «tensores de cuerdas»). También hay que señalar que el desarrollo fundamentalmente unidimensional de Egipto, a lo largo del curso del Nilo, hacía que el país tuviese únicamente zonas densamente pobladas, donde siempre había disponibilidad de técnicos. El catastro había sido reorganizado y potenciado durante el período helenístico. Se introdujo el término específico *σφραγίς* para algo análogo a nuestras hojas catastrales, esto es, porciones del territorio numeradas, que contenían diferentes propiedades agrícolas, de las cuales se certificaban medidas y localización.

El catastro también usaba unidades menores y mayores del σφραγίς[405] y estaba organizado en varios niveles jerárquicos: el del simple poblado, el del *topos* (es decir, del distrito), el de la provincia o *nomos* y, finalmente, el nivel central[406]. Tenemos testimonios directos solo de mediciones catastrales locales, pero es significativo que precisamente Eratóstenes haya usado el término σφραγίς en geografía para zonas muchísimo más amplias.

En cuanto a los métodos usados en las mediciones topográficas, después de que la geometría griega adquiriese las características de una teoría matemática general, las necesidades que según Heródoto llevaron a su nacimiento dieron lugar a una específica ciencia aplicada, la «geodesia». Herón, en época imperial, proporciona un listado de los objetivos de esta ciencia, entre los que es esencial la medición de distancias y alturas[407], y de los instrumentos requeridos, el más refinado de los cuales era la dioptra: un aparato (ilustrado en la imagen 19), usado para mediciones angulares entre líneas de visión, de cuyo estudio nació el moderno teodolito.

404 Heródoto, *Historiae*, II, cix.
405 Muchas noticias sobre el catastro ptolemaico de tiempos ligeramente posteriores a Eratóstenes (del siglo II a. C.) las proporcionan los papiros hallados en Oxirrinco (ver en concreto P. Oxy. 918).
406 Esta organización se describe en [Rostovtzeff], vol. I, pp. 283-284.
407 Herón, *Definitiones*, 100-102 ([Heronis OO], vol. IV).

El instrumento, descrito en época imperial por Herón en su obra *Dioptra*[408], se usaba apuntando a través de dos ranuras fijadas en los extremos de una vara giratoria sobre un disco graduado que funcionaba como goniómetro[409]. El disco, girando alrededor de dos ejes ortogonales, podía adoptar cualquier posición y ser fijado con tornillos a presión.

Herón comienza su descripción del instrumento mencionando sus fuentes, sin dar nombres, defendiendo «haber traducido en términos sencillos aquello que estaba escrito de una manera difícil»[410]. Por lo tanto, resulta evidente que, como en el caso de la medición de la Tierra por parte de Eratóstenes, también en el de la dioptra solo podemos leer una explicación divulgativa simplificada, que se remonta a época imperial, de una obra helenística. Sabemos que Hiparco había ideado dioptras[411] y que el mismo Eratóstenes ya usaba dioptras[412]. La conjetura de que la obra de Eratóstenes también trataba de las técnicas de medición la sugiere la circunstancia de que su título (περὶ τῆς ἀναμετρήσεως τῆς γῆς: *Sobre la medición de la Tierra*) nos ha sido transmitido precisamente (y solo) por el tratado de Herón[413], que podría haberla usado como fuente.

No hay motivo para pensar que la geodesia, en tiempos de Herón, que vive tras el colapso cultural y busca laboriosamente recuperar parte de los antiguos conocimientos, estuviese más desarrollada que en tiempos de Eratóstenes, es decir, en tiempos de la hazaña geodésica más grande de la Antigüedad.

408 Herón, *Dioptra*, en [Heronis OO], vol. III, pp. 187-314.

409 Herón se prodiga describiendo un aparato simplificado, en el cual el disco tan solo está dividido en cuatro partes, pero al final de la obra aparece inesperadamente la división del disco en 360 grados (Herón, *Dioptra*, xxxii).

410 τὰ δὲ δυσχερῶς εἰρημένα εἰς εὐχέρειαν μεταγαγεῖν (Herón, *Dioptra*, i, 5-6).

411 Ptolomeo, *Almagesto*, V, v, 369; V, xiv, 417. También Plinio, cuando menciona instrumentos ópticos inventados o perfeccionados por Hiparco (*Naturalis Historia*, II, 95), parece que se refiere a dioptras.

412 Teón de Alejandría, *Commentaria in Ptolomeai sintaxin mathematicam* (ed. Rome), 395, 1-2; Simplicio, *In Aristotelis de caelo commentaria* ([CAG], vol. VII), 550. Ambos autores se refieren a mediciones de la altura de montes. La tesis de que la dioptra se remonta a comienzos del siglo III a. C. se expone en [Goldstein Bowen].

413 Herón, *Dioptra*, xxxv, 302, 13-17 ([Heronis OO], vol. III).

En definitiva, parece del todo plausible que, aunando la antiquísima tradición egipcia de los «mensuradores de la tierra» con los nuevos procedimientos basados en métodos de triangulación y aparatos de precisión, fuese posible elaborar mapas de Egipto notablemente precisos.

Terminamos este capítulo mencionando un método en particular de medición de largas distancias que a menudo se describe en este contexto. En muchas explicaciones divulgativas se lee que Eratóstenes se habría cerciorado de la distancia entre Alejandría y Asuán usando un *bematista*, esto es, una persona adiestrada para caminar con un paso regular mientras cuenta el número de pasos hechos. En ocasiones se dice que el uso de estos bematistas era común en el mundo griego. En realidad, buscando en el Thesaurus Linguae Graecae descubrimos que el término *bematista* (βηματιστής) solo se menciona una vez en todo el corpus de la literatura griega: en un pasaje de Ateneo, que lo describe como un recurso utilizado durante la campaña militar de Alejandro Magno para cuantificar los desplazamientos del ejército, es decir, en circunstancias en las que no era posible usar los métodos normales de medición[414].

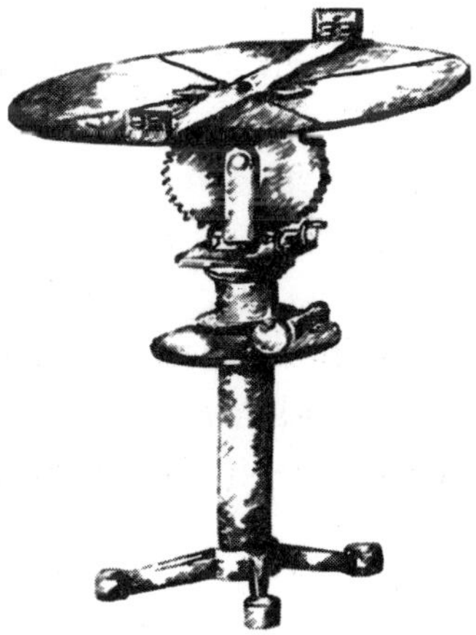

Imagen 19. La dioptra (reelaboración basada en la imagen presente en [Heronis OO], vol. III, p. 193).

414 Ateneo, *Deipnosophistae*, X, 442b.

VIII. POR QUÉ EL MUNDO SE HIZO MÁS PEQUEÑO

En este capítulo afrontaremos el problema de la extraña reducción de las dimensiones asignadas a la Tierra tras el desplome cultural del siglo II a. C. Lo resolveremos descubriendo inesperados conocimientos geográficos del período helenístico que arrojan nueva luz sobre los antiguos contactos entre las civilizaciones.

El empequeñecimiento de la Tierra

En el ámbito de la geografía, una de las consecuencias más notables del hundimiento cultural fue el empequeñecimiento de la Tierra. Tanto Ptolomeo como, antes de él, Posidonio y Marino de Tiro atribuyeron a la circunferencia terrestre solo 180 000 estadios en vez de los 252 000 estadios de longitud medidos por Eratóstenes y aceptados por Hiparco. Por lo tanto, la longitud de cada grado de meridiano se redujo de 700 a 500 estadios[415].

Como ya hemos observado previamente, esta contracción compensa en gran parte la dilatación de las longitudes, por lo que, para Ptolomeo, las distancias a lo largo de los paralelos son básicamente las mismas que las de sus fuentes helenísticas. Por consiguiente, es evidente que la dilatación de las longitudes y la contracción de las dimensiones de la Tierra son dos aspectos de un único error.

La investigación que originó este libro tenía la intención de identificar la causa de este doble error. Comencemos fijándonos en la época en que se cometió. El primer autor al que se le atribuye la «medida corta» de 500 estadios por grado es Posidonio, al que ya hemos tenido ocasión de conocer[416]. Estrabón probablemente también se refiera a él cuando, hablando sobre el resul-

415 Ver arriba, p. 165.
416 Estrabón, *Geographica*, II, ii, 2. Para Posidonio, ver arriba, pp. 116-117.

tado de Eratóstenes, menciona, sin nombrarlos, a estudiosos posteriores (οἱ ὕστερον) que lo rebatieron[417]. El empequeñecimiento, por ende, acaeció poco después del colapso cultural.

Posidonio, a pesar de no ser científico (ninguna de sus obras ha sobrevivido, pero, con base en los fragmentos y testimonios disponibles, no parece que se le puedan atribuir descubrimientos científicos[418]), muestra interés por la astronomía y la geografía y, dado que en torno al 95 a. C. se instaló en Rodas, donde Hiparco desarrollara su actividad científica, con toda seguridad tuvo ocasión de leer sus obras. A Posidonio se le atribuyen dos medidas distintas de las dimensiones de la Tierra. La primera difiere poco de la de Eratóstenes: él mismo habría estimado la circunferencia terrestre en 240 000 estadios[419] en vez de en 252 000. En cuanto a la segunda, no tenemos ninguna referencia sobre el método con el que se obtuvo; solo sabemos que Posidonio cambió de idea *a posteriori*, afirmando que la longitud del meridiano terrestre era de 180 000 estadios[420], valor aceptado sucesivamente por Marino de Tiro[421] (probablemente activo a comienzos del siglo II) y por Ptolomeo.

---

417 Estrabón, *Geographica*, I, iv, 1.

418 Entre los testimonios que nos permiten evaluar el nivel científico de Posidonio, aparte de los ya citados en la p. 116, recordemos, por ejemplo, su graciosa idea, citada por Estrabón, de que las regiones occidentales son más áridas de las orientales porque el Sol se orienta en esa dirección (Estrabón, *Geographica*, XVII, iii, 10).

419 La medición se basaba en la observación de que la estrella Canopus, no visible desde la Grecia continental, lo era apenas en Rodas; midiendo la altura máxima alcanzada por Canopus sobre el horizonte en Alejandría, se obtenía la diferencia de latitud entre Alejandría y Rodas. La medición del meridiano terrestre se obtenía sucesivamente con un cálculo similar al de Eratóstenes, usando una estimación de la distancia entre Alejandría y Rodas (Cleómedes, *Caelestia*, I, 7, 1-47). La idea parece ser la de controlar la plausibilidad de la medición de Eratóstenes con una medición independiente de menor precisión (entre otros motivos, porque la distancia que considerar estaba sobre el mar). Dado que el método está concebido con toda seguridad por un astrónomo particularmente experto en fenómenos astronómicos observables en Rodas, podemos sospechar que esta medición, en realidad, se remonta a Hiparco.

420 Estrabón, *Geographica*, II, ii, 2. Estrabón no afirma que esta estimación fuese posterior a la otra, pero el orden en el que Posidonio propuso ambos valores se puede deducir plausiblemente por el hecho de que, mientras que la medida de 240 000 estadios era próxima a la precedente de Eratóstenes, el valor de 180 000 estadios lo aceptaron geógrafos posteriores.

421 De ello nos informa Ptolomeo (*Geographia*, I, 7, 1; I, 11, 2).

Antes de nada, como sabemos tan poco de la medición de Posidonio y sobre Marino de Tiro solo disponemos de las noticias que proporciona Ptolomeo, para descubrir el origen de la drástica reducción de las dimensiones de nuestro mundo seguiremos examinando la *Geographia* de Ptolomeo: una obra que, aparte de estar repleta de datos cuantitativos, contiene una interesante sección introductoria de carácter metodológico que nos ofrecerá elementos valiosísimos.

Obviamente, Ptolomeo no describe en su tratado toda la superficie terrestre, en gran parte ignota para él, sino aquella porción que conoce (alrededor de un cuarto del total) y que piensa que es la única habitable y habitada, es decir, la ecúmene (οἰκουμένη), que cree que se extiende en latitud desde el paralelo de Anti-Meroe, 16° 25' al sur del ecuador[422], hasta la latitud 63° N, asignada a Tule, es decir, el lugar más septentrional del que se tenía noticia, al que llegó Piteas.

La amplitud en longitud es exactamente de 180°. Las localidades más occidentales son algunas de las «islas Afortunadas» (Μακάρων Νῆσοι)[423], a las que Ptolomeo asigna la longitud 0°[424], mientras que las más orientales, justo en la longitud de 180°, son cuatro sitios de difícil identificación[425].

Con toda seguridad, con el nombre de islas Afortunadas, Ptolomeo se refería a las Canarias[426], como era habitual en sus tiempos. La longitud que asigna es de 0° para cuatro de las islas y de 1° para las otras dos. Las Canarias forman un archipiélago de siete islas mayores comprendidas *grosso modo* entre 13,5 y 18 grados

---

422 La localidad de Anti-Meroe (así llamada porque se encontraba sobre el paralelo opuesto al de la ciudad de Meroe) no ha sido identificada con seguridad.

423 Ptolomeo, *Geographia*, IV, 6, 34. Una traducción literal de la expresión griega es «islas de los Bienaventurados», pero, como en latín se difundió la traducción *Fortunatae Insulae*, también en español se dice *islas Afortunadas*.

424 El uso del cero por parte de Ptolomeo convendría subrayarlo, ya que todavía hay quien piensa que los griegos lo desconocían.

425 Ptolomeo, *Geographia*, VII, 3.

426 Una de las islas es llamada «Canaria» (Καναρία) y los demás nombres son en parte la versión griega de los que lista Plinio (*Naturalis Historia*, VI, 202-205), por lo que la identificación entre islas Afortunadas e islas Canarias está completamente clara (de hecho las ubica enfrente de Mauritania y da la distancia que las separa de Cádiz).

de longitud oeste (desde Greenwich). El cero de Ptolomeo, por lo tanto, equivale, con la aproximación de un par de grados, a nuestra longitud 15° W.

Para identificar el extremo oriental de la ecúmene de Ptolomeo, no es provechoso tener en cuenta las localidades que él coloca exactamente en el meridiano de 180°, difíciles de determinar, pero sí, en cambio, la capital de China (Σήρα μητρόπολις, «Sera metropolis»), a la que ubica en la longitud 177° 15'[427]. Para identificar dicha ciudad, mientras que antes se proponían dos posibles identificaciones, Luoyang (capital del 25 d. C. en adelante, época que coincidiría con la de Ptolomeo) o Xi'an, actualmente la identificación más aceptada es la de Xi'an[428], capital durante el período helenístico: una identificación coherente con la circunstancia de que Ptolomeo obtenía sus informaciones de fuentes helenísticas. Se puede verificar fácilmente que Ptolomeo dilató la extensión en longitud de toda la ecúmene en la misma proporción en que lo hizo con las localidades de nuestra muestra[429].

El origen del error de Ptolomeo

Diversos estudiosos han supuesto que Ptolomeo, al equivocarse en la evaluación de las dimensiones de la Tierra, consecuentemente cometió un error sistemático al traducir en diferencias de longitud las distancias en estadios a lo largo de los paralelos

427 Ptolomeo, *Geographia*, VI, 16, 8. La ciudad es llamada «Sera, la capital de los chinos» (Σήρα ἡ τῶν Σηρῶν μητρόπολις) in I, 11, 4.

428 [Ptolomeo: Stückelberger Grasshoff], p. 669, nota 229.

429 La longitud real de Xi'an es 108° 54' E. La diferencia de longitud entre la «capital de China» y la longitud cero de Ptolomeo (15° W desde Greenwich) es entonces de unos 124°. La amplitud de la ecúmene de Ptolomeo, obtenida multiplicando dicho valor por el factor 180/177,25, da como resultado en torno a 126°. Por lo tanto, la valoración otorgada por Ptolomeo de 180° está dilatada respecto de la realidad algo menos del 43 %, un valor prácticamente igual al factor de dilatación de 42,8 %, hallado con el método de la regresión lineal sobre las ciudades de la muestra.

que ofrecían sus fuentes[430]. El mismo Ptolomeo parece respaldar esta hipótesis en la *Geographia* ya que no justifica en ningún modo su medida de la Tierra, que obtiene de sus predecesores, mientras de dicha medida deduce que la amplitud de la ecúmene es de 180°.

Esta interpretación puede explicar la dilatación de las longitudes, pero deja irresuelto el problema del origen del primer error sobre la reducción de las dimensiones de la Tierra. ¿Por qué habría debido Ptolomeo (como Posidonio y Marino de Tiro, que antes que él habían cometido el mismo error) sustituir el valor de 700 estadios por grado de meridiano con el de 500? Eratóstenes había realizado una medición compleja, utilizando las eficientes estructuras del Estado ptolemaico. ¿Cómo es posible que estudiosos posteriores, que claramente no podían repetir la misma hazaña al carecer de estructuras similares, necesitasen alterar de manera arbitraria el resultado?

No es posible sospechar de errores en la transcripción del resultado, puesto que el dato obtenido por Eratóstenes siguió siendo transmitido (también por autores muy leídos, como Plinio el Viejo) y nos ha sido legado hasta hoy día. Si este nuevo valor se hubiese obtenido con una nueva medición de la circunferencia terrestre viciada por un burdo error (como podríamos afirmar con base en el análisis mostrado en el anterior capítulo), ¿cómo es posible que se impusiera sobre el preciso resultado de Eratóstenes, aceptado por todos los científicos helenísticos incluido el meticuloso y cauteloso Hiparco? Y, sobre todo, ¿cómo es posible que no se haya preservado ninguna información relativa al nuevo procedimiento, mientras que el recuerdo de la medición de Eratóstenes, que había sido descartada, continuó siendo transmitido por muchos autores, incluso los posteriores a la adopción de la nueva medida?[431]

Además, Shcheglov proporciona un buen argumento en contra de la hipótesis de que el error de Ptolomeo en las longitu-

430 Esta es la interpretación adoptada, por ejemplo, en [Rawlins ESNM] y [Tupikova Geus]. Curiosamente, Shcheglov también me la atribuye ([Shcheglov ELPG], 1).

431 Ver arriba, p. 141, nota 319.

des es una consecuencia de su error en las dimensiones de la Tierra. Si todas las diferencias de longitud estuvieran dilatadas sobre la base del error en las dimensiones de la Tierra, la misma dilatación tendría que ser igual en todas las regiones. En cambio, cuando Shcheglov divide las localidades de su muestra[432] en nueve subconjuntos equivalentes a distintas zonas geográficas, empleando en cada subconjunto el método de los mínimos cuadrados, obtiene líneas de regresión considerablmente distintas, todas con un R^2 muy cerca de 1[433].

Por ende, no podemos asumir que el error sobre las longitudes derivase del de las dimensiones de la Tierra.

Para comprender el verdadero origen del doble error de Ptolomeo conviene analizar detalladamente el procedimiento con el que Ptolomeo afirma haber obtenido la amplitud de la ecúmene en su *Geographia*, obra que básicamente presenta como una revisión crítica de la obra geográfica de Marino de Tiro, contra quien polemiza extensamente. La diferencia de longitud entre el meridiano de las islas Afortunadas y el de la capital de China es obtenida considerando un itinerario formado por doce tramos. Para cada tramo indica primero su longitud en estadios según Marino y después, eventualmente, introduce una corrección de gran calado, por motivos puramente cualitativos (por ejemplo, dividiendo por la mitad el valor que Marino había deducido de la duración del viaje, para tener en cuenta el tortuoso recorrido). Traduciendo las distancias en grados y minutos de longitud (usando la medida de 500 estadios por grado de circunferencia máxima de la Tierra) y sumando los doce valores, Ptolomeo obtiene el total de 177° 15'[434] de amplitud para la ecúmene. Dado que las localidades más orientales de las que tiene noticia están, mira por dónde, justo 2° 45' más al este que la capital de China, la amplitud total resulta ser de 180° exactos.

Es evidente que Ptolomeo está haciendo trampas. De hecho, la probabilidad de que, convirtiendo en grados y minutos una larga suma de distancias en estadios, además medidas con los

---

432 Ver arriba, p. 164.

433 [Shcheglov ELPG].

434 Ptolomeo, *Geographia*, I, 12.

toscos métodos utilizados por Ptolomeo, se obtenga justo como resultado final el valor de 180° es completamente insignificante. Es mucho más plausible que una amplitud de la ecúmene igual a un hemisferio exacto se asumiese como dato inicial y no que fuese el resultado de una larga serie de cuentas. No faltan casos análogos en las obras de Ptolomeo. Como ya hemos recordado, en el *Almagesto*, la distancia a la Luna se obtiene aparentemente mediante complejos cálculos, cálculos que contienen varios errores, que sin embargo se eliminan milagrosamente, dando un resultado final muy preciso. Puesto que del análisis de otras fuentes se puede deducir que la distancia a la Luna había sido medida por Hiparco, para ese caso caben pocas dudas del procedimiento realmente utilizado por Ptolomeo[435].

Más de un siglo antes, Estrabón ya había informado de que el mundo habitado tenía 180° de amplitud en longitud, pero, no obstante, a pesar de asumir la medida de la Tierra determinada por Eratóstenes y aceptada por Hiparco[436], afirma que los habitantes del extremo occidental de Iberia y los del extremo oriental de India[437] están en meridianos opuestos[438]. Por lo tanto, podemos suponer que Ptolomeo asume el valor de 180° por cuanto proviene de una antigua fuente a su parecer más fiable.

El mismo Ptolomeo ofrece un elemento indirecto a favor de esta hipótesis cuando, en el *Almagesto*, argumenta que la ecúmene se extiende en longitud la mitad del globo terrestre porque, en sus extremidades, el mismo eclipse se ve con doce horas de diferencia[439]: esta afirmación sugiere que, a diferencia de

435 Ver arriba, p. 148, nota 340.

436 Estrabón, *Geographica*, I, i, 13.

437 En aquella época, también lo que hoy llamamos Indochina se denominaba India (en concreto, se la conocía como la «India más allá del Ganges»). El extemo oriental de Indochina tiene aproximadamente la misma longitud que Xi'an.

438 Estrabón, *Geographica*, II, v, 34.

439 Ptolomeo, *Almagesto*, II, i, 88, 10-19 (ed. Heiberg). Naturalmente, siendo prácticamente imposible observar el mismo eclipse lunar desde dos lugares ubicados en meridianos opuestos, la afirmación de Ptolomeo no podía basarse en una única verificación directa. Sin embargo, el pasaje ofrece una fuerte evidencia de que el dato sobre la longitud no se obtuvo de mediciones sobre el terreno, sino de observaciones astronómicas (presumiblemente sumando las diferencias de longitud medidas con el método de Hiparco).

cuanto afirma en su *Geographia*, no dedujo la amplitud de la ecúmene gracias a listados de mediciones en estadios, sino que la asumió con base en datos de naturaleza astronómica.

El procedimiento que realmente siguió Ptolomeo se puede reconstruir leyendo con atención lo que él mismo escribe. Al inicio de la *Geographia* expone los objetivos de la disciplina tratada:

> ¿En qué se diferencia la geografía de la corografía?
>
> La geografía [...] se diferencia de la corografía en que la corografía, como disciplina, se ocupa de localidades individuales, cada una en sí misma, independientemente de las demás, registrando prácticamente todo hasta el más mínimo detalle (por ejemplo, puertos, países, distritos, brazos de ríos, etc.), mientras que la esencia de la geografía es mostrar el mundo conocido como una entidad única y continua. [...] El propósito de la corografía es referirse a las partes, como cuando se representan una oreja o un ojo. Pero [el propósito] de la geografía es una visión general, como cuando se representa una cabeza entera. En todas las imágenes propuestas es necesario *primero ordenar adecuadamente las partes principales...*[440] [cursivas del autor].

Ptolomeo explica la superioridad del método astronómico después de haber dicho que, para elaborar el mapa de la ecúmene, es necesario tanto utilizar conocimientos transmitidos en textos como realizar investigaciones originales, y que, en ambos casos, los datos derivan en parte de mediciones terrestres y en parte de observaciones astronómicas:

440 Τίνι διαφέρει γεωγραφία χωρογραφίας; Ἡ γεωγραφία [...] διαφέρει τῆς χωρογραφίας, ἐπειδήπερ αὕτη μὲν ἀποτεμνομένη τοὺς κατὰ μέρος τόπους χωρὶς ἕκαστον καὶ καθ'αὑτὸν ἐκτίθεται, συναπογραφομένη πάντα σχεδὸν καὶ τὰ μικρότατα τῶν ἐμπεριλαμβανομένων, οἷον λιμένας καὶ κώμας καὶ δήμους καὶ τὰς ἀπὸ τῶν πρώτων ποταμῶν ἐκτροπὰς καὶ τὰ παραπλήσια. Τῆς δὲ γεωγραφίας ἴδιόν ἐστι τὸ μίαν τε καὶ συνεχῆ δεικνύναι τὴν ἐγνωσμένην γῆν [...]Ἔχεται δὲ τὸ μὲν χωρογραφικὸν τέλος τῆς ἐπὶ μέρους προσβολῆς, ὡς ἂν εἴ τις οὖς μόνον ἢ ὀφθαλμὸν μιμοῖτο, τὸ δὲ γεωγραφικὸν τῆς καθόλου θεωρίας κατὰ τὸ ἀνάλογον τοῖς ὅλην τὴν κεφαλὴν ἀπογραφομένοις. Πάσαις γὰρ ταῖς ὑποτεθειμέναις εἰκόσι τῶν πρώτων μερῶν ἀναγκαίως καὶ προηγουμένως ἐφαρμοζομένων... (Ptolomeo, *Geographia*, I, 1, 1-4).

> La medición sobre el terreno muestra las posiciones recíprocas de lugares simplemente midiendo las distancias; el método astronómico, mediante instrumentos para observar los astros y medir las sombras; el segundo es más seguro y autosuficiente, el primero es más tosco y necesita del segundo[441].

Inmediatamente después explica cómo se pueden transformar las distancias obtenidas con mediciones sobre el terreno en ángulos definidos astronómicamente (es decir, latitudes o diferencias de longitud) y viceversa, siempre que se conozca la longitud de un grado de circunferencia máxima, esto es, siempre que se conozcan las dimensiones de la Tierra.

Ptolomeo nos ofrece después una preciosa información acerca del método que siguió para «ordenar primero adecuadamente las partes principales»:

> Es necesario usar primero las observaciones astronómicas y después los relatos sobre viajes. [...] Puesto que tan solo Hiparco nos ha transmitido, de unas pocas ciudades, entre las tantas que catalogar en las obras de geografía, la elevación del polo boreal [es decir, la latitud], señalando aquellas que se encuentran en el mismo paralelo, [...] gran parte de las distancias, sobre todo las de oriente a occidente, nos han sido transmitidas de manera mucho más tosca, no por neglicencia de quienes se dedicaron a su estudio, sino quizás porque no habían comprendido todavía la utilidad de investigaciones más científicas y porque no habían observado varios eclipses lunares al mismo tiempo en lugares distintos, como el observado en Arbela a la quinta hora y en Cartago a la segunda [...]. Es, por lo tanto, razonable para quien pretenda practicar la geografía siguiendo

441 γεωμετρικὸν μὲν τὸ διὰ ψιλῆς τῆς ἀναμετρήσεως τῶν διαστάσεων τὰς πρὸς ἀλλήλους θέσεις τῶν τόπων ἐμφανίζον, μετεωροσκοπικὸν δὲ τὸ διὰ τῶν φαινομένων ἀπὸ τῶν ἀστρολάβων καὶ σκιοθήρων ὀργάνων· τοῦτο μέν, ὡς αὐτοτελές τι καὶ ἀδιστακτότερον, ἐκεῖνο δὲ ὡς ὁλοσχερέστερον καὶ τούτου προσδεόμενον (Ivi, I, 2, 2).

> [los principios aquí expuestos] utilizar en cartografía primero, como fundamentales, los datos obtenidos a través de las observaciones más precisas y después adaptar a estos los datos de cualquier otro tipo, hasta que las posiciones relativas entre ellos junto con los datos principales no estén en el mejor acuerdo posible con los relatos más fiables[442].

A la luz de estos principios metodológicos, el procedimiento seguido por Ptolomeo para determinar las coordenadas de las localidades se vuelve nítido. Las latitudes provenían directamente de las fuentes y son indicadas diligentemente, en general sin errores muy graves, al menos en lo que concierne a las regiones incluidas en nuestra muestra[443]. En cambio, las informaciones disponibles sobre longitudes requerían de un desarrollo. La gran mayoría de los datos consistía en distancias expresadas en estadios a lo largo de determinados paralelos, siguiendo la antigua usanza que hemos recordado varias veces. Pero Ptolomeo nos ha explicado que antes es necesario «ordenar las partes principales» usando «como fundamentales los datos obtenidos a través de las observaciones más precisas» (esto es, las observaciones astronómicas, que ni siquiera para las longitudes eran totalmente ausentes[444]) y después adaptar a estos el ingente resto de datos de orígen empírico.

---

442 Ὅτι δεῖ τὰ ἐκ τῶν φαινομένων τηρούμενα προϋποτίθεσθαι τῶν ἐκ τῆς περιοδικῆς ἱστορίας. [...] Ἐπεὶ δὲ μόνος ὁ Ἵππαρχος ἐπ᾽ὀλίγων πόλεων, ὡς πρὸς τοσοῦτον πλῆθος τῶν κατατασσομένων ἐν τῇ γεωγραφίᾳ, ἐξάρματα τοῦ βορείου πόλου παρέδωκεν ἡμῖν καὶ τὰς ὑπὸ τοὺς αὐτοὺς παραλλήλους κειμένας οἰκήσεις [...] τὰ δὲ πλεῖστα τῶν διαστημάτων καὶ μάλιστα τῶν πρὸς ἀνατολὰς ἢ δυσμὰς ὁλοσχερεστέρας ἔτυχε παραδόσεως, οὐ ῥᾳθυμίᾳ τῶν ἐπιβαλόντων ταῖς ἱστορίαις, ἀλλ᾽ ἴσως τῷ μηδέπω τὸ πρόχειρον κατειλῆφθαι τῆς μαθηματικωτέρας ἐπισκέψεως, καὶ διὰ τὸ μὴ πλείους τῶν ὑπὸ τὸν αὐτὸν χρόνον ἐν διαφόροις τόποις τετηρημένων σεληνιακῶν ἐκλείψεων, ὡς τὴν μὲν ἐν Ἀρβήλοις πέμπτης ὥρας φανεῖσαν, ἐν δὲ Καρχηδόνι δευτέρας. [...] Εὔλογον ἂν εἴη καὶ τὸν τούτοις ἀκολούθως γεωγραφήσοντα τὰ μὲν διὰ τῶν ἀκριβεστέρων τηρήσεων εἰλημμένα προϋποτίθεσθαι τῇ καταγραφῇ καθάπερ θεμελίους, τὰ δ᾽ ἀπὸ τῶν ἄλλων ἐφαρμόζειν τούτοις, ἕως ἂν αἱ πρὸς ἀλλήλας θέσεις αὐτῶν μετὰ τῶν πρὸς τὰ πρῶτα τηρῶσιν ὡς ἔνι μάλιστα συμφώνως τὰς ἀδιστακτοτέρας τῶν παραδόσεων (Ivi, I, 4).

443 Véase el Apéndice A.

444 Ptolomeo cita explícitamente el caso de Arbela y Cartago. Por otro lado, no tendría ningún sentido criticar los toscos datos de distancias a lo largo de los paralelos transmitidos por quien no había presenciado varios eclipses lunares

Para cumplir este programa con el método expuesto era necesario apurar antes la amplitud total de la ecúmene (de tal forma que, siguiendo la metáfora de Ptolomeo, se dimensiona la *cabeza entera*) y después usar los datos sobre las distancias para determinar las coordenadas intermedias. Cuando, por ende, Ptolomeo asume que la amplitud de la ecúmene es de 180°, sobreestimándola más de un 40 %, comete el primero de sus errores.

Esta sobreestimación determina necesariamente los dos errores que ya hemos señalado. De hecho, cuando Ptolomeo prosigue con su programa, determina las longitudes de varias localidades y, teniendo a disposición 180° para su ecúmene, que en realidad medía en torno a 126°, no puede no dilatar sistemáticamente todas las diferencias de longitud, como ya hemos verificado[445].

Tal dilatación, obviamente, lleva después a subestimar la longitud en estadios de un grado de paralelo, provocando el empequeñecimiento de la Tierra justo en la medida que conocemos.

Por tanto, no fue el empequeñecimiento de la Tierra lo que provocó el error en las longitudes, sino que, al contrario, un error de escala en las longitudes provocó el empequeñecimiento.

Nos queda por entender el origen del error de escala, el cual debía retrotraerse hasta Posidonio. Puesto que Ptolomeo afirma, tanto en la *Geographia* como en el *Almagesto*, que los únicos datos de tipo astronómicos de confianza fueron los proporcionados por Hiparco, debemos deducir que Posidonio y él obtuvieron de Hiparco la información de que las islas Afortunadas estaban en el meridiano opuesto al de las localidades (chinas e indochinas) más orientales de las que se tenía noticia, que es la información que les permitió dimensionar toda la ecúmene. Analizando atentamente la *Geographia* se evidencia, en efecto, que Hiparco constituye una fuente esencial, si bien Ptolomeo prefiere dedicar más palabras a Marino, con quien considera que puede debatir desde una posición de fuerza[446].

---

al mismo tiempo en lugares distintos si no se dispusiese de algún dato más fiable, obtenido por quien, en cambio, si los había presenciado.

445 En las pp. 196-197 analizaremos con más detalle el procedimiento seguido.

446 En el pasado, muchos estudiosos, haciendo suya la opinión que el mismo Ptolomeo intenta inducir en el lector, consideraron que Marino era casi la única fuente de su *Geographia*. Berggren y Jones, sin embargo, señalan que en di-

La cifra redonda de 180° siempre ha generado dudas, pero es posible imaginar que, cuando la amplitud en longitud del mundo conocido alcanzó la mitad del globo, Hiparco subrayó tal evento señalando que ya se conocían localidades sobre meridianos opuestos; este dato podría haber inspirado de tal forma la imaginación de estudiosos como Posidonio hasta el punto de acabar siendo la base de sus razonamientos geográficos.

Hiparco aceptaba tanto las medidas de las distancias a lo largo de los paralelos determinadas por Eratóstenes (básicamente correctas) como su medición de la Tierra. Dado que las diferencias de longitud pueden deducirse fácilmente de tales datos, ¿cómo podría haber estimado en 180° (justo él, tan hábil logrando mediciones de precisión) una diferencia de longitud drásticamente menor?

La única posibilidad es que la diferencia de longitud de la ecúmene transmitida por Hiparco no concierna a los mismos lugares a los que se referían Posidonio y Ptolomeo. Dado que no habría sido posible desplazar mucho la ubicación de la capital de China, ya que para provocar el error que nos ocupa tendríamos que suponer que Hiparco colocó dicha capital bien lejos de China, en pleno océano Pacífico, solo queda otra posibilidad: que, con el nombre de «islas Afortunadas», Hiparco no se refería a las mismas islas que Ptolomeo conocía con tal nombre. Debemos, por consiguiente, concluir que, en tiempos de Hiparco, con la denominación «islas Afortunadas» no se referían a las Canarias, sino a islas mucho más lejanas, y que los estudiosos sucesivos provocaron el error identificándolas con las Canarias, encogiendo por tanto de manera drástica el mundo conocido.

Fijémonos en que, dado que tras la destrucción de Cartago se produjo una pérdida de informaciones sobre el Atlántico,

versos casos se puede documentar que Ptolomeo obtiene sus propias latitudes de Hiparco y que, cuando sabemos que Ptolomeo modifica el dato de Hiparco, como en el caso de Babilonia, lo empeora notablemente ([Ptolomeo:Berggren Jones], pp. 28-29). La importancia de Hiparco como fuente general en la obra geográfica de Ptolomeo se demuestra y subraya en [Shcheglov HTC]. Otra fuente esencial es Eratóstenes, como se muestra en nuestra reconstrucción y se demostró con otros argumentos en [Knobloch Lelgemann Fuls] y [Shcheglov PSSC].

confirmada por el descrédito en el que durante la misma época había caido la narración de la exploración de Piteas[447], es del todo natural que se equivocasen en la identificación de islas de dicho océano. El origen del error, inexplicable de otra forma, se vuelve por lo tanto del todo coherente con nuestros conocimientos históricos.

Un vistazo a la imagen 20, en la que se indican con circulitos las localidades con las coordenadas que Ptolomeo asigna a las islas Afortunadas, confirma que realmente se cometió un eror en la identificación de las islas.

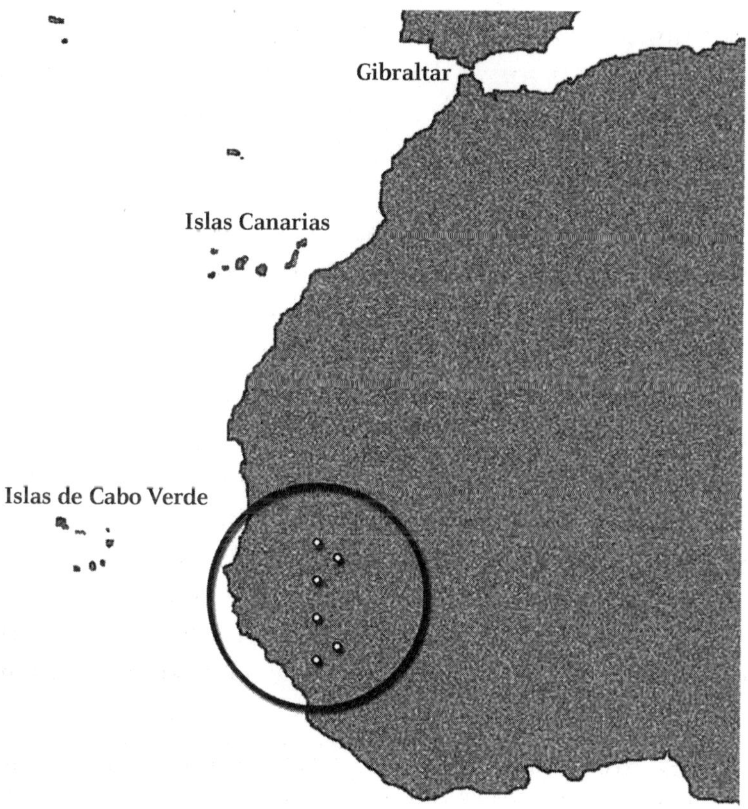

Imagen 20. Los circulitos indican la ubicación de las islas Afortunadas con las coordenadas indicadas por Ptolomeo.

447 Ver arriba, pp. 125-126.

Llama la atención inmediatamente que los circulitos estén dentro del continente africano, pero este error solo demuestra que Ptolomeo tenía escasos conocimientos sobre África occidental y no es el más significativo. La longitud media del archipiélago[448], deducida por la identificación con las Canarias, se aproxima bastante a la del extremo oriental de estas islas. Puesto que, en época imperial, las Canarias eran conocidas y cada una de las islas tenía su propio nombre, era bastante difícil equivocarse en su número. Por ende, puede sorprender que Ptolomeo solo conozca seis islas Afortunadas, mientras que las islas más grandes de las Canarias son siete (las otras son mucho más pequeñas), pero se pueden imaginar muchos motivos posibles para esta pequeña discrepancia.

El punto fundamental para nosotros es que ni los valores de las latitudes ni la forma del archipiélago son coherentes con la identifiación. Las latitudes que indica Ptolomeo están comprendidas entre los 10° 30' de la isla Πιντουαρία y los 16° de la isla Ἀπρόσιτος[449], mientras que las Canarias están entre las latitudes 28° y 29°. Así pues, el error medio son 15° 30'. Para quien no esté habituado al uso de grados de latitud, basta señalar que con el mismo error se puede situar Nápoles en Suecia (o Madrid en Escocia). Además, el archipiélago canario se distribuye principalmente en dirección este-oeste, mientras que las islas Afortunadas de Ptolomeo se extienden 5,5° en latitud y solo un grado en longitud; *grosso modo* se alinean en dirección norte-sur. Errores tan burdos solo pueden derivar de la confusión que ya hemos mencionado, es decir, de atribuir a las Canarias datos relativos a otro archipiélago.

448 En la imagen 20, las longitudes de las islas Afortunadas están calculadas conservando las diferencias de longitud con las columnas de Hércules presentes en la obra de Ptolomeo (7° 30'). Si hubieran sido deducidas de la longitud cero asignada por Ptolomeo utilizando la recta de regresión hallada en la p. 139, los circulitos estarían alrededor de un grado de longitud más al este.

449 Ptolomeo, *Geographia*, IV, 6, 34.

Hagamos un resumen de la tesis a la que hemos llegado en el parágrafo precedente. La afirmación de que el mundo conocido desde las islas Afortunadas hasta las localidades más orientales de las que se tenía noticia se extendía a lo largo de 180° de longitud se remonta a Hiparco y fue posteriormente malinterpretada a raíz de un error en la identificación de las islas Afortunadas. La errónea interpretación conllevó una sistemática dilatación de las longitudes y, en consecuencia, un empequeñecimiento de la Tierra. Esta tesis, de demostrarse, permitiría explicar muchas cosas.

Para empezar, se aclararía el origen de la cadena de errores. Dado que el valor de la circunferencia terrestre de 500 estadios por grado se remonta a Posidonio, debemos deducir que también la malinterpretación se remonta a él: una deducción del todo compatible con lo que sabemos sobre Posidonio[450]. Es razonable suponer que, al dirigir una importante escuela en la misma Rodas en la que trabajó Hiparco, tuviese acceso a sus obras, pero en otros casos también cabe la duda razonable de que las malinterpretase. Por ejemplo, la analogía dinámica entre una honda y el sistema Tierra-Luna, expuesta por Plutarco y probablemente proveniente de Hiparco[451], podría ser el orígen de la extraña idea, transmitida por Posidonio a generaciones de geógrafos, de que la ecúmene tenía la forma de una honda[452].

Sabemos que, tras la destrucción de Cartago en el 146 a. C., hubo un colapso en los conocimientos sobre el océano Atlántico. La tendencia de Posidonio a disminuir la extensión de las regiones a las que se referían los conocimientos geográficos tradicionales se muestra en varios testimonios, como el que le atribuye la opinión de que los hiperbóreos (nombre con el que los griegos habían trasladado al mito vagas noticias a las que tuvieron acceso sobre pueblos del lejano norte) realmente existían, pero en los

450 Ver arriba, pp. 116-117.

451 Ver arriba, p. 120, nota 245.

452 Agatemero, *Geographiae Informatio*, I, 2 = Posidonio, fr. 200a Edelstein Kidd; Eustacio, *Commentarii ad Homeri Iliadem*, VII, 446 = Posidonio, fr. 200b Edelstein Kidd.

Alpes italianos[453]. Sabemos que Posidonio, tras haber visitado las costas atlánticas de la península ibérica y de Mauritania[454], compuso una obra titulada *Sobre el Océano*[455]; este podría haber sido el momento oportuno de investigar las Canarias, identificándolas con las lejanas islas Afortunadas de las que hablaba Hiparco.

Con toda probabilidad, Posidonio obtuvo la distancia de 500 estadios para un grado de circunferencia máxima de la Tierra dividiendo por 180 la distancia a lo largo del ecuador[456], entre el meridiano de las islas Canarias más occidentales y el de las localidades más orientales de las que tenía noticia, y luego redondeando el resultado. De hecho, mientras que Eratóstenes probablemente obtuvo la cifra redonda de 700 estadios por grado definiendo oportunamente un nuevo «estadio» (de modo análogo a cuanto se hizo un par de milenios después con el metro)[457], es muy improbable que Posidonio, con su procedimiento, hubiese podido llegar directamente a un múltiplo de cien. Más bien debemos pensar que, teniendo que sustituir la cifra de 700 estadios de Eratóstenes, le pareciese natural hacerlo con otra cifra igualmente redonda y por ello redondease el resultado.

La hipótesis del redondeo permite explicar la pequeña discrepancia entre la dilatación media de las longitudes (1,428) y la relación entre las dos dimensiones de la Tierra (1,4). En efecto, el primer dato corresponde, como hemos visto, a la dilatación de la ecúmene realizada por Posidonio (y aceptada por Ptolomeo), mientras que el segundo dato, el resultado de dividir 700 entre 500, probablemente depende del redondeo del segundo valor[458].

---

453 *Scholia in Apollonium Rhodium*, II, 675 = Posidonio, fr. 270 Edelstein Kidd.

454 La estadía de Posidonio en las costas atlánticas de la península ibérica y en concreto en Cádiz la menciona Estrabón en muchas partes, por ejemplo en *Geographica*, III, v, 10. El viaje a Mauritania también lo recuerda Estrabón (*Geographica*, XVII, iii, 4).

455 Estrabón (*Geographica*, II, ii, 1). El diccionario-enciclopedia bizantino *Suda*, (*s. v.* Ποσειδώνιος) cita un tratado titulado *Sobre el Océano y las regiones que lo bordean*, atribuyéndoselo a un por lo demás desconocido Posidonio de Olbia, pero muy probablemente se trata de la misma obra.

456 En realidad, se empleaban otros paralelos que requerían ulteriores cálculos (banales).

457 Ver arriba, pp. 141-142.

458 Dividiendo 700 por 1,428 se obtiene cerca de 490,2: Posidonio podría haber redondeado a 500 un valor parecido a este.

Por lo tanto, muy probablemente, el cálculo sobre la longitud del estadio hecho en la p. 167 contenga un pequeño error debido a no haber tenido en cuenta el redondeo. De tal forma, es más que probable que el valor del estadio fuese justo el de 157,5 metros, el mayoritariamente aceptado por los estudiosos[459].

Nuestra reconstrucción también explica cómo fue posible que se rechazase la medida de Eratóstenes de la circunferencia de la Tierra, a pesar de la autoridad de Eratóstenes y la fama de su resultado. Este rechazo fue posible porque se apeló a una autoridad considerada superior: la de Hiparco, famoso no solo como grandísimo astrónomo y geógrafo sino también por sus críticas a Eratóstenes.

Después de Posidonio, la identificación de las islas Afortunadas con las Canarias fue por lo general bien recibida: entre los autores que la hacen suya tenemos a Pomponio Mela[460] y Plinio el Viejo[461]; probablemente también aparecía en los textos de geografía del rey de Mauritania Juba II, vasallo de Roma, citado como fuente por Plinio[462]. El abandono del uso de las coordenadas y el derrumbe de los conocimientos geográficos relativos a las regiones lejanas del Estado romano hicieron muy difícil reconocer el error en la identificación.

Ptolomeo no desmiente la identificación de las islas Afortunadas con las Canarias, pero hace evidente el error cuando, tras siglos de abandono, recupera el sistema de coordenadas transcribiendo longitudes y latitudes de las antiguas «islas Afortunadas». También asume como datos conocidos la amplitud de 180° de su ecúmene y la nueva «medida corta» de la Tierra. Sin embargo, presumiblemente a él le debemos el largo trabajo necesario para determinar las longitudes de miles de localidades en

459 El cálculo realizado en la p. 167 habría dado como resultado el valor de 157,5 si, en vez de 500 estadios por grado, hubiésemos asumido para un círculo máximo de la Tierra la longitud de 494 estadios por grado: de tal forma obtenemos nuevamente un valor ligeramente inferior a 500 que Posidonio podría haber redondeado a 500.

460 Pomponio Mela, *Chorographia*, III, 102.

461 Plinio, *Naturalis Historia*, VI, 202-205.

462 Hay una opinión generalizada de que Juba habría organizado un viaje de exploración a las Canarias. Pero véase arriba, p. 131, nota 293.

sobre la base de unos pocos datos astronómicos y muchas distancias a lo largo de los paralelos.

Ptolomeo nos aclara que primero empleó los datos astronómicos, que consideraba más fiables, y después los demás[463]. Dentro de la primera categoría no solo estaba la amplitud en longitud de toda la ecúmene, sino también otros datos, tomados tanto de Hiparco como de otras fuentes. Ejemplo de dato extraído de Hiparco es, como veremos, la diferencia de longitud entre las islas Afortunadas y Tule. Ejemplo del segundo tipo es la diferencia de longitud entre Arbela y Cartago, ciudades en las que el mismo eclipse lunar pudo ser observado respectivamente en la quinta y en la segunda hora[464]. Ptolomeo se refiere al famoso eclipse lunar del 331 a. C., visto en Arbela poco antes de iniciarse la batalla entre Alejandro Magno y Darío III (eclipse interpretado de varias formas como presagio por persas y macedonios y citado por diversos autores). El dato proviene de antiguas fuentes muy poco precisas, como también lo evidencia el número entero de horas con las que se expresan los tiempos locales[465]. Además, Ptolomeo afirma haber utilizado a veces la información, extraída de varias fuentes, de que dos localidades se hallaban sobre el mismo meridiano[466]: por tanto, los eventuales errores en las longitudes fueron de tal modo transmitidos a lo largo de los meridianos.

Ahora está claro el procedimiento usado por Ptolomeo[467]. Habiendo privilegiado los datos astronómicos, había subdivi-

---

463 Ver arriba, pp. 187-188.

464 Ver arriba, p. 187. En la *Geographia* de Ptolomeo, este es el único ejemplo explícito de empleo del método de Hiparco para la medición de una diferencia de longitud.

465 La diferencia de longitud que asigna Ptolomeo entre las dos ciudades (45° 10') corresponde casi exactamente con las tres horas de diferencia entre los tiempos locales (a parte de los 10', debidos a algún ajuste del que no es posible rastrear la causa), mientras que la diferencia real es de 33° 41'; dilatándola con el factor 1,428 se habrían obtenido unos 48°.

466 Ptolomeo, *Geographia*, I, 4, 1.

467 En la edición italiana de este libro había asumido que Ptolomeo obtuvo las longitudes de todas las localidades consideradas dividiendo los 180° de la ecúmene en partes proporcionales a las distancias en estadios a lo largo de los paralelos, sin usar ningún otro dato astronómico. Las consideraciones siguientes, estimuladas por los resultados expuestos en [Shcheglov ELPG], son tratadas en gran parte por [Russo FRHGK].

dido la ecúmene, a la que asignaba la amplitud total de 180°, en sectores de los cuales pensaba conocer su amplitud en longitud con base en tales datos (a veces errados, como en el caso de Arbela y Cartago) y, después, había determinado las longitudes de las localidades intermedias dividiendo dicha amplitud en partes proporcionales a las distancias a lo largo de los paralelos.

Analizando las longitudes referidas por Ptolomeo, se comprueba efectivamente que la ecúmene puede dividirse en sectores: en cada uno de los sectores, el método de regresión lineal genera una recta de regresión con un valor de R^2 muy cercano a 1, pero los factores de dilatación (es decir, la pendiente de las rectas) cambian de sector a sector[468], oscilando en torno al valor medio determinado por la dilatación de toda la ecúmene (1,428). También la recta de regresión general tiene un R^2 cercano a 1 y un factor de dilatación equivalente al de toda la ecúmene, como hemos verificado en la p. 182 (nota 429).

Sobre la base de la reconstrucción hecha, en los confines entre las diversas zonas debería haber localidades de las que Ptolomeo considera que conoce la longitud basándose en datos astronómicos. Naturalmente, sin conocer los datos que usó, en general no se pueden identificar estas localidades, pero se puede proponer una hipótesis razonable en el caso de la única diferencia de longitud asumida sobre bases astronómicas, citada explícitamente por Ptolomeo: la que hay entre Arbela y Cartago. Dado que la longitud asignada por Ptolomeo a Arbela es casi exactamente la prevista por la recta de regresión, mientras que la de Cartago se aparta notablemente (cerca de tres grados), debemos pensar que el error debido al erróneo dato astronómico ha alterado la longitud asignada a Cartago. Este error pudo haber causado la fractura del Mediterráneo en dos zonas, llevando a dilatar las longitudes de manera netamente distinta al oeste y al este de Cartago, como en efecto ha verificado Shcheglov[469].

468 [Shcheglov ELPG].

469 En [Shcheglov ELPG] se hace notar que el Mediterráneo puede diferenciarse en dos zonas con factores de dilatación muy distintos, divididas por un meridiano cuya longitud (poco más de 10° desde Greenwich) equivale aproximadamente a la de Cartago.

En conclusión, la tesis de que los errores de Ptolomeo derivan de la errónea identificación (que se retrotrae a Posidonio) de las islas Afortunadas conduce a un escenario coherente capaz de explicar muchas cosas, pero para aceptarla se necesitan otras pruebas.

Buscando las antiguas «islas Afortunadas»...

La tesis de que el nombre «islas Afortunadas» (en griego μακάρων νῆσοι, esto es, «islas de los Bienaventurados»), atribuido en época romana a las Canarias, indicaba previamente islas mucho más lejanas del Mediterráneo se puede comprobar examinando las obras en las que se habla de estas islas[470].

Muchos autores, y siempre los más antiguos, usan la expresión «islas Afortunadas» en un evidente contexto mítico: este es el caso, en particular, de Hesíodo (el primero en hablar de ellas) y de Píndaro[471]. Las características esenciales del mito son la gran lejanía, la riqueza de la vegetación (que permite vivir sin trabajar), la bonanza del clima y, sobre todo, la eterna juventud de sus habitantes y la ausencia de la muerte. El mito surge de la noticia de lejanas islas tropicales donde la abundante vegetación va acompañada de la ausencia del ciclo estacional, que sugiere la idea del cese en el fluir del tiempo. Píndaro evidencia este origen cuando, presentando aquellos lugares felices, precisa que allí los días y las noches siempre tienen la misma duración[472].

Como sabemos, con el nombre de «islas Afortunadas», los autores de época romana no se referían en absoluto a lugares míticos, sino sencillamente al archipiélago de las Canarias.

Una tercera categoría de fuentes, más interesante para nosotros, evita cualquier referencia mitológica, pero claramente no

470 Un buen libro en el que se realiza un examen de este tipo, utilizado en la redacción de este parágrafo, es [Manfredi].

471 Hesíodo, *Trabajos y días*, 166-173; Pindaro, *Olímpica II*, 61-76.

472 ἴσαις δὲ νύκτεσσιν αἰεί, / ἴσαις δ' ἁμέραις ἅλιον ἔχοντες (Píndaro, *Olimpica* II, 61-62).

habla de las Canarias. Podemos considerar como primer autor de esta categoría a Diodoro Sículo, que a mediados del siglo I a. C. describe una isla a la que no da nombre pero asigna muchas características similares a las islas Afortunadas del mito, aportando precisa información de carácter geográfico e histórico:

> A lo largo de Libia[473], en alta mar, hay una isla de notable extensión que, en medio del océano, dista de Libia muchos días de navegación hacia occidente. Tiene un terreno fértil, en gran parte montañoso, pero también una llanura no pequeña de belleza excepcional. La atraviesan ríos navegables que la irrigan y tiene muchos parques plantados con árboles de cada especie y un gran número de jardines regados con agua dulce. En ella también hay villas edificadas suntuosamente y en los jardines entre las flores han sido construidos lugares de reposo, donde los habitantes pasan el tiempo estivo, pues la tierra proporciona en abundancia todo lo que otorga placer y lujo.
>
> La parte montañosa tiene grandes y densos bosques y árboles frutales de toda especie y valles y muchas corrientes que invitan a vivir entre los montes. En definitiva, esta isla está irrigada de corrientes de agua dulce de las que proviene no solo goce placentero para quienes allí viven, sino también una contribución a la salud y al vigor de los cuerpos. Hay también rica carne de caza de cualquier tipo de animal silvestre y los habitantes, estando bien provistos de venado para sus fiestas, no carecen de bien o lujo alguno. De hecho, también el mar que baña la isla es rico en peces, pues el océano por naturaleza abunda en peces de cualquier género.
>
> En fin, esta isla tiene un clima tan dulce que produce en abundancia durante la mayor parte del año frutos de los árboles y los demás frutos de estación y por eso se diría que por su excepcional felicidad es residencia de dioses y no de hombres.

473 El nombre de Libia se usaba para todo lo que hoy día entendemos por África.

> En los tiempos antiguos era desconocida por su distancia del mundo habitado, pero fue descubierta posteriormente por la siguiente razón[474].

Diodoro abre aquí un paréntesis para recordar que los fenicios, tras haber fundado muchas colonias en África y en la parte occidental de Europa, comenzaron a navegar más allá de las columnas de Hércules, donde concretamente fundaron Gadir (actual Cádiz) con el gran templo dedicado a Melqart (divinidad que Diodoro, como era habitual entre los griegos, identifica con Heracles). Después regresa al motivo que llevó al descubrimiento de la isla:

> Los fenicios, mientras exploraban la costa más allá de las columnas de Hércules por las razones que hemos dicho, navegando a lo largo de la costa de Libia, fueron arrastrados mucha distancia a traves del océano por un fuerte viento y, tras haber estado durante muchos días a merced de la tempestad, fueron empujados hacia la costa de la isla de la que hemos hablado antes y, habiendo observado la feliz condición y naturaleza, informaron a todos. Y así los etruscos, que en aquellos tiempos dominaban el mar, se propusieron enviar una colonia, pero los cartagineses se lo impidieron, en parte por el temor a que muchos cartagineses se trasladasen por las cualidades de la isla, en parte para establecer allí un refugio contra la imprevisibilidad de la suerte, en el caso de que una catástrofe total se abatiese sobre Cartago. De hecho, pensaban que dominando el mar podrían trasladarse con sus pertenecias a una isla desconocida para sus conquistadores[475].

Evidentemente, Diodoro se refiere a lugares que considera reales; el resto de islas de las que habla antes y después son por lo demás identificables con razonable certeza.

---

474 Diodoro Sículo, *Bibliotheca historica,* V, xix, 1-xx, 1.

475 Ivi, V, 20, 3-4.

La obra pseudoaristotélica *De Mirabilibus Auscultationibus* contiene un pasaje con fuertes analogías con el que acabamos de exponer de Diodoro:

> Dicen que en el mar más allá de las columnas de Hércules los cartagineses han encontrado una isla deshabitada, con bosques de todo tipo y ríos navegables, rica en variedad de frutos, a varios días de navegación desde tierra firme. Desde que los cartagineses comenzasen a ir, a menudo por su prosperidad, y de que algunos se instalasen allí, los sufetes de Cartago prohibieron, bajo pena de muerte, ir hacia aquella isla, y habrían exterminado a los habitantes para que la noticia no se difundiese y la población no se alzase contra ellos adueñándose de la isla eliminando así la posesión a los cartagineses[476].

Plutarco, en su *Vida de Sertorio,* habla explícitamente de «islas de los Bienaventurados», que evidentemente considera mucho más lejanas que las Canarias:

> Tras zarpar de allí y atraversar el estrecho de Cádiz, [Sertorio] navegó manteniendo la costa de Iberia a su derecha, arribando un poco por encima de la desembocadura del río Betis[477], el cual zambulléndose en el océano Atlántico da nombre a aquella zona de Iberia. Allí lo encontraron marineros llegados hace poco de las islas atlánticas, dos separadas por un pequeño estrecho, que distan diez mil estadios desde Libia y llamadas «de los Bienaventurados». De lluvias escasas y moderadas, de vientos ligeros portadores de rocío, no solo dispone de tierra buena y gruesa, apta para arar y plantar, sino que también produce un fruto espontáneo suficiente para nutrir a los habitantes abundante y agradablemente, sin fatiga o trabajo, dejándoles mucho tiempo libre. Dada la pequeña diferencia entre las estaciones y su dul-

476 Pseudo-Aristóteles, *De Mirabilibus Auscultationibus*, 84 (836b, 30-837a, 7).
477 El actual Guadalquivir.

zura al cambiar, el buen tiempo predomina en las islas. De hecho los vientos del norte y del este, que provienen de esta parte del mundo, llevados a través de un espacio inmenso se disipan y mitigan, mientras que los vientos marinos meridionales y occidentales que las envuelven llevan ocasionalmente lluvias moderadas y esporádicas que por lo general nutren el terreno refrescándolo con aire húmedo y limpio, con lo que también entre los bárbaros se ha difundido la creencia de que allí se encuentran los Campos Elíseos y la sede de los bienaventurados que Homero cantase.

> Oyendo todo aquello Sertorio tuvo un extraordinario deseo de establecerse en aquellas islas y vivir en paz, lejos de la tiranía y las incesantes guerras[478].

Este testimonio es interesante sobre todo porque parece documentar que, durante la época romana, desde los puertos atlánticos de la península ibérica y en particular desde Cádiz aún partían navíos con rutas a destinos que las élites del Estado romano desconocían.

Algunos autores tardíos, a pesar de utilizar el nombre de islas Afortunadas para las Canarias, como era habitual en su época, conservaban sin embargo el recuerdo de otras islas, bastante más lejanas océano adentro, a las que generalmente llamaban Hespérides (es decir, «Occidentales»). Por ejemplo, Solino, quizás alrededor del 200 d. C., justo antes de hablar de las islas Afortunadas, que él también identifica con las Canarias, escribe:

> Mas allá de las Gorgades, a cuarenta días de navegación, en lo más recóndito del mar se hallan las islas Hespérides, como afirma Seboso[479].

---

478 Plutarco, *Vita Sertorii*, 8.

479 *Ultra Gorgadas Hesperidum insulae, sicut Sebosus adfirmat, dierum quadraginta nauigatione in intimos maris sinus recesserunt* (Solino, *Collectanea Rerum Memorabilium*, LVI, 13 ss.). Estacio Seboso es un autor de obras sobre geografía del que no sabemos casi nada. Plinio, que lo cita otras dos veces, refiere que Seboso habría afirmado que las islas Hespérides se encuentran más allá de las Gorgades, a cuarenta días de navegación (*Naturalis Historia*, VI, 201). Se ha pensado que la fuente de Seboso podría ser Juba II.

Marciano Capela, también en el siglo v d. C., antepone a las habituales informaciones sobre las islas Afortunadas, identificadas con las Canarias, un pasaje muy similar al anterior:

> También se hallan las islas Gorgades, frente a un promontorio llamado Cuerno de Occidente; se dice que allí habitaban las Gorgades; se encuentran a dos días de navegación del continente. Más allá están las islas Hespérides, situadas en lo más recóndito del mar[480].

En definitiva, los testimonios examinados hasta ahora no dejan lugar a dudas sobre el hecho de que el de islas Afortunadas era un nombre usado en época arcaica y clásica para un lugar relacionado con un antiguo mito surgido de vagas noticias de localidades tropicales y que sucesivamente también se usó para realidades geográficas, y de que, en este segundo caso, antes de su identificación con las Canarias, era un topónimo utilizado para islas mucho más lejanas de la costa y con características morfológicas, climáticas y ecológicas muy distintas de las del archipiélago canario. Naturalmente, las fuentes examinadas dejan muchas más dudas sobre su ubicación real. Tras haber examinado las fuentes y en particular el citado pasaje de Diodoro Sículo, Valerio Massimo Manfredi concluye:

> La isla del Atlántico de la que habla Diodoro Sículo y cuya descripción hemos mostrado en este libro podría identificarse con Madeira no sin notables problemas interpretativos, pero, si pudiéramos identificarla con una de las Antillas o de las Bahamas, todos los problemas relacionados con la descripción de características morfológicas desaparecerían y todos los detalles de la descripción podrían aceptarse sin dificultad[481].

---

480 *Sunt et Gorgades insulae obversae promuntorio, quod vocatur Hesperu ceras; has incoluisse Gorgonas ferunt, in quas a continenti biduo navigatur. Ultra has Hesperidum insulae, quae in intimo admodum mari sunt* (Marciano Capela, *De nuptiis Philologiae et Mercurii*, VI, 702).

481 [Manfredi], p. 204.

Es, en efecto, posible verificar, e incluso precisar, la hipótesis propuesta por Manfredi sobre la base de las descripciones de las fuentes clásicas. Si se interpretan las coordenadas que indica Ptolomeo a la luz de nuestra reconstrucción del origen de su doble error, podemos fácilmente calcular las coordenadas asignadas a las islas Afortunadas por su fuente. Sabemos que, para dicha fuente (con toda probabilidad Hiparco), las islas se situaban sobre el meridiano opuesto al que Ptolomeo asigna la longitud de 180°. La longitud desde Greenwich de este último meridiano se puede obtener (como es obvio, aproximadamente) por la recta de regresión hallada en la p. 163 resolviendo la ecuación:

$$180 = 1{,}428x + 17{,}06.$$

Obtenemos así que la extremidad oriental de la ecúmene de Ptolomeo (y de sus fuentes) estaba en la longitud 114,1°, es decir, 114° 6′ E. Para el meridiano opuesto, sobre el que estaban las islas Afortunadas originales, obtenemos el valor 65° 54′ W.

Cabe señalar que no sería igual de eficiente identificar el límite oriental de la ecúmene utilizando para la capital de China los datos referidos en la *Geographia*. De hecho, no nos interesa la longitud real de las localidades que la fuente de Ptolomeo consideraba sitas en la extremidad oriental de la ecúmene, sino la longitud a la que dicha fuente consideraba que estaban. La diferencia podría no ser insignificante, pues es posible que, durante el período helenístico, el error en las coordenadas conocidas de ciudades chinas fuese relevante. En cambio, el método que hemos seguido se basa únicamente en los datos de nuestra muestra, ciudades cuyas coordenadas ciertamente se conocían mucho mejor. Naturalmente, dado que hemos extrapolado la recta mucho más allá de las regiones representadas en la muestra y que, por otro lado, las longitudes de islas en el océano Atlántico presumiblemente no se conocían con mucha precisión, no podemos esperar alcanzar una exactitud equivalente a la que pudimos verificar con las ciudades de la muestra.

Podemos esperar un error menor en las latitudes, ya que eran mensurables más fácilmente y tuvieron que ser directamente transcritas de la fuente helenística.

Las coordenadas de las seis islas Afortunadas referidas por Ptolomeo[482],

$$(0°, 16° N), \quad (1°, 15° 15' N), \quad (0°, 14° 15' N),$$
$$(0°, 12° 30' N), \quad (1°, 11° N), \quad (0°, 10° 30' N),$$

sustituyendo las longitudes con las que acabamos de calcular, en nuestra notación se convierten en:

$$(65° 54' W, 16° N), \quad (64° 54' W, 15° 15' N), \quad (65° 54' W, 14° 15' N),$$
$$(65° 54' W, 12° 30' N), \quad (64° 54' W, 11° N), \quad (65° 54' W, 10° 30' N).$$

Las ubicaciones con estas coordenadas se muestran en la imagen 21. El hecho de que, en esa zona, efectivamente haya un archipiélago con características similares a las transmitidas por Ptolomeo proporciona una confirmación decisiva a nuestra reconstrucción. Las dimensiones que Ptolomeo asigna al archipiélago (1° de longitud y 5,5° de latitud), de hecho, se corresponden bien con las dimensiones reales de las Antillas Menores[483], la diferencia entre las latitudes es pequeña e incluso la existente entre las longitudes no es tan grande como podríamos haber supuesto. Si, en vez de nuestra recta de regresión, hubiésemos usado la hallada por Shcheglov, basada en una muestra más amplia, habríamos obtenido localidades casi medio grado más al este, aún más cerca de las Antillas Menores. El error aumenta, comprensiblemente, con el incremento de dificultad en las mediciones: es mínimo en las dimensiones del archipiélago (que se podían obtener con las distancias medidas por los marineros en el lugar); un poco más grande es el error relativo a las lati-

482 Ptolomeo, *Geographia*, IV, 6, 34.
483 Para simplificar utilizaremos este nombre para indicar el subconjunto de las Antillas Menores que más propiamente es denominado «islas de Barlovento».

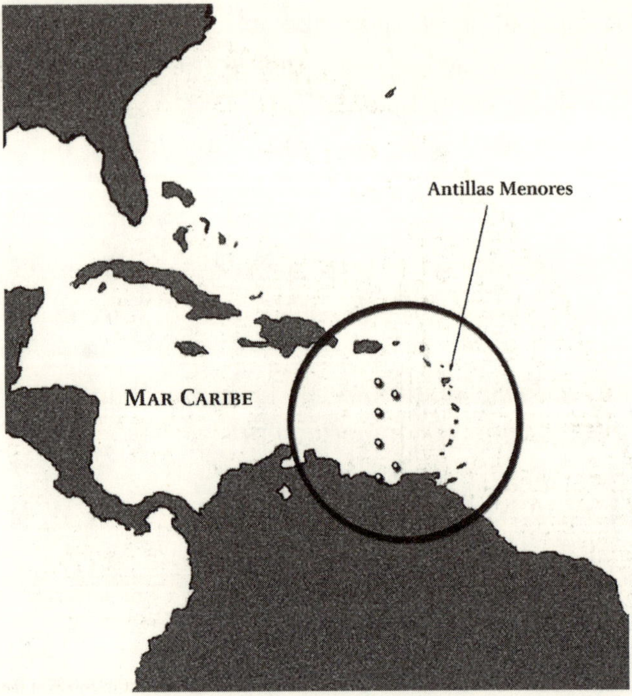

Imagen 21. Los circulitos representan la ubicación de las islas Afortunadas con las coordenadas reconstruidas.

tudes, que deben medirse con métodos astronómicos; el mayor error es el que tiene que ver con las longitudes, no solo difíciles de medir, sino reconstruidas por nosotros de manera indirecta.

Quizás Hiparco había usado de manera más restrictiva la denominación de islas Afortunadas, que, a juicio de las fuentes leídas en el parágrafo anterior, también se había usado para otras islas más grandes.

Terminamos el parágrafo con una curiosidad. En 1911, el famoso explorador, científico y político noruego Fridtjof Nansen representó en la siguiente imagen [n.º 22] su reconstrucción de las concepciones geográficas nórdicas[484]. La imagen representa como islas las tierras americanas descubiertas por navegantes vikingos procedentes de Groenlandia: Helluland, Markland y

484 [Nansen], vol. II, p. 2. La imagen también está presente en [Chiesa], p. 48.

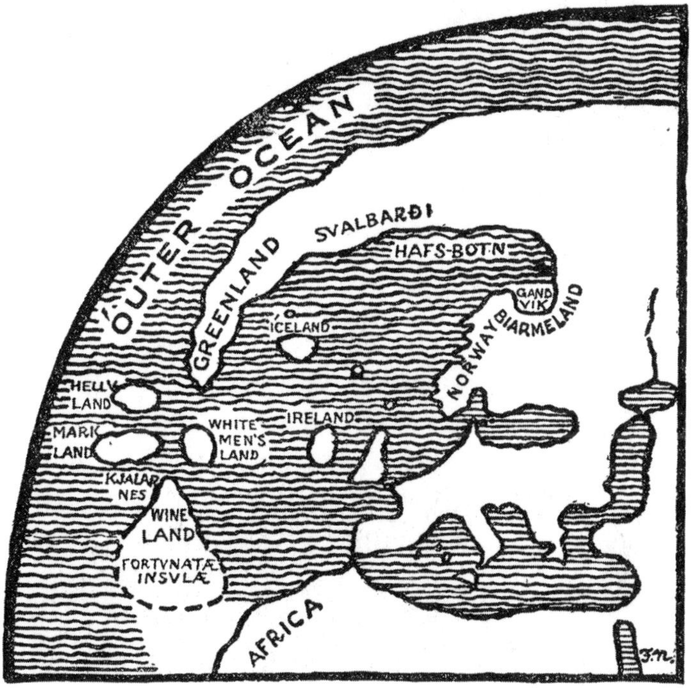

Imagen 22. Representación de las concepciones geográficas nórdicas según la reconstrucción de Nansen.

Vinland (aquí escrita Wineland); las islas Afortunadas aparecen unidas a Vinland, constituyendo su parte meridional. No siendo un experto en cultura nórdica, no puedo juzgar la fiabilidad de la reconstrucción; por ello, no sé si la idea de colocar las islas Afortunadas en América es de Nansen o si realmente procede de la literatura nórdica, pero, en cualquier caso, la imagen demuestra que no se trata de una novedad. En la imagen, sin embargo, las islas Afortunadas también son colocadas prácticamente frente a la costa africana, evidentemente porque se acepta su identificación con las Canarias. La coexistencia de las dos ubicaciones obliga, por lo tanto, a cerrar el océano Atlántico en esa latitud, reduciéndolo a la categoría de mar interior.

Para devolver al Atlántico su naturaleza de océano es necesario distinguir entre los dos archipiélagos que en diferentes épocas habían sido identificados con las islas Afortunadas.

Otras dos confirmaciones

Una importante confirmación a la reconstrucción propuesta la encontramos en un texto bizantino que conserva las afirmaciones malentendidas por Posidonio y Ptolomeo.

Simeón Seth, médico y erudito, así como *protovestiario* del emperador Miguel VII Ducas, es un interesante intelectual bizantino del siglo XI. En la sección relativa a geografía matemática de su pequeño tratado de ciencias naturales, *Conspectus rerum naturalium*[485], explica que las diferencias de longitud pueden expresarse como intervalos de horas entre los tiempos locales y expone el método ideado por Hiparco para calcularlas justo sobre la base del registro de diferentes tiempos de observación del mismo eclipse lunar. Después, a propósito de las dimensiones de la Tierra, escribe:

> Sobre el tamaño de la Tierra habían surgido muchas opiniones, pero después todos concordaron en que su circunferencia máxima es de doscientos cincuenta mil estadios, demostrando dicho resultado con método geométrico[486].

Seth afirma que todos aceptan las dimensiones de la Tierra determinadas por Eratóstenes (la diferencia entre los 252 000 estadios, citados por casi todas las fuentes, y la cifra redondeada referida por Cleómedes de 250 000 es, obviamente, poco relevante aquí), pese a que la «medida corta» de 180 000 estadios llevaba muchos siglos adoptada. Esta rareza solo puede explicarse suponiendo que el pasaje siga de cerca (posiblemente a través de fuentes intermedias) a una fuente helenística. Dado que, un poco antes, Seth había expuesto el método de Hiparco para medir las longitudes, en ausencia de geógrafos helenísticos pos-

485 Σύνοψις τῶν φυσικῶν, publicado en [Delatte], pp. 17-89. Una selección de pasajes de esta obra constituye la *Historia Terrae* erróneamente atribuida a Nicéforo Blemides y publicada en [GGM], vol. II, pp. 469-470.

486 Περὶ δὲ τοῦ μεγέθους τῆς γῆς πολλαὶ γεγόνασι δόξαι, ἀπεφήναντο δὲ ὕστερον πάντες ὡς σταδίων μυριάδων εἴκοσι πέντε ἐστὶν ἡ ὅλη περίμετρος αὐτῆς, ἀποδείξαντες τὸ τοιοῦτον διὰ μεθόδων γεωμετρικῶν (Simeón Seth, *Conspectus rerum naturalium*, I, 7).

teriores, debemos pensar que su fuente última es efectivamente Hiparco. En cuanto a la fuente intermedia, un posible candidato es Juan Filópono, ya que más adelante, en el mismo tratado, Seth cita un pasaje suyo que no recoge ningún otro autor[487].

Seth escribe a continuación:

> La parte habitable conocida de la Tierra termina a oriente en una ciudad de los chinos llamada Sera[488]. Se ha comprobado, de hecho, que más allá hay pantanos y cañaverales y ningún camino que lleve a regiones más orientales [...]. Hacia occidente, el mundo habitado termina allende España, en el océano Occidental en el que se zambulle nuestro mar. Sin embargo, a un millar de millas de distancia de tierra se encuentran las islas conocidas como Afortunadas, antaño habitadas y envidiadas por la salubridad del aire y su abundancia, ahora deshabitadas [...][489]. La amplitud de la ecúmene cubre un intervalo de doce horas. De hecho, cuando el Sol sale en la ciudad de Sera, se pone en las islas Afortunadas[490].

Obviamente, la última frase, que explica de manera muy visual la diferencia de doce horas entre tiempos locales, es solo rigurosamente cierta durante los equinoccios, pero es un detalle poco significativo. Con toda seguridad, la apabullante ingenui-

487 Ivi, III, 36. Sobre el probable conocimiento de obras de Hiparco por parte de Filópono, ver arriba, p. 153.

488 La palabra Σήρα (*Sera*) en griego clásico significa sencillamente «china». Podemos hipotetizar que la fuente de Seth indicaba esta ciudad con el término Σήρα μητρόπολις («metrópolis china», es decir, capital de China), usado por Ptolomeo en su *Geographia*, y que Seth (que usa otro término para «chino») lo entendiese como el nombre de la ciudad.

489 καὶ ἡ ἐγνωσμένη οἴκησις ἐν τῇ γῇ κατὰ μὲν τὴν ἀνατολὴν τελευτᾷ ἐν πόλει τινὶ τῶν Σίνων λεγομένῃ Σήρᾳ. τὰ γοῦν ἐπέκεινα ταύτης, ὡς ἱστοροῦσι, τέλματά εἰσι καὶ κάλαμοι καὶ δίοδος ἀπ'αὐτῆς ἀνατολικωτέρα οὐκ ἔστιν. [...]. κατὰ δὲ τὴν δύσιν τελευτᾷ ἡ οἴκησις ἐπέκεινα τῆς Ἱσπανίας πρὸς τῷ δυτικῷ ὠκεανῷ, εἰς ὃν ἐμβάλλει αὕτη ἡ καθ' ἡμᾶς θάλασσα. ἀπέχουσι δὲ ὅσον χιλίων μιλίων διάστημα ἀπὸ τῆς γῆς αἱ λεγόμεναι τῶν Μακάρων νῆσοι, αἵτινες πρὶν οἰκούμεναι οὖσαι καὶ ἐπίφθονοι διά τε τὴν εὐκρασίαν τοῦ ἀέρος καὶ τὴν πολλὴν ἀφθονίαν, νῦν ἀοίκητοί εἰσι (Simeón Seth, *Conspectus rerum naturalium*, I, 8).

490 ἔστι δὲ τὸ μὲν μῆκος τῆς οἰκουμένης διάστημα ὡρῶν δώδεκα. ὅτε γὰρ ὁ ἥλιος ἀνατέλλει ἐν Σήρᾳ τῇ πόλει, δύνει ἐν ταῖς Μακάρων νήσοις· (Ivi, I, 12).

dad con que se consideran como insuperable límite oriental de la ecúmene los pantanos en torno a una particular ciudad china, como si estos pudiesen extenderse a lo largo de todo un meridiano, es propia de Seth.

El punto clave es que Seth no solo acepta al mismo tiempo la antigua medida de Eratóstenes de la circunferencia terrestre y el dato de que las islas Afortunadas están en el meridiano opuesto al de la ciudad china, sino que, en coherencia con estas dos nociones, también sabe que tales islas están muy lejos de las costas orientales del océano Atlántico. A pesar de que también mencione la noción, generalmente aceptada durante muchos siglos, de que a occidente la ecúmene termina justo después de las columnas de Hércules, Seth, claramente siguiendo a su fuente, añade justo después, sin captar la contradicción, que las islas Afortunadas estarían a mil millas de distancia desde la costa: una distancia inferior a la que hay hasta las Antillas, pero mucho mayor a la de las Canarias y el resto de las islas atlánticas con las que se había intentado identificarlas. Probablemente, con la cifra redonda de mil millas solo busca aludir a que es una distancia enorme. En cualquier caso, Seth posee y transmite elementos suficientes para ubicar correctamente las islas; sabe que están sobre el meridiano opuesto al de la capital de China y, puesto que, al contrario que Posidonio y Ptolomeo, no se engaña con las dimensiones de la Tierra, no altera la escala de las longitudes, con lo que este meridiano no puede más que pasar sobre el Caribe.

Las ideas que recoge Simeón Seth (que, como es evidente, utilizó una fuente de muy escasa difusión en su época) no fueron incorporadas por la cultura bizantina posterior. Si, en aquellos siglos, el retroceso de los conocimientos no hubiese continuado en Constantinopla y las nociones transmitidas por Simeón Seth hubiesen resultado claras para los eruditos bizantinos emigrados a Italia en el *quattrocento*, en tiempos de Colón se habrían propagado ideas correctas sobre las dimensiones de la Tierra y hoy no llamaríamos «indios» a los indígenas americanos.

Una confirmación más de nuestra reconstrucción, decisiva por su carácter cuantitativo, nos la dan los siguientes pasajes de Plinio, que hasta ahora no había sido posible interpretar:

> Esta porción nuestra de la Tierra a la que me estoy refiriendo se extiende muy lejos de oriente a occidente, como si flotara, según se ha dicho, en medio del océano que la rodea, es decir, desde la India hasta las columnas consagradas a Hércules en Gades[491]. [...] Acerca de la longitud y la latitud, estas son las cuestiones que consideraría dignas de mención. Ahora bien, Eratóstenes, quien destacó muy por encima de los demás por su agudeza en todos los saberes y por supuesto en este y al que veo que todos dan la razón, fijó la circunferencia máxima en 252 000 estadios [...]. Hiparco, estudioso que fue admirable tanto en su refutación a Eratóstenes como en el resto de las cuestiones de detalle, añadió a tal cifra algo menos de 26 000 estadios[492].

El problema radica en el hecho de que Hiparco había aceptado la medida de la Tierra obtenida por Eratóstenes, como Estrabón testimonia repetidamente[493], y es inconcebible que, en cambio, cometiese el notable error de aumentarla más de un 10 %. Evidentemente Plinio, como le pasa a menudo, se ha liado un poco. Sin embargo, no es muy difícil reconstruir el origen de su malentendido. Dado que, antes de nombrar a Eratóstenes, Plinio escribe largo y tendido sobre la amplitud del mundo conocido, recordando varias medidas de sus dimensiones, debemos pensar que su fuente, tratando el mismo tema, continuaba citando la medida de Eratóstenes (quien había calculado la longitud de la ecúmene a lo largo del paralelo de Atenas) y el añadido posterior debido a Hiparco. Plinio, viendo citada una medida de Eratóstenes, pensaría en su medida más famosa (seguramente la única de la que tenía noticia) y, por lo tanto, creyó errónea-

491 *Pars nostra terrarum, de qua memoro, ambienti, ut dictum est, oceano velut innatans longissime ab ortu ad occasum patet, hoc est ab India ad Herculis columnas Gadibus sacratas.* (Plinio, *Naturalis Historia*, II, 242).

492 *De longitudine ac latitudine haec sunt, quae digna memoratu putem. Universum autem circuitum Eratosthenes, in omnium quidem litterarum subtilitate, et in hac utique praeter ceteros sollers, quem cunctis probari video, CCLII milium stadiorum prodidit, [...]. Hipparchus, et in coarguendo eo, et in reliqua omni diligentia mirus, adicit stadiorum paulo minus XXVI milia* (Plinio, *Naturalis Historia*, II, 247).

493 Ver arriba, p. 152, nota 353.

mente que Hiparco había añadido 26 000 estadios a los 252 000 de la circunferencia terrestre. Según nuestra interpretación, en realidad, Hiparco había ampliado la extensión total de la ecúmene calculada por Eratóstenes (77 800 estadios a lo largo del paralelo de Atenas, 5000 de ellos a occidente de las columnas de Hércules[494]) añadiendo 26 000 estadios. Esta ampliación, de alrededor de un tercio, es demasiado grande como para ser interpretada como una corrección; más bien puede considerarse una actualización del mundo conocido incluyendo nuevos conocimientos geográficos.

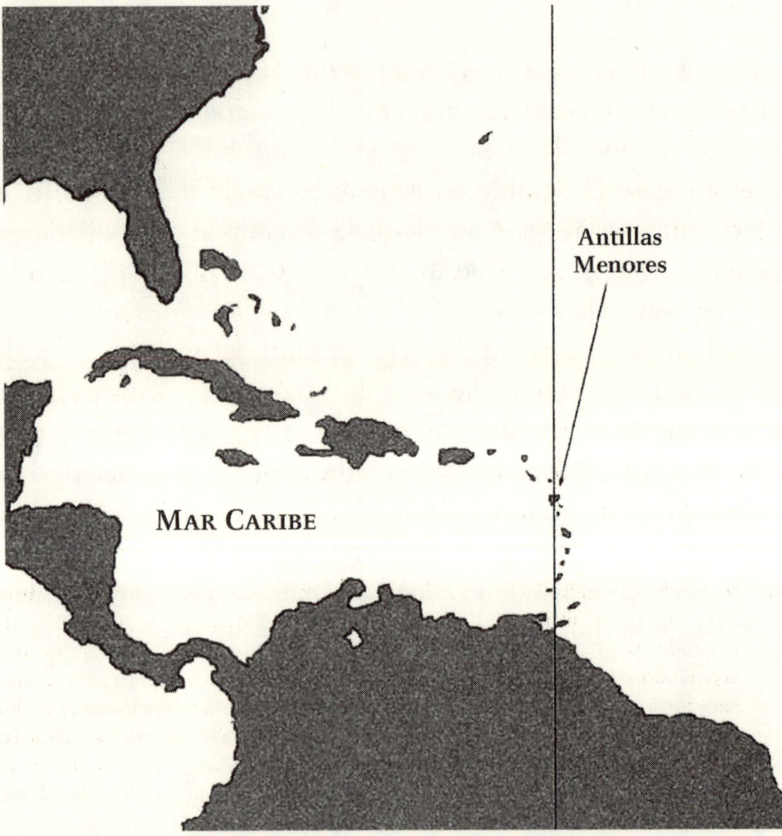

Imagen 23. El meridiano de longitud 61° 32' W.

494 Estrabón, *Geographica*, I, iv, 5.

Si se excluye la posibilidad de que estos nuevos conocimientos estuviesen relacionados con el océano Pacífico, sencillos cálculos muestran que Hiparco colocó el límite occidental del mundo conocido en la longitud 61° 32'[495]. Como muestra la imagen 23, se trata, con una precisión desconcertante, de la longitud media de las Antillas Menores, que obviamente fueron añadidas por Hiparco a las tierras conocidas.

El testimonio de Plinio es valioso porque confirma no solo nuestra identificación de las islas Afortunadas con las Antillas Menores, sino también que Hiparco conocía su longitud: dos confirmaciones aún más significativas puesto que preceden en alrededor de un siglo a la obra de Ptolomeo.

También hallamos Tule

En este parágrafo pondremos a prueba nuestra reconstrucción anterior afrontando con su ayuda la *vexata quaestio* de la identificación de la isla de Tule. Aunque su recuerdo ha migrado hacia la leyenda y en el imaginario colectivo permanece como símbolo de los extremos confines del mundo habitado, está claro que el lugar que Piteas llamó Tule y que visitó en su famoso viaje de exploración[496] era real.

Ptolomeo registra en su *Geographia* las coordenadas del centro de la isla, que estaría en la longitud 30° 20' y la latitud 63° N[497].

---

495 Un grado de longitud a lo largo del paralelo de Atenas, utilizando la medida de Eratóstenes del meridiano, equivale a unos 552 estadios (que se obtienen multiplicando 700 por el coseno de la latitud de Atenas, que vale alrededor de 0,788). Los 31 000 estadios a oeste de Gibraltar, obtenidos añadiendo 26 000 estadios a los 5000 ya incluidos por Eratóstenes, equivalen por lo tanto a casi 56,17° de longitud al oeste de Gibraltar, es decir, a la longitud 61° 32' W. En cambio, para Eratóstenes, el límite occidental de la ecúmene estaba en la longitud 14° 26', un meridiano que pasa entre las islas Canarias y toca ubicaciones de África occidental.

496 Ver arriba, p. 125.

497 Ptolomeo, *Geographia*, II, 3, 32. En otro lugar (VIII, 3, 3), Ptolomeo traduce estos datos en términos distintos, pero casi exactamente equivalentes, afirmando que el día más largo (durante el solsticio de verano) dura veinte horas en Tule y que su tiempo local difiere del de Alejandría en dos horas. Ptolomeo refiere también las coordenadas del extremo occidental, oriental y septentrio-

Traduciendo el primer dato mediante la recta de regresión de la p. 163, obtendremos nuestras coordenadas 9° 18' E, 63° N. De tal forma nos encontraríamos en plena Noruega, al suroeste de Trondheim. De hecho, se ha propuesto la identificación con Noruega, pero pocos estudiosos han aceptado la idea de que Piteas pudiera confundir una isla con una región del continente europeo. Por otro lado, a menudo, las longitudes anotadas por Ptolomeo en Europa septentrional se apartan notablemente de la recta de regresión hallada sobre la base de nuestra muestra.

Ptolomeo asigna a Tule una latitud inferior en un par de grados a la de las islas Orcadas y más o menos su misma longitud. Evidentemente, acepta la identificación de Tule con una de las Shetland, identificación que probablemente se retrotrae al viaje de exploración organizado por Julio Agrícola cuando era gobernador de Britania (desde el 77 hasta el 84 d. C.), del que nos informa Tácito[498]. Los marineros avistaron una de las Shetland, muy probablemente Mainland, y se convencieron de que se trataba de la Tule visitada por Piteas.

Como es obvio, la identificación de Tule con una de las Shetland (análoga a la de las islas Afortunadas con las Canarias) no se daba seis décadas antes, pues Estrabón afirma que nunca ningún autor de los que se dedicaron a las islas británicas incluyó Tule entre ellas[499]. Por otro lado, está claro que, con Tule, Piteas no se refería a una de las Shetland, ya que ninguno de los testimonios sobre su obra habla de un archipiélago. Aparte, la identificación con las Shetland es difícil de conciliar con la afirmación de Plinio de que Tule estaba a un día de navegación del *mar congelado*[500] y es refutada por las afirmaciones de Estrabón y Cleómedes de que estaba exactamente sobre el círculo polar ártico[501], es decir (utilizando la estimación habitual en

nal de la isla, pero nosotros obviaremos estos datos ya que el debate siguiente nos hará considerar que se obtuvieron de la identificación errónea de Tule con una de las islas del archipiélago británico.

498 Tácito, *Agricola*, x, 5.

499 Estrabón, *Geographica*, I, iv, 3.

500 Plinio, *Naturalis Historia*, IV, 104.

501 Estrabón, *Geographica*, II, v, 8; Cleómedes, *Caelestia*, I, 4, 222-223 (ed. Todd).

aquella época[502]), en la latitud 66° N, mientras que las Shetland están más o menos a 60° N.

¿Cómo es posible que Ptolomeo, contradiciendo afirmaciones que con seguridad provenían de Piteas, asigne a la isla la latitud de 63°? Podemos imaginar que, teniendo a su disposición fuentes helenísticas que colocaban Tule a 66° N y aceptando al mismo tiempo la identificación con las Shetland (propia de su época), que están a 60° N, queriendo alcanzar el «mejor acuerdo posible con los relatos más fiables»[503], optase por la media entre los dos datos.

Basándonos en los testimonios de Estrabón y Cleómedes, la Tule de Piteas era un lugar externo al archipiélago británico y ubicado en el círculo polar ártico.

Estrabón y Plinio informan que Tule estaba a seis días de navegación de Britania en dirección norte[504]. Dado que el extremo septentrional de Britania está aproximadamente sobre el paralelo 59° N, la diferencia de latitud con el círculo polar es de unos 7°, lo que corresponde a una distancia a lo largo del meridiano de unos 780 km. Considerar dicha distancia «seis días de navegación» equivale entonces a estimar en 130 km al día la velocidad media de navegación, razonable para embarcaciones de la época[505]. Sin embargo, no hay ninguna isla exactamente al norte de Britania en el círculo polar ártico. Dado que también en otros casos, como hemos visto, las proyecciones ortogonales usadas por los geógrafos del período helenístico fueron malinterpretadas por los autores de época imperial[506], es posible hipotetizar que la fuente de Estrabón y Plinio (presumiblemente Eratóstenes o Hiparco) lo que afirmaba no era que la isla se encontraba exactamente al norte de Britania a seis días de navegación, sino que,

---

502 La latitud del círculo polar ártico es por definición el ángulo complementario a la oblicuidad de la eclíptica, que tradicionalmente se estimaba en 24° (ver arriba, pp. 135-136). En realidad, en el período helenístico dicha oblicuidad era de 23° 44', pero para nuestros objetivos la diferencia de 16' es insignificante.

503 Véase el pasaje de Ptolomeo (*Geographia*, I, 4) mencionado en la p. 188.

504 Plinio, *Naturalis Historia*, II, 186; Estrabón, *Geographica*, I, iv, 2.

505 Véase, por ejemplo, [Piteas:Bianchetti], p. 152, donde la distancia media recorrida por una nave en tiempos de Piteas, basándose en varias fuentes, se estima de unos 120 a 150 km diarios.

506 Ver arriba, p. 173, nota 399.

partiendo desde Britania, se requería navegar durante seis días en dirección norte para alcanzar su paralelo; esto es, la fuente valoró en seis días de navegación la componente a lo largo del meridiano de la distancia entre Britania y Tule; por lo demás, el fragmento de Estrabón lo sugiere con bastante claridad[507].

Una búsqueda de la información sobre Tule presente en la literatura produce resultados análogos a los encontrados examinando los testimonios sobre las islas Afortunadas. También en este caso se puede diferenciar a los autores en tres categorías. Algunos hablan de Tule como un lugar imaginario (en concreto aquellos que se refieren a la narración de Antonio Diógenes *Los prodigios más allá de Tule*[508]). Muchos otros aceptan la identificación con las Shetland o en cualquier caso la sitúan en el archipiélago británico[509]. En la tercerca categoría, ademas de los testimonios directos sobre la obra de Piteas, hay diversos autores, también de la Antigüedad tardía y bizantinos, que preservan informaciones sobre un lugar real bien lejos de las islas británicas.

Elio Herodiano dice de ella que es una isla «grande en el Océano, hacia los hiperbóreos»[510], ciertamente una expresión inapropiada para una de las Shetland, y Dionisio el Periegeta dice que, para alcanzarla, es necesario realizar una larga travesía por el océano[511]. Procopio, durante el primer período bizantino, habla de las varias poblaciones que la habitaban y la considera *grandísima* (μεγίστη), precisando que su extensión es diez veces la de Britania[512]. De entre los testimonios de esta categoría, el más útil para la localizacion de Tule es el de Paulo Orosio, quien a comienzos del siglo v de nuestra era escribe:

---

507 Estrabón, de hecho, introduce la proposición «que Piteas dice está a seis días de navegación desde Britania» en un enunciado que tiene que ver con «el paralelo de Tule». Puesto que, en el texto griego, el pronombre asociado tiene el género gramatical femenino, seguramente Estrabón (o el copista) habla de la distancia entre Britania y Tule, pero, presumiblemente, la fuente se refería a la distancia entre Britania y el paralelo de Tule.

508 Regresaremos a esta obra de fantasía en las pp. 228-229.

509 En concreto, la Tule que se dice que fue conquistada por Vespasiano era claramente una de las islas británicas (Silio Itálico, *Punica*, III, 597).

510 Elio Herodiano, *De prosodia catholica*, 319, 9 (ed. Lentz).

511 Dionisio Periegeta, *Orbis Descriptio*, 580-581 ([GGM], vol. II, 141).

512 Procopio, *De bellis*, VI, xv, 4-5.

> Después, la isla de Tule, separada de las demás por un inmenso espacio y situada en medio del océano hacia el noroeste y conocida solo por unos pocos[513].

Orosio demuestra ser bien consciente de transmitir un conocimiento que en su época estaba reservado a unos pocos. En general, la tendencia a limitar la extensión del mundo conocido respecto a lo que se conocía durante el período helenístico (presumiblemente debido al deseo de minimizar el derrumbe en los conocimientos geográficos) no ha permitido dar crédito a este testimonio. Si le damos credibilidad, hay dos únicas candidatas con las que identificar la isla: Islandia y Groenlandia. Pero podemos excluir Islandia porque, en aquella época, estaba completamente deshabitada, mientras que sabemos que en Groenlandia había habitantes de cultura dorset y, según varias fuentes, Piteas encontró indígenas en Tule[514].

Ahora examinemos la longitud que Ptolomeo asigna a Tule a la luz del procedimiento reconstruido en los anteriores parágrafos.

Ptolomeo había obtenido sus longitudes de dos clases de datos: unos pocos de tipo astronómico (por lo general tomados de Hiparco), y muchas distancias a lo largo de los paralelos, al menos en gran parte procedentes de Eratóstenes, usadas para interpolar las longitudes de las localidades intermedias. ¿De cuál de las dos clases pudo haber sacado el dato relativo a Tule? Puesto que no conoce otras localidades sobre el paralelo de Tule, claramente no podía deducir su longitud con un procedimiento de interpolación y debió haberla cogido directamente de una fuente.

Diversos elementos nos permiten identicar la fuente con Hiparco. Estrabón, advirtiendo de que no tratará de las regiones a su parecer carentes de interés para el geógrafo por ser demasiado frías para ser habitadas, aconseja a los lectores interesados en tales regiones y en *otros argumentos astronómicos* la lectura

513 *Deinde insula Thyle, quae per infinitum a ceteris separata, circium uersus medio sita oceani, uix paucis nota habetur* (Paulo Orosio, *Historiarum adversus paganos libri VII*, I, ii, 79).

514 Cleómedes, *Caelestia*, I, 4, 210; Gémino, *Introducción a los fenómenos*, VI, 9; Cosmas Indicopleustes, *Topographia Christiana*, II, 80.

del tratado de Hiparco[515]. Podemos estar seguros de que, entre las regiones demasiado frías para interesar a Estrabón, Hiparco habría incluido a Tule, también porque en su única obra preservada cita a Piteas[516], y, dado que Estrabón juzga su tratamiento como un «argumento astronómico», podemos deducir que Hiparco proporcionó las coordenadas de Tule.

Ptolomeo, que podía leer el tratado de Hiparco y lo consideraba la mejor fuente sobre datos geográficos de naturaleza astronómica, no podía no haber transcrito la longitud de Tule. Con base en nuestra reconstrucción había, eso sí, interpretado mal el dato, porque inconscientemente había cambiado el meridiano de referencia. La longitud que él escribe, 30° 20', tiene en cambio que medirse a partir del límite occidental de la ecúmene según Hiparco, situado en nuestra notación a 65° 54' W. De tal forma llegamos a la longitud 35° 34' W. Combinándola con la latitud 66° N identificamos el punto señalado en la imagen 24.

El hecho de que tal punto coincida, con una aproximación óptima, con la intersección del círculo polar ártico con la costa oriental de Groenlandia es una importante confirmación no solo de la interpretación de la longitud de Tule que proporciona Ptolomeo, sino también, más en general, de nuestra reconstrucción del origen de sus errores.

Naturalmente, es necesario suponer que las coordenadas proporcionadas por Hiparco no se referían genéricamente a Tule, sino, más bien, al punto concreto de la isla en el cual desembarcó Piteas, que por lo demás no podría haber proporcionado otras coordenadas.

Quedan, como es natural, algunas dudas. En particular, podemos preguntarnos cómo fue posible determinar la longitud de una ubicación tan remota con un error tan pequeño. Sin embargo, no podemos excluir una determinación relativamente precisa de la longitud. Piteas era bien conocido como astrónomo y Estrabón nos dice:

515 Estrabón, *Geographica*, II, v, 43.
516 Hiparco, *In Arati et Eudoxi phaenomena commentarii*, I, 4, 1.

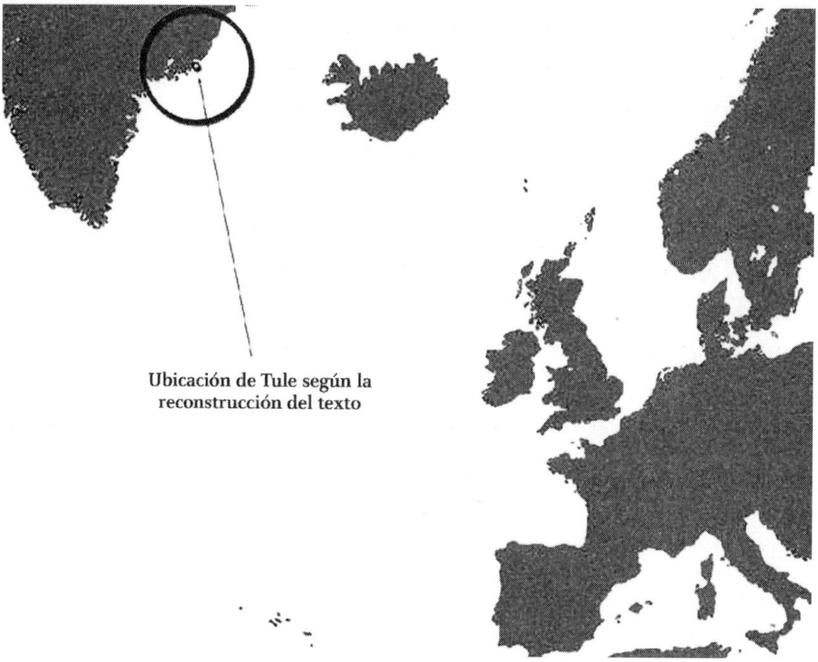

Imagen 24. El circulito indica el punto de coordenadas 35° 34' W, 66° N.

> ... Piteas de Massalia mintió acerca de las regiones bañadas por el océano usando como pretexto la búsqueda de argumentos astronómicos y matemáticos[517].

Además, parece que se entretuvo en el lugar el tiempo suficiente como para conseguir aprender la lengua de los indígenas y dialogar con ellos[518]. Por lo tanto, es posible que en su narración hubiese descrito un eclipse lunar y que Hiparco hubiese tenido la idea de usar este dato para determinar la longitud de Tule. Obviamente, solo se trata de una posibilidad teórica y se podrían imaginar otras. En todo caso, no es plausible que la precisión que hemos verificado sea fruto de la casualidad.

---

517 ... Πυθέας ὁ Μασσαλιώτης κατεψεύσατο ταῦτα τῆς παρωκεανίτιδος, προσχήματι χρώμενος τῇ περὶ τὰ οὐράνια καὶ τὰ μαθηματικὰ ἱστορίᾳ (Estrabón, *Geographica*, VII, iii, 1).

518 Gémino, *Introducción a los fenómenos*, VI, 9.

Se explica una cadena de errores

La identificación de las islas Afortunadas con las Canarias generó errores en cadena. Indujo a Ptolomeo (como, antes de él, a Posidonio y a Marino de Tiro) a confundir la escala de las longitudes y, consecuentemente, a reducir las dimensiones de la Tierra; además, causó el malentendido de la longitud de Tule y su identificación con las Shetland. Estas identificaciones erróneas, posteriormente, obligaron a Ptolomeo a deformar de otras formas diversas su descripción del mundo habitado, para hacer hueco en el mapa a estos extraños monstruos, nacidos de la hibridación de los antiguos datos con las nuevas localizaciones en el restringido mundo de época romana.

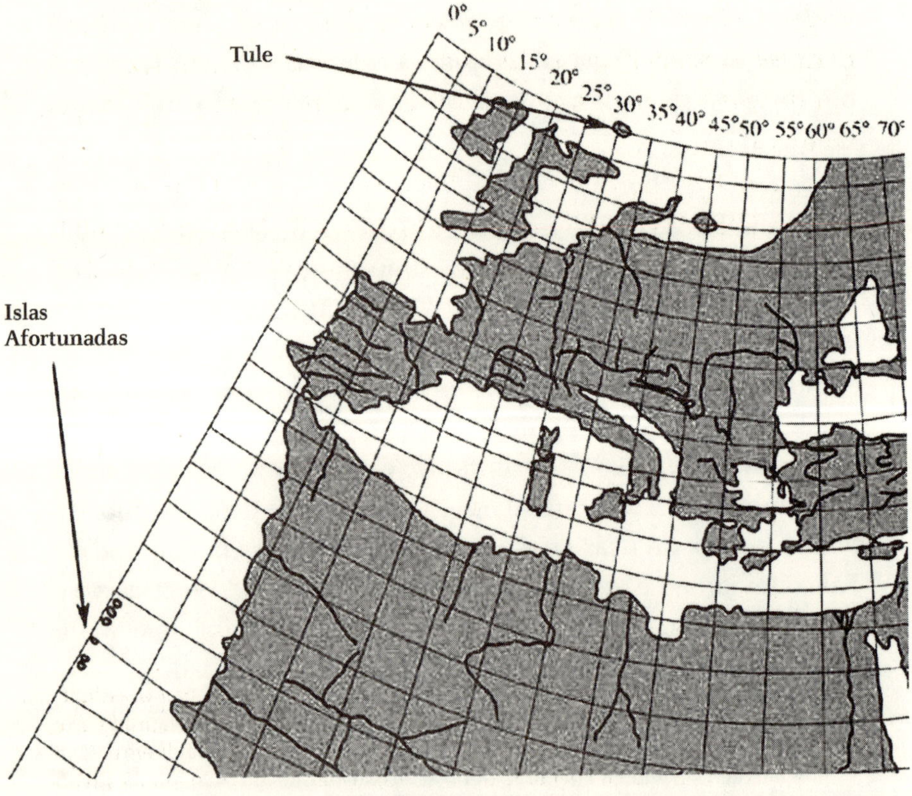

Imagen 25. La mitad occidental de la ecúmene de Ptolomeo.

Las deformaciones obtenidas son claramente visibles en la imagen 25 y constituyen más pruebas de la reconstrucción hecha hasta ahora[519].

Ya hemos señalado que las Canarias, habiéndolas trasladado a la latitud de las Antillas Menores, conservando su propia longitud, habrían acabado en el continente africano. El problema se agravaba por la circunstancia de que Ptolomeo ubicaba las islas más a oriente de lo que realmente están[520]. Por consiguiente, se ve obligado a cortar drásticamente la extensión occidental del continente africano, haciendo retroceder a África al este de las columnas de Hércules, para no acercar demasiado las islas al continente africano.

Interpretando la longitud dada por Hiparco como calculada con las Canarias, Tule habría acabado más a oriente de Britania. Ptolomeo, identificándola con una de las Shetland y, por tanto, considerando que estaba exactamente al norte de Britania, se ve forzado a deformar Escocia alargándola hacia oriente para colocarla debajo de Tule; para hacer espacio a una Britania tan invasiva tiene después que plegar hacia el este la península de Jutlandia.

Si, partiendo de un mapa ptolemaico, se corrigen todos los errores cuyo origen es claramente reconocible en los malentendidos de Ptolomeo, se puede tener una idea de cuál fue el nivel de la cartografía helenística.

519 La imagen se basa en el mapa de p. 748 de [Ptolomeo: Stückelberger Grasshoff].

520 Como ya hemos recordado, según Ptolomeo, la diferencia de longitud entre las islas Afortunadas y las columnas de Hércules está comprendida entre 6° 30' y 7° 30'. Teniendo en cuenta la dilatación sistemática de las longitudes realizada por Ptolomeo, ello debería corresponder a una diferencia de longitud media de 5°, mientras que la real es el triple.

IX. EL RECUERDO EN LAS FUENTAS CLÁSICAS

La ruta occidental hacia las Indias

Con los resultados obtenidos en el capítulo anterior debemos creer que, en tiempos no posteriores al siglo II a. C., naves procedentes del Mediterráneo no solo habían llegado al Caribe, sino que también regresaron y que algunos geógrafos (con toda probabilidad Hiparco) incluyeron en sus tratados latitudes y longitudes de las tierras recién descubiertas. En caso de haberse realizado dichos viajes de ida y vuelta, es más que probable que al menos en alguno de ellos alcanzasen tierra firme americana. ¿Cómo es posible, habrá pensado el lector, que todo esto ocurriera y que nunca se mencione en la literatura, salvo en el críptico lenguaje de cifras reportadas por autores que ya no comprendían del todo su significado? Aunque la inmensa mayoría de las obras helenísticas se han perdido, debe quedar alguna huella de estos sucesos en los pocos escritos conservados.

En este capítulo encontraremos alguna. Naturalmente, dada la total pérdida de la literatura púnica, tendremos que limitarnos a las fuentes griegas y a las fuentes latinas, éstas indirectas: seguramente, una limitación muy grave.

Comencemos con la búsqueda, en la literatura griega, de pistas de la *idea* de navegar hacia occidente por el océano más allá de las columnas de Hércules y de las posibles razones de un proyecto tan arriesgado.

Está claro que la posibilidad teórica de circunnavegar el globo había sido imaginada desde que, en el siglo V a. C., se dio el convencimiento de la esfericidad de la Tierra, pero, como es natural, dicha idea no podía tener ningún atisbo de plausibilidad hasta que no se dispusiera de estimaciones sobre su tamaño.

Aristóteles, la fuente más antigua que nos ha transmitido una estimación de las dimensiones de la Tierra, es también el primero en sugerir, si bien implícitamente, la posibilidad de alcanzar Asia navegando hacia occidente:

> De estas observaciones [sobre estrellas visibles en diferentes latitudes] es evidente no solo la forma de la Tierra, sino también que es una esfera no muy grande; de lo contrario no se manifestarían tan rápido los efectos de desplazamientos tan pequeños. Por eso quienes sospechan que la región de las columnas de Hércules está cerca de India y que [entre ellas] hay un único mar no parece que piensen cosas en exceso increíbles. También, usando como argumento a los elefantes, dicen que esta especie se encuentra en los dos extremos, como si eso sucediese porque los extremos están cerca el uno del otro[521].

En el *Meteorológicos*, Aristóteles reitera el concepto de que es un único mar el que separa las columas de Hércules de *India* (término que en aquella época, come hemos recordado, indicaba tierras que se extendían desde oriente hasta el océano Pacífico, significado que por lo demás se mantuvo hasta la primera Edad Moderna)[522].

En el siglo III a. C., la medida de Eratóstenes hizo posible evaluar con precisión la distancia de una eventual ruta occidental hacia Asia, una posibilidad que el propio Eratóstenes no desperdició en un pasaje de su *Geographica*, transmitido por Estrabón:

> Si el tamaño del Atlántico no lo impidiese, podríamos navegar de Iberia a India a lo largo del mismo paralelo, sobre la parte que queda después de haber restado la distancia susodicha [es decir, la ocupada por la ecúmene, calculada en 77 800 estadios], que es más de un tercio del círculo entero, si es cierto que el paralelo que pasa por Atenas, a lo largo del cual he calculado la distancia de India a Iberia, es menor de 200 000 estadios[523].

521 Aristóteles, *De caelo*, 298a, 9-15.
522 Aristóteles, *Meteorologica*, II, 5, 362b, 12-30.
523 Estrabón, *Geographica*, I, iv, 6.

Aquí se habla solo de una posiblidad teórica, *de facto* imposibilitada por la inmensidad del océano, pero, en otra parte, Estrabón alude a navegantes que realmente intentaron la hazaña, aunque acabaron desistiendo y regresando dada la extenuación provocada por la duración de la travesía[524].

La idea de que se puede llegar a la India navegando hacia occidente desde Cádiz también se reafirma en época imperial (a pesar de haber sido cuestionada, como veremos, en el siglo II a. C.). Escribe Séneca:

> ¿Cuál es de hecho la distancia que separa las costas españolas de las costas de India? La distancia de poquísimos días, si la nave es empujada por viento favorable[525].

El motivo principal de la empresa de Cristobal Colón fue la búsqueda de una ruta hacia «las Indias» que evitase el tránsito a través de mares controlados por potencias hostiles y la idea de que una ruta tal era posible navegando hacia occidente provenía de la lectura de fuentes antiguas[526].

La búsqueda de una nueva ruta hacia las Indias también se convirtió en un problema concreto en el siglo II a. C. a raíz de la política del rey Ptolomeo Barrigón y sus sucesores. Hemos recordado las peripecias de Eudoxo de Cícico, quien tras sus viajes por India, que acabaron hasta en dos ocasiones con la incautación del cargamento por orden del soberano de Egipto, consiguió, según Plinio, realizar una ruta desde el océano Índico hasta Cádiz circunnavegando África[527]. En cambio, según la versión de Posidonio referida por Estrabón, los intentos de Eudoxo de circunnavegar África habrían fracasado. Sin embargo, al lector se lo deja con la duda de posibles desarrollos posteriores. De hecho, Posidonio, tras referir que Eudoxo partió de Cádiz para una expedición más, concluye:

---

524 El pasaje de Estrabón se muestra más adelante, en la p. 242.

525 *Quantum est enim, quod ab ultimis litoribus Hispaniae usque ad Indos iacet? Paucissimorum dierum spatium, si navem suus ferat ventus* (Séneca, *Naturales Quaestiones*, I, *praef.*, 13).

526 Véase arriba, p. 73 y nota 117.

527 Véase arriba, p. 123 y nota 255.

He narrado las vicisitudes de Eudoxo hasta este punto; lo que sucedió a continuación probablemente lo sepan las gentes de Cádiz e Iberia[528].

Poco después, Estrabón refiere que Posidonio habría calculado en setenta mil estadios la distancia que recorrer para navegar de Iberia a Asia a través de una ruta occidental[529]: una posibilidad, alternativa a la circunnavegación de África, que evidentemente tenía bien presente y que quizás sospechaba que hubiese sido elegida por Eudoxo para su último viaje[530].

En definitiva, es seguro que los griegos habían considerado la posibilidad de alcanzar Asia navegando hacia occidente y que en el siglo II a. C. había razones suficientes para planear viajes semejantes.

Tierras más allá del Atlántico en fuentes literarias

Ya hemos recordado algunos autores que hablan de las islas Afortunadas y de las islas Hespérides situándolas en el Océano, muy distantes del mundo mediterráneo. En la literatura griega

528 Estrabón, *Geographica*, II, iii, 5.

529 Ivi, II, iii, 6. También Posidonio (que consideraba que la circunferencia terrestre tenía 180 000 estadios de longitud y que la ecúmene ocupaba en longitud la mitad del globo) calcula la distancia de una ruta oceánica a lo largo del paralelo de Atenas.

530 La historia de los anteriores viajes de Eudoxo narrada por Posdionio también contiene elementos que hacen sospechar que su fuente no se refería a una circunnavegación de África, sino a una ruta occidental hacia el océano Índico. En particular, se dice que la idea de una ruta directa de India a Cádiz la habría sugerido Eudoxo tras el hallazgo en Etiopía de un pecio de Cádiz. La historia de tal hallazgo puede querer sugerir que los restos fueron arrastrados a lo largo de una ruta océanica hacia occidente y no que hubiesen circunnavegado África (si, por el contrario, la circunnavegación hubiese ocurrido voluntariamente, antes de que la nave naufragase, habría que pensar que se trataba de una ruta ya practicada y, por lo tanto, el conjunto de la historia tendría menos sentido). Además, Posidonio narra que Eudoxo había planeado hacer etapa en una isla donde habría podido pasar el invierno; se dice que la isla está a poca distancia de la costa, pero una etapa intermedia en una isla habría tenido más sentido para una travesía oceánica que para una navegación costera.

hay otras referencias a tierras lejanas a las que se podía llegar navegando por el océano Atlántico. En el siglo II d. C., Pausanias refiere que Eufemo de Caria, navegando hacia occidente más allá del océano normalmente frecuentado, habría arribado a islas habitadas por salvajes perennemente excitados sexualmente y dotados de cola[531]. Eliano, a comienzos del siglo sucesivo, citando a Teopompo (siglo IV a. C.), hace decir a un Sileno que Europa, Asia y África son solo islas, rodeadas por un océano en el exterior del cual hay un continente enorme, en el que vivirían animales colosales y hombres con el doble de tamaño y longevidad que nosotros[532]. En ambos casos, el contexto es fantástico, pero pocos habrían apostado por la realidad de los antiguos viajes a India si solo hubiesen permanecido las informaciones de Pomponio Mela sobre sus hormigas gigantes y serpientes que engullen elefantes o las fantasiosas descripciones de los pueblos esciápodos y astomi referidas por Plinio[533]. Con todo, el origen de aquellas historias eran expediciones reales a India. Hemos visto otro ejemplo de deformación de la información procedente de viajes reales leyendo las fantasiosas noticias sobre Markland referidas por Galvano Fiamma[534]. También es posible que las historias narradas por Pausanias y Eliano sean la transfiguración en leyenda de auténticas narraciones de viajes.

Un criterio a menudo útil para distinguir entre los conocimientos con un origen real después confinados en lo fantástico y narraciones con aspecto de plausibilidad surgidas de leyendas es el estudio de su evolución en el tiempo. Si las narraciones se vuelven cada vez menos plausibles, es lícito sospechar un origen realista; cuando, en cambio, los elementos realistas aumentan con el transcurso del tiempo, es probable que el origen sea legendario[535].

---

531 Pausanias, *Graeciae descriptio*, I, XXIII, 5-6.

532 Eliano, *Varia historia*, III, 18.

533 Véanse arriba, p. 130 y p. 132.

534 Véase arriba, p. 68.

535 Un ejemplo del segundo caso es el de la leyenda de los espejos ustorios con los que Arquímedes habría incendiado las naves romanas. Mientras Polibio no lo menciona en absoluto y Galeno solo alude a naves incendiadas desde lejos, sin decir nada sobre la técnica utilizada, posteriormente las narraciones se van

En la tragedia *Medea*, de Séneca, se lee:

> Vendrá una edad allá en los tardíos años en que el océano ha de aflojar los ataderos de las cosas todas, se abrirá la ingente tierra, la mar despertará nuevos orbes y no será ya el fin de las tierras Thule[536].

De estos versos, muy populares en la época de los grandes descubrimientos geográficos y citados varias veces por Cristobal Colón, surgió la expresión «Nuevo Mundo» para indicar América. El lenguaje profético y poético parece quitar toda apariencia de credibilidad a las palabras de Séneca, que sin embargo adquieren un sentido distinto a la luz de las del padre, Séneca el Viejo, que ya aludía a «otro mundo» situado más allá del Atlántico:

> Dicen que [...] allende el océano hay nuevas playas y otro mundo nace[537].

El hijo tradujo en versos proféticos una afirmación recogida en prosa por el padre como opinión difusa. Querríamos poder leer las fuentes perdidas de Séneca padre.

Antonio Diógenes, probablemente en el siglo II d. C., escribió una novela titulada 24 *libros sobre las increíbles maravillas más allá de Tule* (τῶν ὑπὲρ Θούλην ἀπίστων λόγοι κδ'), en la que se narraban viajes a través del océano, hacia Tule, más allá de Tule y también a la Luna. Solo tenemos el epítome hecho en el siglo IX por el patriarca bizantino Focio, que presenta la obra escribiendo entre otras cosas:

> [Antonio Diógenes] afirma reelaborar personalmente un antiguo suceso de fantasía, añadiendo que, si bien él da

haciendo cada vez más precisas, hasta que se llega a fuentes tardías bizantinas que describen todos los detalles de fabricación de los espejos.

536 *Venient annis saecula seris / quibus oceanus vincula rerum / laxet et ingens pateat tellus / Tethysque novos detegat orbes / nec sit terris ultima Thule* (Séneca, *Medea*, 374-379). [N. del T.: La traducción clásica de Miguel de Unamuno].

537 *Aiunt [...] ultraque Oceanum rursus alia litora, alium nasci orbem...* (Séneca el Viejo, *Suasoriae*, I, 1). Para el contexto véase arriba, pp. 127-128.

> forma a narraciones carentes de credibilidad y sin ningún fundamento, a pesar de todo se basa —en la mayoría de las historias narradas— en testimonios de autores más antiguos y partiendo de ellos ha elaborado con esfuerzo su obra. Además antepone a cada libro los nombres de aquellos que trataron dicha materia antes que él, con el fin de que los prodigios que narra parezca que no carecen de pruebas[538].

Lamentablemente, no nos queda ninguno de los escritos más antiguos a los que recurrió Antonio Diógenes y Focio no cita ni autores ni títulos. Pero podemos fácilmente reconocer el género literario del escrito de Diógenes. Una obra considerada carente de cualquier credibilidad por el propio autor, que, no obstante, la recubre de una fingida seriedad dotándola de una detallada bibliografía, era claramente una parodia (aunque los aspectos humorísticos no son fáciles de ver en el epítome que nos dejó Focio). Dado que, entre los países fantásticos visitados por los protagonistas, se encuentran Tule y lugares más allá de Tule donde la noche dura un mes, seis meses e incluso un año entero (!), podemos identificar el tratado de Piteas *Sobre el Océano* como una de las dianas de la parodia. Según Focio, Antonio Diógenes habría indicado a Antífanes de Berga[539] como su precursor y, a su vez, Luciano de Samósata se habría inspirado en Antonio Diógenes para su famosa *Historia verdadera*. En el caso de Luciano, dado que la obra se ha conservado, podemos verificar su intención de parodia, declarada explícitamente por el autor desde el comienzo:

> No solo les atraerá [a quienes cultivan las bellas letras] lo novedoso del argumento, ni lo gracioso de su trama, ni el hecho de que contamos ficciones de todos los colores de modo convincente y verosímil, sino además el que cada historia alude cómicamente a alguno de los antiguos poe-

538 Λέγει δὲ ἑαυτὸν ὅτι ποιητής ἐστι κωμῳδίας παλαιᾶς, καὶ ὅτι εἰ καὶ ἄπιστα καὶ ψευδῆ πλάττοι, ἀλλ᾽ οὖν ἔχει περὶ τῶν πλείστων αὐτῷ μυθολογηθέντων ἀρχαιοτέρων μαρτυρίας, ἐξ ὧν σὺν καμάτῳ ταῦτα συναθροίσειε· προτάττει δὲ καὶ ἑκάστου βιβλίου τοὺς ἄνδρας οἳ τὰ τοιαῦτα προαπεφήναντο, ὡς μὴ δοκεῖν μαρτυρίας χηρεύειν τὰ ἄπιστα (Focio, *Bibliotheca*, códex 166, 111a).

539 Véase arriba, nota 265, en p. 125.

> tas, historiadores y filósofos que escribieron muchos relatos prodigiosos y legendarios [...] que contienen cada uno de los hechos aquí narrados; entre ellos, por nombrar alguno, Ctesias de Cnido, hijo de Ctesioco, que escribió sobre la India y sus pueblos vecinos aquello que él personalmente jamás vio ni oyó de labios fidedignos. También Yambulo escribió muchos relatos increíbles acerca de los países del Gran Mar, creando una obra que todos consideran una ficción, aunque construyendo un argumento no exento de interés. Muchos otros, con idéntica intención, escribieron aventuras y viajes como si los hubieran hecho ellos mismos, describiendo bestias enormes, hombres crueles y extrañas formas de vida. [...] Después de tomar contacto con todos esos autores, no vi necesario reprocharles demasiado por sus engaños. [...] Por ello mi personal vanidad me impulsó a dejar algo a la posteridad, a fin de no ser el único no partícipe de la licencia para narrar cuentos. [...] Escribo, por tanto, sobre cosas que jamás vi, no me ocurrieron ni aprendí de otros y que no existen en absoluto ni por principio pueden existir. Por ello, mis lectores no deberán prestarles fe alguna[540].

Inmediatamente después, Luciano comienza con el cuento propiamente dicho:

> Inicié mi navegación un día desde las columnas de Heracles, rumbo al océano de Occidente, con viento favorable [...]; al amanecer del segundo día el viento arreció, creció el oleaje y sobrevino la oscuridad, sin que pudiéramos ni izar la vela. Nos confiamos, pues, y entregamos al vendaval, y sufrimos la borrasca durante setenta y nueve días; pero al octogésimo brilló el sol de repente y divisamos, no lejos de nosotros, una isla elevada y frondosa, en cuyo derredor resonaba un oleaje nada agitado, pues ya había amainado lo más duro de la tormenta. Arribamos al fin[541].

540 Luciano, *Verae Historiae*, I, 2-4. [N. del T.: La traducción al español es, con leves cambios, la de Andrés Espinosa Alarcón].

541 Ivi, I, 5-6.

A continuación, Luciano da rienda suelta a su fantasía imaginando que la nave viaja al cielo, alcanza la Luna y Venus, es engullida por una ballena enorme... inventando una tras otra. Entre los lugares fantásticos e inverosímiles visitados por los protagonistas de la novela hay un *mar congelado* y la ciudad de aquellos *Bienaventurados* que daban nombre a las islas Afortunadas. Tras una serie de aventuras totalmente increíbles, la historia concluye con un evento presentado como el colmo de los disparates: el desembarco de los protagonistas en el continente más allá del océano Atlántico. Luciano tenía la seguridad de que sus lectores reconocerían con facilidad las obras a las que parodiaba, pero actualmente la cosa ya no es tan sencilla. Parece, aun así, verosímil identificar, aparte del tratado de Piteas (del que evidentemente se extrae el elemento del mar congelado), la narración de una travesía oceánica que, tras haber hecho escala en las «islas de los Bienaventurados», recala en el continente más allá del Atlántico.

Las parodias de las narraciones de viajes que habían perdido credibilidad dieron vida a un nuevo género literario. Pero, mientras que podemos hacernos una idea bastante precisa de este género leyendo a Luciano y el epítome de Focio en el libro de Antonio Diógenes, hemos perdido por completo las obras parodiadas. Por lo tanto, no podemos saber cuántas de las antiguas narraciones, ni en qué medida, eran fiables, pero ciertamente, con la reducción de los horizontes geográficos de la que hemos hablado en las pp. 121-132, se había difundido el escepticismo también hacia las veraces, como se puede demostrar con el tratado de Piteas.

Es posible, razonablemente, que alguna de las obras ridiculizadas por autores como Luciano mezclasen datos reales con noticias de segunda mano sin cribado crítico. De hecho, este parece ser el caso de los únicos dos autores citados explícitamente por Luciano: Ctesias de Cnido y Yambulo. La historia de Persia escrita por Ctesias, activo a caballo entre los siglos V y IV a. C., si bien criticada por varios autores por el escaso tamiz crítico de los testimonios usados, era un trabajo propio de la tradición iniciada por Heródoto y no una obra de fantasía, pues se basaba en materiales recopilados durante los años en los que el autor estuvo en Persia como médico de Artajerjes II; Diodoro Sículo la utilizó como fuente principal para el libro II de su *Bibliotheca historica.* Aunque la narración de Yambulo del viaje a una isla que parece situada en el océano Índico, de la que conocemos la breve síntesis de Diodoro Sículo[542], podría haber aunado elementos claramente fantásticos (como la descripción de un pueblo de lengua bífida) con informaciones verídicas de difícil comprobación hoy día.

Entre los viajes literarios a través del Atlántico enmarcados en un contexto mítico tenemos el descrito por uno de los personajes principales del diálogo de Plutarco *De facie quae in orbe lunae apparet,* el cartaginés Sila, que refiere lo que ha escuchado de boca de un habitante del continente más allá del océano. Aquí el comienzo de su narración:

> Su autor comenzó con nosotros citando un verso de Homero: «una isla, Ogigia, se encuentra lejos en el mar», a cinco días de navegación hacia occidente desde Britania. Más adelante hay otras tres islas, igualmente distantes entre sí como de aquella, siempre en la dirección del ocaso en el verano. En una de estas islas, según la leyenda contada por los nativos, Cronos fue encarcelado por Zeus[543], y con él reside el antiguo Briareo, que custodia esas islas y al mar que llaman Cronio. El gran continente, el cual está rodeado por completo por el gran mar, se halla menos lejos de las otras islas, pero está aproximadamente a 5000 estadios de Ogigia, y se llega remando con fuerza, pues el mar es difícil de atravesar, fangoso por la cantidad de corrientes. Las corrientes fluyen desde la gran masa de tierra [del continente] formando depósitos de aluvión: el mar es tan denso y terroso como para haber hecho creer que esté congelado. Las zonas costeras del continente las habitan los griegos, alrededor de un golfo no menos grande que el de

542 Diodoro Sículo, *Bibliotheca historica,* II, 55-60.

543 La idea de una isla en la que Cronos es prisionero (que ya hemos visto en la p. 126, nota 270) probablemente sea una variación del mito de las islas Afortunadas donde se detiene el fluir del tiempo.

Meótide (cuya desembocadura está practicamente en línea recta con la del mar Caspio). Se consideran a sí mismos continentales y, al contrario, consideran isleños a quienes habitan esta [nuestra] tierra en cuanto que completamente rodeada por el mar. Creen además que, mezclados finalmente con la gente de Cronos, aquellos que llegaron junto con Heracles y fueron dejados atrás pudieron avivar la chispa de la grecidad en una fuerte y gran llama mientras que allí ya se estaba apagando, vencida por la lengua, las costumbres y los modos de vida de los bárbaros; por esta razón [en ese pueblo], Heracles tiene los primeros honores y Cronos los segundos[544].

En otros contextos nos volveremos a encontrar con la particular relación entre Heracles y las tierras más allá del Atlántico.

En un parágrafo dedicado a las referencias literarias de tierras en el Atlántico y más allá, quizás sea oportuno mencionar la famosa historia de la Atlántida. Según la narración de Platón, en un tiempo remoto la isla de la Atlántida, situada poco más allá de las columnas de Hércules[545], habría sido el centro de un enorme imperio que se extendía por regiones tanto de Europa como de África como del continente ubicado al otro lado del océano, pero terminaría por desaparecer hundiéndose en el mar[546].

En los siglos XIX y XX, la narración platónica inspiró innumerables productos de fantasía: obras literarias (desde la alusión presente en *Veinte mil leguas de viaje submarino*, de Julio Verne, pasando por el *best seller* de Pierre Benoit[547], hasta recientes obras de literatura fantástica), películas de serie B, cómics y videojue-

---

544 Plutarco, *De facie quae in orbe lunae apparet*, 941A-C. Cronos y Heracles eran las divinidades con las que los griegos identificaban a los importantes dioses Baal y Melqart de fenicios y cartagineses. Recordemos como curiosidad que Kepler, que publicó una traducción comentada del diálogo de Plutarco, no dudaba de que hablaba de América.

545 En el texto de Platón (*Timaeus*, 24e), el sacerdote egipcio que cuenta a Solón la historia de la Atlántida dice: «Había una isla delante del estrecho llamado, como vosotros decís, columnas de Hércules» (νῆσον γὰρ πρὸ τοῦ στόματος εἶχεν ὃ καλεῖτε, ὥς φατε, ὑμεῖς Ἡρακλέους στήλας).

546 El continente más allá del océano se menciona en *Timaeus*, 24e-25a.

547 [Benoit]. El gran éxito de la novela *La Atlántida* de Benoit, publicada en 1919

gos. A partir de la exitosa obra escrita por Ignatius Donnelly en 1882[548], también floreció la pseudociencia de la atlantología, cuyos adeptos han visto en la Atlántida el origen de la civilización humana y al mismo tiempo la sede de una cultura avanzadísima espiritual y tecnológicamente. Entre los defensores de estas ideas ha habido muchos exponentes de doctrinas esotéricas (recordemos a la ocultista y médium madame Blavatsky, fundadora de la Sociedad Teosófica; a Rudolf Steiner, fundador de la antroposofía, de la biodinámica y de otras pseudociencias[549]; o al sensitivo, clarividente y taumaturgo Edgar Cayce) y también criminales nazis como Himmler y Rosenberg, quienes hicieron suya la idea de Steiner de retrotraer la superioridad racial aria a una presunta ascendencia atlantídea. Esta clase de usos de la historia de Platón hacen que hoy día se asocie cualquier referencia al nombre *Atlántida* con locuras irracionales completamente infundadas; no es casual que Sharer, para desacreditar cualquier hipótesis de contactos transatlánticos, citase como única referencia literaria de tales contactos la mítica tierra de la Atlántida[550].

Platón no presenta su historia como un mito, sino que argumenta estar informando de antiguos hechos históricos, documentados en textos egipcios, que le habrían sido narrados por sacerdotes egipcios a Solón y luego trasmitidos oralmente a los descendientes de su familia, entre ellos Platón mismo. Incluso quien quiere creer en este origen improbable de la narración, así, como mucho, puede explicar algún elemento[551], mientras que es

(de la que se hicieron varias películas), contribuyó de manera significativa a atraer el interés popular hacia el asunto.

548 [Donnelly].

549 Steiner nos informa con precisión extrema acerca de muchas características de los habitantes de la Atlántida, desde sus capacidades psíquicas hasta detalles tanto de su cuerpo físico como de su *cuerpo etérico* ([Steiner], pp. 131-134). Cualquiera, tal y como Steiner nos explica amablemente, puede captar la verdad y exactitud de estas descripciones, siempre que, naturalmente, se haya tomado el tiempo de desarrollar la facultad de la clarividencia; de lo contrario, hay que fiarse de él: muchos lo hacen.

550 Véase arriba, p. 59.

551 Según Diógenes Laercio (*Vitae philosophorum*, III, 1), Drópides, el hermano de Solón, era el tatarabuelo de la madre de Platón. Evidentemente, es imposible que se transmitieran oralmente a lo largo de seis generaciones los innumerables detalles, también ricos en datos númericos, insertados por Platón en

evidente la naturaleza de alegoria utópica. Si se evita el reflejo condicionado generado por las absurdeces de tantos atlantólogos, hay que admitir sin embargo que, en la construcción de su relato, Platón usó tanto elementos claramente fantasiosos (como la inverosímil antigüedad de los eventos narrados, que habrían precedido en nueve mil años a Solón[552]; el inconcebible tamaño de la isla, que superaría en extensión a Asia y África juntas; o la guerra que habría enfrentado a la Atlántida y una antiquísima Atenas claramente utópica) como el eco de conocimientos reales.

Ciertamente, el dato de la presencia en Egipto de textos escritos que conservaban la memoria de épocas mucho más remotas de la historia conocida por los griegos es real y, según fuentes fiables, Solón realmente estuvo en Egipto[553]. La afirmación de que Solón habría escuchado de un sacerdote egipcio que, en Grecia, la escritura se perdió en el pasado[554] coincide con un dato histórico[555] y no es imposible que fuese un conocimiento que realmente procedía de fuentes egipcias. En lo que respecta a la historia de la Atlántida, no es fácil identificar relaciones eventuales entre la alegoría platónica y realidades históricas, pero Platón parece proporcionar un indicio sobre este punto cuando alude al hermano de Atlas. De hecho, escribe que Atlas, fundador epónimo de la Atlántida, tenía un gemelo llamado Γάδειρον, es decir, Gadir, como la región sobre la que reinaba[556], creando así un paralelo entre su Atlántida, enorme isla frente a las columnas de Hércules dominadora del océano, y Gadir, la ciudad feni-

---

su descripción de la Atlántida, sobre todo si se piensa que uno de los últimos anillos de transmisión habría sido una única narración que Critias el Joven, a la edad de diez años, habría escuchado de su abuelo nonagenario (Platón, *Timaeus*, 21b).

552 Dado que, en tiempos de Solón, la escritura existía desde hacía menos de tres milenios, sería necesario pensar que el recuerdo de los eventos relativos a la Atlántida se transmitió de forma oral durante más de seis milenios; quizás alguno podría creerlo, pero es del todo imposible que se transmitiese oralmente la datación de los eventos narrados.

553 De la estancia de Solón en Egipto hablan tanto Heródoto (*Historiae*, I, 30) como Diodoro Sículo (*Bibliotheca historica*, I, 96, 2 e 98, 1).

554 Platón, *Timaeus*, 23a-b.

555 Los griegos utilizaron la escritura durante la época micénica, después la perdieron en el siglo XII a. C. y la recuperaron en el siglo VIII a. C.

556 Platón, *Critias*, 114b.

cia sobre islitas poco más allá de las columnas de Hércules que vivía de la navegación oceánica.

La idea de un continente más allá del océano Atlántico, nombrado solo una vez y que no desempeña ningún papel en la alegoría platónica (mientras reaparece, como hemos visto, en autores posteriores que no nombran la Atlántida) podrían habérsela sugerido a Platón noticias procedentes de fuentes no griegas.

Todas las obras consideradas en este parágrafo son interpretables como fruto de la pura fantasía y ninguna proporciona por sí misma elementos significativos a favor de la tesis de que naves procedentes del Mediterráneo alcanzaron el continente americano, pero, a la luz de los resultados expuestos en el anterior capítulo, se puede pensar que contuviesen ecos distorsionados de narraciones de travesías transatlánticas. Una correcta interpretación de ellas no puede prescindir de la identificación de una eventual fuente primaria, es decir, de los autores de tales travesías. El próximo parágrafo trata de este tema.

¿A cuándo se remontan las travesías del Atlántico?

Si abandonamos el terreno sólido de los hechos demostrables, es ciertamente atrayente la conjetura de que ya los fenicios pusieron en marcha contactos transatlánticos. Su interés por la navegación oceánica está demostrado por los puertos fundados en el Atlántico, como Gadir en Iberia y Lixos en el Marruecos actual; un indicio del nivel de su tecnología náutica lo da la circunstancia de que hubieran circunnavegado África[557], como los europeos solo fueron capaces de hacer en tiempos del descubrimiento de América. Diodoro Sículo parece atribuir a los fenicios el conocimiento de las islas Afortunadas[558] y su llegada a Mesoamérica también explicaría las extrañas estatuas olmecas de hombres barbudos y bigotudos[559].

557 Ver arriba, p. 122.
558 Ver el pasaje citado en la p. 200.
559 Ver arriba, p. 77.

Si pasamos de los fenicios a sus herederos cartagineses y gaditanos, los indicios se multiplican y ofrecen un marco plausible. Desde luego, tanto gaditanos como cartagineses navegaban por el Atlántico y las monedas cartaginesas encontradas en una de las islas Azores[560] demuestran que no solo se trataba de navegación costera. Tanto Diodoro Sículo como la obra pseudoaristotélica *De Mirabilibus Auscultationibus* atribuyen a los cartagineses el descubrimiento de una lejana isla en el océano identificable probablemente con las islas Afortunadas[561] y en el *De facie quae in orbe lunae apparet* de Plutarco es el personaje cartaginés Sila quien habla de un viaje transatlántico hasta el continente ubicado más allá del océano[562].

La hipótesis de que las rutas transatlánticas las recorrían cartagineses y gaditanos y de que a los griegos tan solo llegaron vagas noticias transfiguradas en el mito puede explicar el porqué de que Eratóstenes no estuviese informado y fuese Hiparco el primer geógrafo en conocer las coordenadas de las localizaciones americanas. De hecho, Hiparco es el único científico que conocemos que siguió trabajando tras la destrucción de Cartago, en el 146 a. C.[563], y es posible imaginar que las noticias sobre las rutas atlánticas recorridas por los cartagineses, hasta entonces bajo secreto, se difundiesen cuando cincuenta mil de ellos fueron vendidos como esclavos[564]. Algún griego, como Eudoxo de Cícico (cuyos viajes se remontan al período inmediatamente posterior a la destrucción de Cartago), podría entonces haber acariciado la idea de intentar emular a los navegantes cartagineses.

Los viajes por el Atlántico no cesaron con el final de Cartago. La ciudad de Cádiz siguió viviendo de la navegación oceánica y sin competencia después del 146 a. C. Según Estrabón, en sus tiempos (a comienzos de nuestra era) se trataba de la ciudad

560 Ver arriba, pp. 85-86.

561 Ver arriba, pp. 200-201.

562 Ver arriba, pp. 232-233.

563 Sobre la condición particular de Rodas, que permitió la supervivencia de investigaciones científicas durante algún decenio tras el bienio de crisis, ver arriba, p. 146.

564 Ver arriba, p. 97.

más poblada después de Roma[565]. Evidentemente, su comercio por el Atlántico se había desarrollado mucho, pero los geógrafos desconocían las rutas oceánicas de los marineros[566]. Aún así, la literatura contiene alguna rara mención a estos viajes. Ya hemos citado el pasaje de Plutarco en el que alude a marineros, presumiblemente gaditanos[567], de regreso de las islas Afortunadas, situadas a diez mil estadios de distancia de África en el océano[568]. Estrabón refiere que una embarcación romana, para descubrir el lugar de donde los gaditanos obtenían el estaño que exportaban al Mediterráneo, intentó seguir a una de sus naves, pero los perseguidos, con tal de mantener en secreto su ruta, prefirieron encallar[569].

También es posible obtener alguna información de los mitos, que a veces nacen alterando elementos reales, como en el caso del mito griego de las islas Afortunadas, surgido de noticias sobre islas tropicales en las que el tiempo no estaba regulado por el ciclo de las estaciones.

Otro mito que nos puede interesar es el del robo de las manzanas de oro en las islas Hespérides (esto es, «Occidentales»), situadas a mucha distancia océano adentro. Estas islas, como las islas Afortunadas con las que probablemente coinciden, aparecen tanto en el mito como en tratados geográficos: Estacio Seboso las ubicaba a cuarenta días de distancia hacia occidente[570]. La hazaña se atribuye a Heracles (es uno de sus doce trabajos) a causa de su identificación con Melqart, divinidad fenicia, en origen el numen tutelar de Tiro. En Gadir, el culto a Melqart era particularmente importante y en el templo dedicado a él había dos columnas de bronce (quizás las originarias «columnas de

565 Estrabón, *Geographica*, III, v, 3, 14-15.

566 Acerca del secreto que a menudo cubría las rutas marítimas puede verse [Roller], pp. 112, 114, donde en particular se subraya cómo la ruta hacia la India se había convertido en un conocimiento restringido a poquísimos marineros.

567 Plutarco no dice que se trate de marineros gaditanos, pero, debido al papel desempeñado por Cádiz en la navegación oceánica y al lugar en el que Sertorio los encuentra, no lejos de Cádiz, parece lícito pensar que lo fuesen.

568 Ver arriba, pp. 201-202.

569 Estrabón, *Geographica*, III, v, 11.

570 Ver arriba, p. 202.

Hércules»[571]). Es plausible que en el origen del mito tengamos el papel de Melqart como protector de las rutas atlánticas hacia las islas Hespérides recorridas por las naves de Gadir. También es posible sospechar que en el origen del mito de las manzanas de oro [N. del T.: En italiano original, *mito dei pomi d'oro*, literalmente «mito de los pomos de oro»; en italiano, *pomodoro* significa «tomate»] estén los frutos de misma forma y color procedentes de América central y meridional: los tomates[572].

Sin embargo, en el mito griego, Heracles no permite navegar por el océano, es decir, justo cierra el paso hacia las rutas recorridas y protegidas por Melqart, con el que se le identifica. La aparente contradicción probablemente se puede explicar suponiendo que este papel de Heracles fue tomado del de Melqart de proteger a las rutas atlánticas de las intrusiones de otros pueblos.

En definitiva, la conjetura más plausible es que, durante siglos, las rutas transatlánticas fueron recorridas primero por cartagineses y gaditanos (si no ya por los fenicios antes de ellos), pero que, a largo plazo, solo se reflejaron en la cultura griega transfiguradas en el mito y la inclusión de su conocimiento en la cultura geográfica fue de muy breve duración. De hecho, los sucesos del 146-145 a. C. podrían, primero, haber conducido a la filtración de informaciones preservadas en secreto por los cartagineses y, poco después, con el derrumbe en el conocimiento geográfico, a la ruptura de la relación entre la navegación atlántica y la cultura escrita[573].

Este escenario puede explicar tanto la presencia como la escasez de noticias sobre viajes transatlánticos en la literatura griega.

---

571 Estrabón (*Geographica*, III, v, 5-6) afirma que esta era una difundida opinión (que no comparte). Hemos visto (en la p. 211) que también Plinio habla de las columnas de Hércules de Cádiz.

572 Los tomates tenían, de hecho, un color dorado y la variedad roja, en un principio rara, solo se difundió después de su importación en Europa y la selección realizada por los cultivadores. El botánico Pietro Andrea Mattioli (1501-1577), aludiendo al mito de las manzanas de oro de las islas Hespérides, llamó a aquellos frutos *mala aurea*, término que dio origen a su nombre en italiano, *pomodori* (presente, con pequeñas modificaciones, en diversas lenguas eslavas).

573 Sobre la decadencia en la relación entre conocimientos prácticos y cultura escrita a consecuencia del derrumbe cultural del siglo II a. C., ver arriba, p. 118. Para una argumentación más amplia de este tema remito a [Russo TC].

Pero, si un científico como Hiparco pudo tratar sobre ubicaciones americanas en sus obras geográficas, también en la literatura geográfica debe haber huellas de estos conocimientos. Este será el argumento del próximo parágrafo. Antes de nada, digamos que no podemos esperar gran cosa, ya que la difusión de las obras escritas por Hiparco tras la interrupción del 146-145 a. C. no pudo dejar de verse afectada por el derrumbe cultural.

El continente más allá del Atlántico en los tratados geográficos

Durante la Antigüedad tardía todavía era posible leer narraciones, consideradas inauditas, de viajes a nuevos y lejanos países. Uno de los máximos expertos en geografía durante el Bajo Imperio, Marciano de Heraclea (vivió en época incierta entre el siglo III y el V d. C.), parece que todavía conoce muchos y que está molesto por su existencia. De hecho, refiriéndose a *tratados de los antiguos* (συγγράμματα τῶν παλαιῶν), escribe:

> Quienes con ligereza escriben sobre circunnavegaciones y buscan persuadir a quienes se topan [con su obra] refiriendo nombres de lugares y números de estadios acerca de regiones y pueblos bárbaros de los que ni siquiera sabrían decir su nombre me parece que superan en falsedad al propio Antífanes de Berga. Quienes han elaborado algunos relatos concretos de periplos de los que conocían con seguridad las regiones [atravesadas] y no ignoraban la duración de las rutas, habiendo examinado ciudades, puertos y sus distancias, parecen haber escrito todo o la mayor parte de las cosas con la mayor veracidad posible. Quienes, en cambio, fiándose de quien describe aquello que no ha visto o siguiendo a quien escribe de aquello que no conoce con exactitud, han confeccionado selecciones de relatos de viajes alrededor del mundo, cla-

ramente no solo se engañan a sí mismos, sino también a quien da crédito a sus escritos[574].

Por lo tanto, en tiempos de Marciano todavía existían antologías de *viajes alrededor del mundo*[575], pero solo se les daba crédito a las que describían empresas mucho menos ambiciosas. Resulta divertida la opinión de Marciano de que un explorador que ha contactado por primera vez con nuevos pueblos, para ser creíble, debe ser capaz de referir sus nombres. Nos gustaría poder leer estos relatos en los que se hablaba de pueblos todavía sin un nombre en griego, pero no ha quedado ninguno.

La literatura geográfica conserva no solo el recuerdo de relatos de viajes que terminaron siendo considerados poco fiables, sino también huellas del desarrollo de los conocimientos que tales viajes posibilitaron y que el derrumbe cultural sepultó en muy poco tiempo, volviendo incomprensibles a ojos de Posidonio y Ptolomeo algunos de los datos que leían en las obras de Hiparco.

La convicción, que hemos encontrado en Aristóteles y Eratóstenes, de que era posible navegar, a lo largo de un paralelo hacia occidente, desde la península ibérica hasta India generalmente ya no se aceptaba en el siglo II a. C. Y es que apareció la

574 οἱ δὲ τοὺς περίπλους προχείρως γράψαντες, καὶ τοὺς ἐντυγχάνοντας πείθειν ἐθέλοντες, τόπων τε προσηγορίας καὶ σταδίων ἀριθμὸν διεξιόντες, καὶ ταῦτα ἐπὶ χωρίων ἢ ἐθνῶν βαρβάρων, ὧν οὐδὲ τὰς προσηγορίας εἰπεῖν δύναιτο ἄν τις, αὐτόν μοι δοκοῦσι τὸν Βεργαῖον Ἀντιφάνη νενικηκέναι τῷ ψεύδει. Ὅσοι μὲν γὰρ μερικάς τινας ἐποιήσαντο περίπλων διηγήσεις, ὧν καὶ τὰ χωρία σαφῶς ἐγίνωσκον, καὶ τὴν ἀναμέτρησιν τῆς θαλάττης οὐκ ἠγνόουν, καὶ πόλεις καὶ λιμένας καὶ τὰ διαστήματα τούτων καταμαθόντες, οὗτοι δοκοῦσιν ἢ πάντα ἢ τά γε πλεῖστα μετὰ τῆς ἐνδεχομένης ἀληθείας ἐγγεγραφέναι· ὅσοι δὲ ἢ τοῖς ἀπαγγείλασιν ἅπερ οὐκ ἐθεάσαντο πιστεύσαντες, ἢ τοῖς συγγράψασιν ἅπερ ἀκριβῶς οὐκ ἔγνωσαν ἀκολουθήσαντες, ἐκλογάς τινας περίπλων τῆς οἰκουμένης ἐποιήσαντο, οὗτοι δῆλον ὡς οὐχ ἑαυτοὺς μόνους ἠπάτησαν, ἀλλὰ καὶ τοὺς πεισθέντας τοῖς ὑπ᾽αὐτῶν συγγραφεῖσι (Marciano de Heraclea, *Menippi periplus maris interni (epitome Marciani)*, en [GGM], vol. I, Proemio, pp. 564-565).

575 Una traducción literal de la expresión original es «periplos de la ecúmene». El término *periplo* (περίπλους), es decir, «circunnavegación», y el verbo correspondiente «circunnavegar» (περιπλεῖν) tradicionalmente se empleaban para la navegación costera alrededor de una isla, un mar interno o incluso un continente, pero también acabaron siendo usados para las hipotéticas circunnavegaciones alrededor del globo terrestre, como prueba el pasaje de Estrabón que estamos a punto de mostrar.

idea de que una ruta así era imposible por la presencia de otro continente, es decir, ese *otro mundo* del que había oído hablar Séneca el Viejo[576].

Una vez más, la fuente disponible más rica en información sobre este punto es Estrabón. He aquí un fragmento suyo:

> No es verosímil que el océano Atlántico [desde las columnas de Hércules hasta Asia] esté dividido en dos mares, separados entre sí por un estrecho istmo que impide la navegación; es más probable que se trate de un único mar continuo. Aquellos que de hecho emprendieron la circunnavegación y después volvieron atrás no dicen haber sido repelidos por un continente que les obstaculizó e impidió navegar más allá, sino por las privaciones y la soledad, mientras que la amplitud del mar no había disminuido para nada[577].

Este pasaje es interesante porque documenta intentos de circunnavegación del globo, pero, como a menudo sucede con Estrabón, el interés de su discurso aumenta drásticamente cuando recoge opiniones opuestas a las propias. En este caso prosigue insertando un precioso testimonio sobre Hiparco:

> Esta [la hipótesis de un único mar] también concuerda mejor con las mutaciones del océano a causa de las mareas; de hecho, por todos lados se da el mismo tipo de transformaciones, sea en las altas o en las bajas mareas, como si ello se produjese por el movimiento del mismo mar y por la misma causa. Hiparco no es creíble cuando refuta esta opinión afirmando que ni el océano sufre por igual las mismas transformaciones ni, aceptando lo ante-

---

576 Ver arriba, p. 128.

577 οὐκ εἰκὸς δὲ διθάλαττον εἶναι τὸ πέλαγος τὸ Ἀτλαντικόν, ἰσθμοῖς διειργόμενον οὕτω στενοῖς τοῖς κωλύουσι τὸν περίπλουν, ἀλλὰ μᾶλλον σύρρουν καὶ συνεχές· οἵ τε γὰρ περιπλεῖν ἐγχειρήσαντες, εἶτα ἀναστρέψαντες, οὐχ ὑπὸ ἠπείρου τινὸς ἀντιπιπτούσης καὶ κωλυούσης τὸν ἐπέκεινα πλοῦν ἀνακρουσθῆναι φασίν, ἀλλὰ ὑπὸ ἀπορίας καὶ ἐρημίας, οὐδὲν ἧττον τῆς θαλάττης ἐχούσης τὸν πόρον (Estrabón, *Geographica*, I, i, 8).

rior, se sigue que el Atlántico sea todo un círculo continuo, cuando cita como testimonio de este comportamiento no uniforme [del océano] a Seleuco de Babilonia[578].

Evidentemente, Hiparco había argumentado en contra de la opinión de que existía un único océano entre Gibraltar y Asia. Esto es, él creía en la existencia de un continente intermedio que separaba el océano al oeste de Europa y África del océano al este de Asia.

El argumento usado por Hiparco para llegar a su conclusión, con base en el testimonio de Estrabón, puede reconstruirse del siguiente modo. O existe un único océano desde las columnas de Hércules hasta Asia o, en cambio, se trata de dos océanos distintos, separados por (al menos) un continente. Dado que las mareas de mares distintos pueden tener características diferentes (como evidenciaba, entre otras cosas, la escasa relevancia del fenómeno en el Mediterráneo) pero también podrían ser iguales (como es imaginable que suceda en dos mares con la misma amplitud y conformación), si las mareas atlánticas tienen el mismo comportamiento que las mareas del Índico, no podríamos elegir entre las dos posibilidades, pero, en caso contrario, podemos estar seguros de que se trata de dos océanos distintos. Puesto que Hiparco sabía que las mareas de dos océanos tienen características cualitativas distintas, básicamente porque las diferencias entre las dos mareas altas diarias estudiadas por Seleuco en el «mar Eritreo» (que incluía el océano Índico y el mar Arábigo) son llamativas pero inapreciables en el Atlántico[579], dedujo la existencia de un continente intermedio.

578 τοῖς τε πάθεσι τοῦ ὠκεανοῦ τοῖς περὶ τὰς ἀμπώτεις καὶ τὰς πλημμυρίδας ὁμολογεῖ τοῦτο μᾶλλον· πάντη γοῦν ὁ αὐτὸς τρόπος τῶν τε μεταβολῶν ὑπάρχει καὶ τῶν αὐξήσεων καὶ μειώσεων, ἢ οὐ πολὺ παραλλάττων, ὡς ἂν ἐπὶ ἑνὸς πελάγους τῆς κινήσεως ἀποδιδομένης καὶ ἀπὸ μιᾶς αἰτίας.Ἵππαρχος δ' οὐ πιθανός ἐστιν ἀντιλέγων τῇ δόξῃ ταύτῃ, ὡς οὔθ' ὁμοιοπαθοῦντος τοῦ ὠκεανοῦ παντελῶς οὔτ', εἰ δοθείη τοῦτο, ἀκολουθοῦντος αὐτῷ τοῦ σύρρουν εἶναι πᾶν τὸ κύκλῳ πέλαγος τὸ Ἀτλαντικόν, πρὸς τὸ μὴ ὁμοιοπαθεῖν μάρτυρι χρώμενος Σελεύκῳ τῷ Βαβυλωνίῳ (Ivi, I, i, 8-9).

579 Los testimonios sobre los estudios de Seleuco sobre las mareas a los que se refiere Hiparco se analizan en [Russo FR].

El razonamiento de Hiparco, que Estrabón menciona en parte (y que cree poder confutar alegando una falsa uniformidad de las mareas), se fundamenta en fenómenos observados en el «mar Eritreo» y en las costas atlánticas de Europa y no requiere de ningún conocimiento geográfico relativo al continente americano. Pero, dado que Hiparco (si no nos hemos equivocado en la interpretación del pasaje de Plinio[580]) hasta había incluido en su tratado geográfico datos sobre las Antillas Menores provenientes de mediciones realizadas sobre el lugar, podemos conjeturar que, por aquellos años, los griegos tuvieron noticias de nuevas tierras que no sabían si eran unas islas o un continente nuevo. Sobre esta cuestión podría haberse abierto un debate en el que intervino Hiparco con su genial argumento basado en las mareas, debate todavía vivo en tiempos de Estrabón, quien participó posicionándose con decisión en el bando equivocado.

Estrabón es a menudo cambiante e incoherente. Mientras que en el fragmento que acabamos de leer había rechazado con decisión la teoría de Hiparco acerca del nuevo continente, en otros pasajes solo parece desinteresarse. Por ejemplo, en el que sigue:

> Llamamos ecúmene a la que habitamos y conocemos, pero es posible que en esta misma zona templada en realidad haya dos ecúmenes o incluso más, especialmente en correspondencia con el paralelo que pasa por Atenas y se traza a través del océano Atlántico[581].

La referencia al paralelo de Atenas no es comprensible de primeras, ya que está claro que toda una ecúmene no puede situarse sobre un único paralelo, pero, evidentemente, Estrabón saca la referencia de una fuente que, defendiendo la existencia de una segunda ecúmene, mencionaba el paralelo de Atenas a través del Atlántico. Dado que, en su obra geográfica, Hiparco había anotado la distancia, a lo largo del paralelo de Atenas, del meridiano de las Antillas Menores[582] y que podría haber aña-

580 Ver arriba, p. 211.
581 Estrabón, *Geographica*, I, iv, 6.
582 Ver arriba, pp. 211-212.

dido que más allá se ubicaba el continente que había hipotetizado sobre la base de las características de las mareas, la fuente de Estrabón podría ser precisamente Hiparco.

El desinterés hacia el nuevo continente es la actitud prevaleciente de Estrabón. Así es como ilustra los objetivos de su trabajo:

> Lo primero y más importante, tanto para la ciencia como para las necesidades del Estado, es intentar decir de la manera más sencilla posible la forma y el tamaño de esa parte de la Tierra que cae sobre el mapa geográfico, mostrando al mismo tiempo qué y cuánta parte es de la Tierra; es este, de hecho, el trabajo del geógrafo. En cambio, debatir en detalle de toda la Tierra y de todo el *espóndilo*[583], de una zona de la que he hablado, es tarea de otra ciencia, igual que lo es [decir] si el espóndilo también está habitado en el otro cuarto; de hecho, de ser así, está habitado por hombres que no están entre nosotros, pero constituye otra ecúmene, como es creíble. Pero yo hablaré solo de la nuestra[584].

Estrabón considera *creíble* (πιθανόν) que *en el otro cuarto* (es decir, en la mitad del hemisferio septentrional fuera de Eurasia) exista otra *ecúmene* (esto es, otro continente), pero no pretende ocuparse de ello. Poco antes, refiriéndose a Tule y a las demás tierras exploradas por Piteas, había dado las razones de su elección:

---

583 Estrabón, como aclara previamente, usa la palabra *espóndilo* (un término griego que puede indicar un elemento de una columna, una cabeza de alcachofa u otros objetos de forma más o menos troncocónica) para indicar la parte de nuestro hemisferio comprendida entre el ecuador y el círculo polar ártico y afirma haber tenido en cuenta solo una mitad de dicho espóndilo, encerrada entre dos meridianos opuestos, que comprende tierras conocidas y constituye en torno a un cuarto de la superficie terrestre.

584 Τὰ μὲν οὖν πρῶτα καὶ κυριώτατα καὶ πρὸς ἐπιστήμην καὶ πρὸς τὰς χρείας τὰς πολιτικὰς ταῦτα, σχῆμα καὶ μέγεθος εἰπεῖν ὡς ἁπλούστατα ἐγχειρεῖν τὸ πῖπτον εἰς τὸν γεωγραφικὸν πίνακα, συμπαραδηλοῦντα καὶ τὸ ποῖόν τι καὶ πόστον μέρος τῆς ὅλης γῆς ἐστι· τοῦτο μὲν γὰρ οἰκεῖον τῷ γεωγράφῳ, τὸ δὲ καὶ περὶ ὅλης ἀκριβολογεῖσθαι τῆς γῆς καὶ περὶ τοῦ σπονδύλου παντὸς ἧς λέγομεν ζώνης ἄλλης τινὸς ἐπιστήμης ἐστίν, οἷον εἰ περιοικεῖται καὶ κατὰ θάτερον τεταρτημόριον ὁ σπόνδυλος· καὶ γὰρ εἰ οὕτως ἔχει, οὐχ ὑπὸ τούτων γε οἰκεῖται τῶν παρ' ἡμῖν, ἀλλ' ἐκείνην ἄλλην οἰκουμένην θετέον, ὅπερ ἐστὶ πιθανόν. ἡμῖν δὲ τὰ ἐν αὐτῇ ταύτῃ λεκτέον. (Estrabón, *Geographica*, II, v, 13).

> No hay ninguna ventaja para los objetivos del Gobierno en conocer tales países y sus habitantes, sobre todo si viven en islas tales que por su lejanía no pueden traernos ni daño ni beneficio. Y, de hecho, los romanos, pudiendo mantener Britania, pensaron que no valía la pena viendo que no había nada que temer de los bretones (no son capaces de atravesar el mar para atacarnos) y nada que ganar en dominarlos. Parece que ahora se gana más de los aranceles que lo que se podría obtener como tributos, deduciendo los gastos del ejército necesario para cobrarlos y presidiar la isla. La desventaja sería aún mayor para las islas circundantes[585].

Aun así, algún que otro lector podría tener interés en las regiones del mundo que el Estado romano considera inútiles para la tributación. Estrabón se da cuenta y para ellos aconseja otras lecturas:

> Si alguien también quiere estudiar estas [regiones] y los demás argumentos astronómicos que ha tratado Hiparco —yo los pasaré por alto en el presente tratado en cuanto que ya han sido expuestos con claridad— acuda directamente a él[586].

De todas formas, Estrabón no se olvida de la teoría de Hiparco que ha juzgado creíble. Hablando del mundo que constituirá el objeto de su obra geográfica, no lo llama en efecto «la ecúmene», como hará Ptolomeo en su *Geographia,* sino «nuestra ecúmene»[587]. Aunque también a Ptolomeo se le escapa por lo menos una vez la expresión «nuestra ecúmene»: le ocurre en el *Almagesto,* cuando, en un contexto astronómico, tiene que especificar su amplitud en longitud[588]; es presumible que en este caso haya transcrito el término usado por su fuente.

585 Ivi, II, v, 8.
586 Ivi, II, v, 43.
587 καθ' ἡμᾶς οἰκουμένη (Estrabón, *Geographica,* II, v, 34, donde se repite dos veces la expresión).
588 Ptolomeo, *Almagesto,* II, i, 88, 3 y 13 (ed. Heiberg). La expresión καθ' ἡμᾶς οἰκουμένη (que literalmente se puede traducir como «la ecúmene entre noso-

En otras obras geográficas también aparece un continente más allá del Atlántico. Pero, mientras que Estrabón consideraba navegable el océano, por lo menos hasta el agotamiento de la tripulación[589], posteriormente se asienta la opinión, que hemos encontrado en Séneca el Viejo[590], de que las tierras más allá del océano son inalcanzables. Plinio, por ejemplo, escribe:

> Así, los mares, circunfusos por todos lados, cortan en dos el globo y nos quitan una parte del mundo: sin ruta posible, ni de nosotros para allá ni de allá hacia nosotros[591].

También Cleómedes transmite la idea de un continente inaccesible al estar separado por la insuperable barrera del océano:

> No es posible ir donde los periecos [es decir, quienes viven en nuestras latitudes pero más allá del océano] porque el océano que nos separa de ellos no es navegable y está infestado de monstruos marinos, tampoco lo es para quienes se encuentran en la zona templada del hemisferio austral, pues nos es imposible atravesar la zona tórrida[592].

Cuando comprendieron el papel de la latitud en la determinación del clima, los estudiosos griegos se convencieron de que el ser humano, en su necesidad de evitar temperaturas demasiado bajas o demasiado altas, solo podía vivir en regiones suficiente-

---

tros») ha creado serios problemas a los traductores del *Almagesto,* reacios a la idea de otra ecúmene: Manitius buscó darle una improbable interpretación temporal (algo así como «la ecúmene de nuestros tiempos»); Toomer la traduce como *our part of inhabitated world.* Pero, dado que Ptolomeo precisa que se extiende desde un meridiano hasta el opuesto (el contexto es el que ya hemos citado en la p. 185), Ptolomeo claramente se refiere a toda la que en la *Geographia* sencillamente llama «la ecúmene».

589 Ver el fragmento de la nota 577 en la p. 242.

590 Ver arriba, p. 128.

591 *Sic maria circumfusa undique dividuo globo partem orbis auferunt nobis, nec inde huc nec hinc illo pervio tractu.* (Plinio, *Naturalis Historia,* II, 170).

592 οὔτε γὰρ πρὸς τοὺς περιοίκους ἡμῖν πορεύεσθαι δυνατὸν διὰ τὸ ἄπλωτον εἶναι καὶ θηριώδη τὸν διείργοντα ἡμᾶς ἀπ᾽ αὐτῶν ὠκεανόν, οὔτε πρὸς τοὺς ἔχοντας τὴν ἀντεύκρατον, ἐπεὶ ἀδύνατον ἡμῖν τὴν διακεκαυμένην ὑπερβῆναι (Cleómedes, *Caelestia*, I, 1, 262-267).

mente lejos de los polos y del ecuador. Por tanto, pensaron que las zonas habitables de la Tierra constituían dos franjas separadas y sin posibilidad de comunicarse: una en nuestro hemisferio boreal y la otra en el hemisferio austral[593].

Durante el período helenístico, esta idea había sido superada: Hiparco incluye en la ecúmene zonas atravesadas por el ecuador[594] y también lo hacen así autores de época imperial y bizantina que siguen de cerca fuentes helenísticas, como Ptolomeo[595] y Simeón Seth, quien además menciona personas que se trasladaron desde el hemisferio austral al septentrional[596].

La antigua idea de una franja ecuatorial inhabitable por el calor reapareció justo después del derrumbe cultural (no es sorprendente que el primero en reafirmarla fuese Posidonio[597]) y en general fue aceptada[598].

Algunos autores de época imperial, como Plinio y Cleómedes, creen tanto en la inhabitable franja ecuatorial como en el nuevo continente separado de nuestra ecúmene por océanos innavegables. De tal forma, para ambos, las partes habitables de la Tierra resultan ser cuatro, separadas de sur a norte por la franja tórrida y de este a oeste por dos océanos.

De esta teoría geográfica también tiene algún interés la variante defendida por Crates de Malos, quien, para ilustrarla construyó un mapamundi de grandes dimensiones[599]. La variante, tal y como la ha reconstruido Mette[600] y la expone Macrobio (quien no la atribuye a ningún autor en particular)[601], consistía

---

593 Aristóteles, *Meteorologica*, II, 5, 362a, 32-34.

594 Estrabón (*Geographica*, II, v, 34, 25-36) regaña a Hiparco por haber incluido erróneamente en la ecúmene zonas, a su parecer, demasiado calurosas como para ser habitables.

595 Como sabemos, la ecúmene de Ptolomeo incluía el ecuador; en su *Geographia*, ciertamente ateniéndose a fuentes helenísticas, Ptolomeo también reporta las coordenadas de ubicaciones exactamente sobre el ecuador.

596 Simeón Seth, *De utilitate corporum caelestium*, 44. Ya hemos señalado (en la p. 209) que este autor disponía de buenas fuentes.

597 Estrabón, *Geographica*, II, ii, 2, 1-25.

598 Cicerón, *De re publica*, VI, 20; Plinio, *Naturalis Historia*, II, 172; Macrobio, *Commentarii in Somnium Scipionis*, II, v, 12, 16.

599 Estrabón, *Geographica*, II, v, 10.

600 [Mette].

601 Macrobio, *Commentarii in Somnium Scipionis*, II, ix, 1-7.

en suponer que la franja comprendida entre los dos trópicos, que separa las zonas habitadas de los dos hemisferios, no solo era inhabitable por tórrida, sino también porque la cubre el océano.

Crates de Malos, primer director de la Biblioteca de Pérgamo, más o menos contemporáneo de Hiparco, es conocido principalmente como gramático y filólogo, en particular por sus comentarios a Homero[602]. Convencido de que Homero tenía un conocimiento prácticamente perfecto de la geografía, Crates lee en los poemas homéricos su teoría geográfica (precisamente reconstruible analizando los fragmentos conservados de sus trabajos de exégesis homérica). Pero no es necesario creer en su pretensión de haber extraído todos sus conocimientos de la *Ilíada* y la *Odisea*.

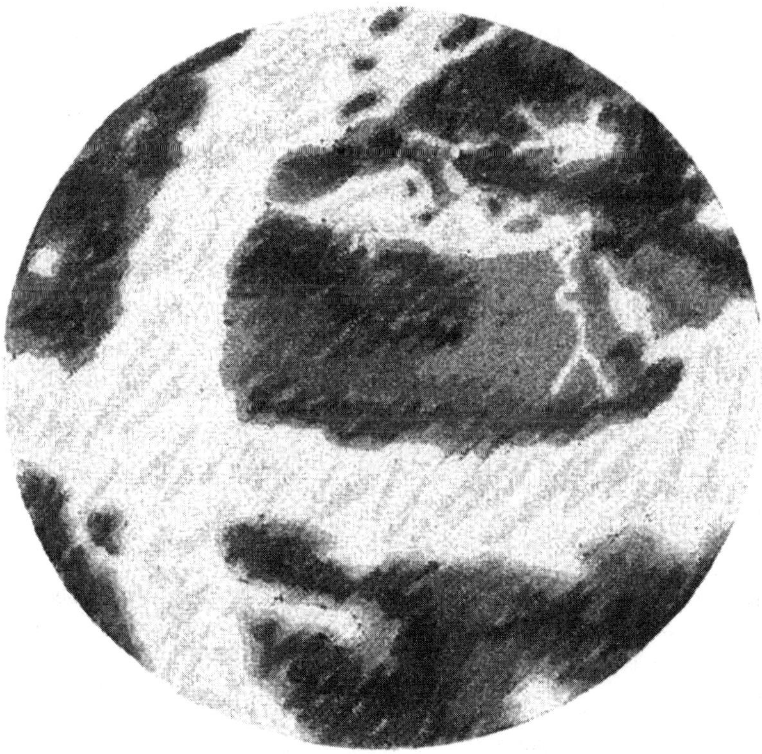

Imagen 26. Una reconstrucción del globo de Crates de Malos.

602 Los fragmentos de Crates están recogidos y comentados en [Crates:Broggiato].

En realidad, Crates hace la operación contraria, aunque no sea consciente de ello, atribuyendo a Homero las teorías de sus tiempos, de las que parece bastante informado[603]; entre las nociones de geografía matemática helenística que cree hallar en los poemas homéricos estaría, por ejemplo, la variación en la duración del día con el cambio de latitud.

La extraña idea de que el océano también ocupaba la zona comprendida entre los trópicos se remontaba a Cleantes de Aso, que la defendió en el siglo III a. C.[604]. Crates la modifica suponiendo que el océano, con dos de sus brazos, divide en dos las zonas habitables también a lo largo de los paralelos; es decir, añade la novedosa idea de sus tiempos de que más allá del Atlántico había otro continente (que, por lo tanto, también comenzaba a aparecer en los mapamundis).

¿Podemos extraer de las fuentes alguna información sobre la conformación del nuevo continente? Recordemos que Estrabón, refiriendo la opinión que rechaza de Hiparco, alude a un «istmo estrecho» que impediría llegar a Asia navegando hacia occidente[605]. En el contexto de su discurso parece solo una alusión al hecho de que un eventual continente intermedio tendría que ser muy estrecho, estando el océano libre de tierras durante un largo recorrido tanto navegando a occidente desde las columnas de Hércules como navegando hacia oriente saliendo de Asia (aunque no se sabe de quién pudo Estrabón tener noticias de la segunda experiencia). Sin embargo, tenemos una alusión al mismo istmo estrecho, también en esta ocasión para negar su existencia, en el *De facie* de Plutarco[606]. La eventual presencia de un istmo entre dos océanos diferentes podría haber sido un

603 Según Aecio, Seleuco de Babilonia expuso su notable teoría de las mareas polemizando contra Crates ([DG], 383b, 17-25). Evidentemente, los contemporáneos tomaron en consideración a Crates no solo como gramático y filólogo, sino también como estudioso de geografía física.

604 Gémino, *Elementa astronomiae*, XVI, 21. Gémino considera completamente equivocada no solo la idea de que la zona tórrida está ocupada por el océano (idea que considera de varios *antiguos*, de los cuales nombra solo a Cleantes, y que recuerda cómo fue acogida posteriormente por Crates), sino también la de que sea inhabitable debido al calor.

605 El pasaje de Estrabón se muestra en la p. 242.

606 Plutarco, *De facie quae in orbe lunae apparet*, 921B-D. Probablemente sea

tema frecuente de debate. Por ejemplo, también parece haber una huella de esto en este otro pasaje de Estrabón:

> En uno de estos cuadriláteros[607] [...] digamos que se encuentra nuestra ecúmene, toda bañada por el mar como una isla: ya he dicho, en efecto, que esto también lo muestran los sentidos y la razón. Si después alguien no cree en este argumento, para la geografía no hay diferencia alguna entre el hacer [de nuestra ecúmene] una isla o admitir lo que sabemos por experiencia: que se puede circunnavegar desde ambos lados, desde oriente y desde occidente, excepto pequeñas regiones intermedias. No hay diferencia si éstas están limitadas por el mar o por tierras deshabitadas. De hecho, quien se dedica a la geografía busca describir las zonas conocidas de la ecúmene, dejando de lado las zonas exteriores o las ignotas[608].

La circunnavegación de la que se habla en este fragmento se ha entendido en general como un recorrido alrededor de la ecúmene, a lo largo de sus costas. Probablemente fuese esta la idea de Estrabón, pero no se comprende cómo *pequeñas regiones intermedias* podrían impedir una ruta de este tipo, ni por qué se debería hablar de navegación *desde oriente* y *desde occidente.* Puesto que la existencia de pequeñas regiones intermedias que impiden la circunnavegación tiene una concordancia con el istmo que (según la opinión de Hiparco refutada por

---

casualidad, pero inmediatamente después de la mención al istmo se nombra a Hiparco.

607 Se trata de cuadriláteros de la superficie terrestre limitados al sur por el ecuador, al norte por el círculo polar ártico y lateralmente por dos arcos de meridianos opuestos.

608 ἐν θατέρῳ δὴ τῶν τετραπλεύρων τούτων [...] ἱδρῦσθαί φαμεν τὴν καθ’ ἡμᾶς οἰκουμένην περίκλυστον θαλάττῃ καὶ ἐοικυῖαν νήσῳ· εἴρηται γὰρ ὅτι καὶ τῇ αἰσθήσει καὶ τῷ λόγῳ δείκνυται τοῦτο. εἰ δ’ ἀπιστεῖ τις τῷ λόγῳ τούτῳ, διαφέροι ἂν πρὸς τὴν γεωγραφίαν οὐδὲν νῆσον ποιεῖν, ἢ ὅπερ ἐκ τῆς πείρας ἐλάβομεν τούτῳ συγχωρεῖν, ὅτι καὶ ἀπὸ τῆς ἠοῦς ἑκατέρωθεν περίπλους ἐστὶ καὶ ἀπὸ τῆς ἑσπέρας πλὴν ὀλίγων τῶν μέσων χωρίων. ταῦτα δ’ οὐ διαφέρει θαλάττῃ περατοῦσθαι ἢ γῇ ἀοικήτῳ· ὁ γὰρ γεωγραφῶν ζητεῖ τὰ γνώριμα μέρη τῆς οἰκουμένης εἰπεῖν, τὰ δ’ ἄγνωστα ἐᾷ καθάπερ καὶ τὰ ἔξω αὐτῆς (Estrabón, *Geographica*, II, v, 5).

Estrabón) impide al océano al oeste del Mediterráneo comunicarse con el situado al este de India, probablemente la fuente de Estrabón quería decir que el *periplo*, o sea, la circunnavegación, del globo terrestre[609] era imposible por *pequeñas regiones intermedias*, esto es, por un istmo. Pero a Estrabón estas regiones no le interesan porque están fuera de la ecúmene que él conoce.

609 Acerca del significado del término *periplo*, ver arriba, p. 241, nota 575.

X. CUESTIONES CERRADAS Y PROBLEMAS ABIERTOS

El resultado

Ha llegado el momento de hacer balance de los resultados alcanzados, distinguiendo entre los seguros y los plausibles, así como los posibles escenarios que se abren.

Pienso que la siguiente afirmación debe considerarse cierta.

A. En la fuente de Ptolomeo, con el nombre de islas Afortunadas se referían a las Antillas Menores (más concretamente a las islas de Barlovento). Ptolomeo acepta la identificación con las Canarias, habitual en su época, pero transcribe las coordenadas relativas a las islas de Barlovento que encuentra en su fuente.

Puesto que el método con el que se ha encontrado (A) es insólito en la historiografía, puede resultar útil recapitular las razones que en la práctica lo vuelven cierto. De (A), compatible con nuestros conocimientos históricos (en particular con el derrumbe en conocimientos geográficos relativos al océano Atlántico tras la destrucción de Cartago y con el abandono durante siglos del sistema de coordenadas esféricas antes de que lo recuperase Ptolomeo), se derivan como consecuencias los siguientes hechos documentados:

1. Ptolomeo atribuye a las Canarias las latitudes de las Antillas Menores, cometiendo un error enorme: una media de unos 15°.

2. Ptolomeo asigna al archipiélago de las Canarias (que básicamente se extiende en dirección este-oeste) la amplitud de un solo grado de longitud y 5,5° de latitud, es decir, con una buena aproximación las dimensiones y orientación (ortogonal respecto de la de las Canarias) de las Antillas Menores.

3. Dado que sus fuentes situaban las islas Afortunadas sobre el meridiano opuesto al de las ubicaciones asiáticas más orientales de las que se tenía noticia, la errónea identificación de las islas lleva a Ptolomeo a dilatar la amplitud en longitud de Eurasia y, consecuentemente, todas las diferencias de longitud en un factor ligeramente superior a 1,4.

4. Del punto anterior y de las distancias conocidas a lo largo de los paralelos, Ptolomeo (como Posidonio antes que él) deduce la medida de 500 estadios por grado de circunferencia máxima de la Tierra, en vez de la medida de 700 estadios por grado determinada por Eratóstenes (con notable precisión, tal y como hemos demostrado con métodos estadísticos).

5. Ptolomeo, que elige como meridiano de referencia el que pasa por las islas Afortunadas, se ve inducido por la errónea identificación de las islas a malinterpretar la longitud del lugar de Tule al que llegó Piteas, desplazándolo al norte de Britania mientras que, en su fuente, el lugar era la intersección del círculo polar ártico con la costa oriental de Groenlandia.

6. Hiparco, extendiendo la amplitud del mundo conocido para incluir las Antillas Menores, añadió, con notable precisión, 26 000 estadios a la amplitud de la ecúmene a lo largo del paralelo de Atenas calculada por Eratóstenes, tal y como afirma Plinio en un pasaje que hasta ahora era incomprensible (en el que confunde la medida de la amplitud de la ecúmene con la medida de la circunferencia máxima de la Tierra).

Para ninguno de los seis puntos previos se había propuesto alguna explicación plausible y, en cada uno de estos casos, la verificación ha podido ser cuantitativa y notablemente precisa. No es admisible que, en los seis casos previos, esto se deba a la casualidad.

Además, (A) permite comprender:

7. por qué Ptolomeo (como evidencia el mapa en la p. 220) encogió hacia oriente las costas occidentales de África;

8. por qué Ptolomeo (como se ve en el mismo mapa) tuvo que dilatar hacia el este la extensión de Escocia y consecuentemente también la de la península de Jutlandia;

9. los testimonios de Orosio, Procopio y otros sobre Tule (recogidos en las pp. 216-217), hasta ahora incomprensibles o juzgados como fantasías.

La fuerza de los puntos precedentes es tal que para la certeza de la afirmación (A) no serían necesarias ni la posterior confirmación dada por Simeón Seth, quien conserva las afirmaciones malinterpretadas por Ptolomeo, ni las descripciones que nos han llegado de las islas Afortunadas, tan coherentes con la identificación obtenida como para haber propuesto sobre su única base la hipótesis de que podría tratarse de islas del Caribe[610].

En las ciencias exactas, si se consigue explicar con una hipótesis sencilla, aun cuantitativamente, muchos hechos de otra forma carentes de explicación o relación recíproca, coherente con teorías ya acogidas y no contradichas por ningún fenómeno, la hipótesis es aceptada[611]. Pienso que el mismo método también debería usarse en historiografía y, por lo tanto, que se debe asumir que las fuentes de Ptolomeo conocían con notable precisión las coordenadas de las Antillas Menores.

Hoy hay una desafección generalizada hacia el pensamiento abstracto y los caminos lógicos. El término *teorema* prácticamente se usa más o menos como sinónimo de *embuste* [N. del T.: En el actual lenguaje periodístico italiano, el uso de *teorema* suele usarse como calificativo de acusaciones fruto de elucubra-

---

610 Ver la afirmación de Manfredi citada en la p. 203.

611 El procedimiento por el que se acepta la hipótesis con base en la verificación de sus consecuencias se conoce como «abducción» desde Charles Sanders Peirce y se utiliza sistemáticamente en física.

ciones y carentes de fundamento respecto de los hechos probados], por *teoría* cada vez se entiende más una idea desprovista de resultados y muchos consideran ciertas solo las pruebas constituidas por objetos concretos, en nuestro caso restos arqueológicos. Tras la publicación de la primera edición de este libro, muchos lo comentaron afirmando que las nuestras seguirían siendo hipótesis hasta que no se encuentre una prueba concreta, como una pieza cartaginesa en el Caribe.

En realidad, las invocadas «pruebas concretas» serían mucho menos fiables que las que acabamos de enumerar. Si se encontrase un objeto cartaginés o griego en América central, podría considerarse falso o, en cambio, de no haber duda de su autenticidad, se podría sostener que fue llevado allí por un bromista o un estafador o explicar el hallazgo de cualquier otra forma. Hemos visto varios ejemplos de esto en las pp. 85-86. Tan solo recordemos que el hallazgo de monedas cartaginesas en las Azores se ha explicado hipotetizando que un numismático europeo de la Edad Moderna decidió deshacerse de sus monedas cartaginesas enterrándolas en aquella isla[612] y, para negar los antiguos contactos transatlánticos, se ha dicho que la terracota romana encontrada en una tumba precolombina intacta habría llegado a América dando la vuelta al mundo a través de Asia y el océano Pacífico[613].

Por el contrario, una demostración basada en los números mostrados por Ptolomeo en su *Geographia*, en métodos estadísticos estándar y en instrumentos lógicos solo puede ser falsificada encontrando errores en el procedimiento seguido; no es posible rebatir ni los números de Ptolomeo (se pueden comprobar en cualquier biblioteca) ni los métodos de la estadística. Seguir una serie de implicaciones lógicas, sin embargo, requiere un esfuerzo mayor del necesario para reconocer un objeto, que generalmente se prefiere evitar.

En absoluto quiero afirmar que la historiográfia pueda convertirse en una ciencia exacta, como creyeron los fautores de la

---

612 Ver arriba, p. 86.

613 *Ibidem.*

processual archaeology[614]. No pienso que sea posible encontrar leyes generales del desarrollo histórico, sino, sencillamente, que formas de razonamiento típicas de las ciencias exactas pueden desempeñar un papel auxiliar en los estudios históricos análogo al que desempeñan los métodos físico-químicos.

Naturalmente, en nuestro caso, la utilidad de los métodos científicos en el ámbito historiográfico se ve incrementada por la circunstancia de que, en el período histórico examinado, se usaban modelos proporcionados precisamente por la ciencia exacta, particularmente en el campo de la geografía matemática; de tal forma, la historia de la ciencia ha podido ofrecer elementos útiles a la historia en general. Se trata de un caso excepcional, algo que probablemente se deba, más que a motivos intrínsecos, a la escasa interacción entre las diferentes disciplinas.

Desde el punto de vista de la historia de la ciencia, el resultado es interesante más que nada porque el burdo malentendido de Ptolomeo (y, antes que él, de Posidonio) ilustra elocuentemente la brecha cultural que les separa de sus fuentes helenísticas: una brecha a menudo ignorada o infravalorada, cuyo reconocimiento posiblemente también permitiría leer con nuevos ojos el *Almagesto*.

Podemos preguntarnos por qué el malentendido no ha sido reconocido hasta ahora. No obstante, la confusión entre las Canarias y las Antillas Menores, incluso prescindiendo del resto de las pruebas, resulta evidente por las coordenadas que asigna Ptolomeo a las islas Afortunadas. De hecho, aunque Ptolomeo las identifique con las Canarias, proporciona las coordenadas de un archipiélago cuya extensión (en longitud y latitud) no es la de las Canarias sino la de las Antillas Menores, cuya latitud no es la de las Canarias sino la de las Antillas Menores y cuya longitud difiere en la de las Antillas Menores exactamente cuanto se requiere para generar su sistemático error en las longitudes y en el tamaño de la Tierra. Aun así, la razón de que los historiadores de la geografía nunca hayan sospechado que las islas Afortunadas fuesen originariamente las Antillas Menores

614 Ver arriba, p. 20.

habría que buscarla en el bloqueo mental que *a priori* excluye del estudio de la geografía antigua cualquier consideración que tenga que ver con el Nuevo Mundo. Cabe esperar que, si un bloqueo tan poderoso es eliminado, puedan emerger muchos más elementos útiles.

Otra tesis que hemos defendido es la siguiente:

B. Ptolomeo obtuvo las diferencias de longitud entre las islas Afortunadas, la capital de China y Tule de Hiparco, quien por lo tanto conocía las coordenadas de algunas ubicaciones americanas.

La afirmación (B) se basa en los testimonios del propio Ptolomeo, que señala a Hiparco como única fuente fiable de coordenadas halladas con métodos astronómicos; de Plinio, quien, aunque malinterpretándolo, con toda probabilidad cita la ampliación de la ecúmene debido a Hiparco; y de Estrabón —en lo que concierne a Tule—. Por ende, (B) es razonablemente plausible, pero no tenemos pruebas igual de seguras como las que hacen que la afirmación (A) sea cierta.

A la pregunta de cuáles eran las fuentes de Hiparco hemos propuesto la siguiente respuesta:

C. Los cartagineses conocían desde hacía tiempo las Antillas Menores y el secreto de su localización solo se divulgó tras la destrucción de Cartago.

Esta última afirmación, sugerida por la navegación practicada en el océano Atlántico por los cartagineses, por los testimonios que los señalan como descubridores de las islas Afortunadas y por el hecho de que las noticias sobre las islas llegaron a la comunidad griega después de la destrucción de Cartago, sin embargo, solo representa el escenario más verosímil y no un hecho probado con certeza.

Si consideramos respectivamente a cada una de las tres afirmaciones del parágrafo anterior como cierta, casi cierta y verosímil, se nos abren una serie de cuestiones. En concreto, nos podemos preguntar:

1. ¿Qué propósitos tenían los viajes a través del Atlántico?

2. ¿Qué importancia y qué consecuencias tuvieron los intercambios culturales entre el Viejo y el Nuevo Mundo?

Si, en efecto, los viajes entre las dos orillas del Atlántico continuaron durante siglos, no debemos pensar en sencillas rutas de expedición, sino en rutas comerciales. La escasez extrema de pruebas arqueológicas no lo excluye, ya que se conocen más casos de «comercio invisible», es decir, del intercambio de mercancías que no dejan restos arqueológicos (como sucede con muchos alimentos, especias, tejidos, metales, pieles, esclavos...)[615].

La cuestión más relevante es la de los eventuales intercambios culturales. Sin duda, es un problema que permanece abierto, pero los términos en los que puede debatirse han cambiado radicalmente. Es cierto que se puede hipotetizar que los contactos con los navegantes provenientes del Mediterráneo fueron tan esporádicos y superficiales como para no influenciar de manera significativa el desarrollo de las civilizaciones mesoamericanas, pero ya es imposible deducir la ausencia de influencias fundamentándola en la certidumbre de un completo aislamiento de tales civilizaciones. Es incluso dificil defender que no hubo para nada influencias culturales. Por ejemplo, reconsideremos las figurillas de terracota de animales móviles con ruedas de la Mesoámerica precolombina[616]. No es creíble que la tradición de construir estos objetos en una cultura que desconocía el transporte sobre ruedas surgiera independientemente de con-

615 Véase, por ejemplo, [Potts], p. 764.
616 Ver arriba, p. 65.

tactos, ahora probados, con una civilización a la que los vehículos con ruedas, incluidos sus modelos a escala en terracota, le eran familiares desde hacía milenios.

La demostración de que en la Antigüedad hubo interacciones entre el Viejo y el Nuevo Mundo, ciertamente, no implica que las civilizaciones mesoamericanas sean un simple reflejo de las euroasiáticas, como creyeron los viejos exponentes del «difusionismo colonialista», sino solo que su desarrollo interaccionó con el de otras civilizaciones, de maneras y con una intensidad que todavía desconocemos.

No sabemos, por ejemplo, si la escritura maya surgió de forma totalmente independiente de la del Viejo Mundo o si la difusión a través del océano de la idea de poder escribir estimuló la aparición de un sistema radicalmente distinto de todos los anteriores. El problema, por tanto, no es muy diferente en su planteamiento al de los logogramas chinos de la época Shang. Pero ya no se podrá usar más la certidumbre en la absoluta independencia de la escritura maya como argumento a favor de la análoga autonomía de la invención china, como hemos visto hacer a más de un lingüista[617]. Cierto es que la constatación de que, en el inmenso continente americano, la escritura solo ha surgido en Mesoamérica, es decir, allí donde ahora se ha demostrado que hubo contactos con pueblos que poseían esta herramienta desde hacía milenios, hace sospechar que pudo haber alguna influencia. El hecho de que el cero, tras haberse difundido por el Viejo Mundo a partir de Mesopotamia, sin haber sido nunca reinventado nuevamente, aparezca también en el Nuevo Mundo, precisa y únicamente en la misma zona, despierta la misma sospecha, pero, naturalmente, las sospechas están lejos de ser pruebas.

No obstante, no debemos pensar que la eventual difusión de elementos culturales se dio en una única direccion, de este a oeste. Las antiguas culturas americanas también podrían haber influenciado al Viejo Mundo de maneras aún por descubrir.

617 Ver arriba, pp. 51-52.

La demostración de los antiguos contactos transoceánicos es interesante, sobre todo, porque elimina el principal pilar en apoyo de la teoría del desarrollo paralelo de todas las civilizaciones a través de las mismas fases.

Si la historia de la humanidad consistiese en una serie de evoluciones paralelas, progresivas y lineales, regidas por leyes definidas, entonces todas las culturas se podrían ordenar en una escala universal, obtenida transformando un dato virtualmente cronológico en implícitos juicios de valor (de manera similar a cuando se habla de la «edad mental» de los jóvenes). Aceptando esta tesis, es natural considerar «primitivas» las culturas diferentes de la nuestra (con inconfesables, pero probablemente inevitables, juicios racistas implícitos de las etnias «rezagadas»).

Ahora se torna concebible, aunque falte mucho para demostrarlo, que la historia de la humanidad, al igual que la evolución biológica, es el resultado de una serie de eventos impredecibles y en gran parte casuales que han trazado caminos concretos de entre los muchos posibles, uno de los cuales nos ha llevado a la forma de civilización a la que estamos habituados, en la actualidad hegemónica a nivel planetario. En este caso, culturas distintas a la nuestra no deberían ser juzgadas más lentas en el progreso de un único camino de la civilización, porque podrían sencillamente haber tomado un camino distinto; no deberían ser valoradas sobre la base de cuántos elementos tienen en común con nosotros, sino principalmente examinadas por sus caracteres distintivos de direcciones alternativas de desarrollo.

Otra consecuencia de enorme relevancia al abandonar presuntas leyes deterministas reguladoras de los procesos históricos sería la de considerar como potencialmente irreversibles los colapsos culturales. Por ejemplo, para quien cree en la existencia de leyes universales del desarrollo de la cultura, el trágico final de la ciencia antigua le puede parecer un contratiempo en un camino que en cualquier caso habría sido retomado más adelante. Sin embargo, el hecho de que ninguna otra civilización haya reinventado de manera independiente el método científico, el cual reapareció solo donde fue posible recuperar textos de la antigua ciencia, habla a favor de la hipótesis de que dicho método podría haberse perdido definitivamente, como se puede imaginar que ha sucedido en el pasado con otras conquistas. Si se considera que las futuras generaciones también merecen poseer las herramientas intelectuales disponibles hoy día, entonces es indispensable conservar su memoria.

Más en general, el abandono de un supuesto único recorrido preestablecido de evolución devolvería a la historia del pasado toda su complejidad y a la humanidad actual la enorme responsabilidad de elegir libremente los desarrollos futuros.

Apéndice A
Las coordenadas de las ciudades de la muestra[618]

1. Latitudes:

Ciudad	Latitud real	Según Ptolomeo	Diferencia
Gibraltar	36° 7' 30''	36° 15'	7' 30''
Málaga	36° 43'	37° 30'	47'
Córdoba	37° 53'	38° 5'	12'
Abdera (hoy Adra)	36° 45'	37° 10'	25'
Cartagena	37° 36'	37° 55'	19'
Tarragona	41° 7'	40° 40'	27'
Barcelona	41° 22'	41°	22'
Numancia (hoy Garray)	41° 49'	41° 50'	1'
Sagunto	39° 41'	39° 20'	21'
Toulouse	43° 36'	44° 15'	39'
Marsella	43° 18'	44° 5'	13'
Olbia (hoy Hyéres)	43° 7'	42° 45'	22'
Génova	44° 25'	42° 50'	1° 35'
Populonia	42° 59'	42°	59'
Roma	41° 54'	41° 40'	14'
Cuma (hoy Arco Felice)	40° 51'	41° 10'	19'
Paestum	40° 25'	40°	25'

618 Los valores de las coordenadas según Ptolomeo han sido tomados de [Ptolomeo: Stückelberger Grasshoff].

Ciudad	Latitud real	Según Ptolomeo	Diferencia
Crotona	39° 5′	39° 10′	5′
Regio de Calabria	38° 7′	39° 15′	1° 8′
Tarento	40° 28′	40°	28′
Bríndisi	40° 38′	39° 40′	58′
Rávena	44° 25′	44°	25′
Ancona	43° 37′	43° 40′	3′
Camerino	43° 8′	43°	8′
Capua (hoy Sta. Maria C. V.)	41° 5′	41° 10′	5′
Palermo	38° 7′	37°	1° 7′
Siracusa	37° 5′	37° 15′	10′
Pula	44° 52′	44° 40′	12′
Abdera	40° 57′	41° 45′	48′
Bizancio	41°	43° 12′	2° 12′
Flipópolis	42° 9′	42° 45′	36′
Pela	40° 46′	40° 5′	41′
Estagira	40° 32′	41° 10′	38′
Atenas	37° 58′	37° 15′	43′
Tebas	38° 19′	37° 55′	24′
Delfos	38° 29′	37° 40′	49′
Corinto	37° 56′	36° 55′	1° 1′
Esparta	37° 4′	35° 30′	1° 34′
Tingis Caesarea (hoy Tánger)	35° 46′	35° 55′	9′
Hipona	36° 54′	32° 15′	4° 39′
Cartago	36° 53′	32° 40′	4° 13′
Leptis Magna	32° 38′	31° 40′	58′
Berenice	32° 7′	31° 20′	47′
Ptolemaida	32° 43′	31° 10′	1° 33′
Cirene	32° 49′	31° 20′	1° 29′
Alejandría	31° 12′	31°	12′
Náucratis	30° 54′	30° 30′	24′
Oxirrinco	28° 32′	28° 50′	18′
Siena (hoy Asuán)	24° 5′	23° 50′	15′

Ciudad	Latitud real	Según Ptolomeo	Diferencia
Arsínoe, en Etiopía (hoy Asab)	13° 1'	10° 40'	2° 21'
Calcedón	40° 59'	43° 5'	2° 6'
Nicomedia	40° 46'	42° 30'	1° 44'
Lámpsaco	40° 21'	41° 25'	1° 4'
Pítane	38° 56'	39° 45'	49'
Mileto	37° 31'	37°	31'
Pérgamo	39° 7'	39° 45'	38'
Sardes	38° 29'	38° 45'	16'
Mitilene	39° 6'	39° 40'	34'
Lindos (en la isla de Rodas)	36° 5'	36°	5'
Samos	37° 45'	37° 35'	10'
Sínope	42° 2'	44°	1° 58'
Perge	36° 58'	36° 50'	8'
Cesarea (en Cappadocia)	38° 44'	39° 30'	46'
Tarsos	36° 55'	36° 50'	5'
Fasis (hoy Poti)	42° 9'	44° 45'	2° 36'
Sidón	33° 34'	33° 30'	4'
Antioquía del Orontes	36° 12'	35° 30'	42'
Apamea	35° 25'	31° 15'	40'
Carras	36° 51'	36° 10'	41'
Damasco	33° 31'	33°	31'
Jerusalén	31° 47'	31° 40'	7'
Gaza	31° 31'	31° 45'	14'
Petra	30° 20'	30° 20'	0
Seleucia del Tigris	33° 6'	35° 40'	2° 34'
Babilonia	32° 28'	35°	2° 32'
Susa	32° 11'	34° 15'	2° 4'
Ecbatana	34° 48'	37° 45'	2° 57'
Persépolis	29° 56'	33° 20'	3° 24'
Hecatómpylos (hoy Damghan)	35° 58'	37° 50'	1° 52'
Antioquía Margiana (hoy Merv)	37° 36'	40° 40'	3° 4'

Las latitudes que proporciona Ptolomeo no parecen afectadas por errores sistemáticos. En aproximadamente la mitad de la muestra, el error no supera el medio grado y se distribuye de manera bastante simétrica alrededor del cero; solo en veintitrés de las ochenta localidades consideradas es superior a 1°. En general, para las ciudades del Mediterráneo, los valores son precisos, con la llamativa excepción de Cartago e Hipona, cuyas latitudes tienen un error superior a 4°[619]. También hay errores importantes en un grupo de ciudades de Mesopotamia y de regiones de Asia central, cuya latitud aumenta en dos o tres grados.

2. Longitudes:

Ciudad	Longitud real desde Greenwich	Longitud dada por Ptolomeo
Gibraltar	5° 21' W	7° 30'
Málaga	4° 25' W	8° 50'
Córdoba	4° 47' W	9° 20'
Abdera (hoy Adra)	3° 1' W	10° 45'
Cartagena	59' W	12° 15'
Tarragona	1° 15'	16° 20'
Barcelona	2° 10'	17° 15'
Numancia (hoy Garray)	2° 27'	12° 30'
Sagunto	16' W	14° 35'
Toulouse	1° 25'	20° 10'

619 Este error es fácil de explicar si (coherentemente con los resultados expuestos hasta ahora y resumidos en las pp. 220-221) se asume que los mapas a disposición de Ptolomeo eran mucho mejores de los elaborados con base en sus datos y que, en particular, representaban con precisión la costa mediterránea de África. De hecho, se vuelve una consecuencia inmediata del error relativo a la longitud de Cartago, que Ptolomeo había aumentado poco más de tres grados, por los motivos expuestos en p. 197. Partiendo de Cartago y desplazándose a lo largo de la costa africana, un aumento de tres grados de la longitud corresponde, en efecto, con una disminución de la latitud de poco más de cuatro grados. Presumiblemente, el error se propagó posteriormente a Hipona, que se encuentra casi a la misma latitud que Cartago.

Ciudad	Longitud real desde Greenwich	Longitud dada por Ptolomeo
Marsella	5° 23'	24° 30'
Olbia (hoy Hyères)	6° 8'	25° 10'
Génova	8° 56'	30°
Populonia	10° 29'	33° 30'
Roma	12° 29'	36° 40'
Cuma (hoy Arco Felice)	14° 4'	39° 20'
Paestum	15°	40° 10'
Crotona	17° 7'	41° 30'
Regio de Calabria	15° 39'	39° 50'
Tarento	17° 14'	41° 30'
Bríndisi	17° 57'	42° 30'
Rávena	12° 12'	34° 40'
Ancona	13° 31'	36° 30'
Camerino	13° 4'	36°
Capua (hoy Sta. Maria C. V.)	14° 15'	40°
Palermo	13° 22'	37°
Siracusa	15° 17'	39° 30'
Pula	13° 51'	36°
Abdera	24° 59'	52° 10'
Bizancio	28° 58'	56°
Filipópolis	24° 45'	52° 30'
Pela	22° 31'	49° 20'
Estagira	23° 45'	50° 20'
Atenas	23° 43'	52° 45'
Tebas	23° 19'	52° 40'
Delfos	22° 30'	50°
Corinto	22° 56'	51° 15'
Esparta	22° 25'	50° 15'
Tingis Caesarea (hoy Tánger)	5° 48' W	6° 30'
Hipona	7° 46'	30° 20'
Cartago	10° 19'	34° 50'
Leptis Magna	14° 19'	42°

Ciudad	Longitud real desde Greenwich	Longitud dada por Ptolomeo
Berenice	20° 4'	47° 45'
Ptolemaida	20° 57'	49° 5'
Cirene	21° 51'	50°
Alejandría	29° 55'	60° 30'
Náucratis	30° 37'	61° 15'
Oxirrinco	30° 40'	61° 40'
Siena (hoy Asuán)	32° 56'	62°
Arsínoe, en Etiopía (hoy Asab)	42° 44'	73° 45'
Calcedón	29° 2'	56° 5'
Nicomedia	29° 55'	57° 30'
Lámpsaco	26° 41'	55° 20'
Pítane	26° 56'	56° 10'
Mileto	27° 17'	58°
Pérgamo	27° 11'	57° 25'
Sardes	28° 2'	58° 20'
Mitilene	26° 33'	55° 40'
Lindos (en la isla de Rodas)	28° 5'	58° 40'
Samos	26° 50'	57°
Sínope	35° 9'	63° 50'
Perge	30° 51'	62° 15'
Cesarea (en Capadocia)	35° 29'	66° 30'
Tarsos	34° 54'	67° 40'
Fasis (hoy Poti)	41° 40'	72° 30'
Sidón	35° 22'	67° 10'
Antioquía del Orontes	36° 9'	69°
Apamea	36° 24'	70°
Carras	39° 13'	73° 15'
Damasco	36° 18'	69°
Jerusalén	35° 13'	66°
Gaza	34° 27'	65° 25'
Petra	35° 27'	66° 45'
Seleucia del Tigris	44° 31'	79° 20'

Ciudad	Longitud real desde Greenwich	Longitud dada por Ptolomeo
Babilonia	44° 25'	79°
Susa	48° 15'	84°
Ecbatana	48° 31'	88°
Persépolis	52° 53'	90° 15'
Hecatómpylos (hoy Damghan)	54° 2'	96°
Antioquía Margiana (hoy Merv)	61° 50'	106°

Utilizando el método de los mínimos cuadrados se halla que la recta que mejor aproxima la relación entre las longitudes reales (x) y las proporcionadas por Ptolomeo (y), llamada recta de regresión, es:

$$y = 1{,}428x + 17{,}06.$$

Si señalamos con x_i las longitudes reales desde Greenwich de las localidades de la muestra, con y_i como las que proporciona Ptolomeo y con z_i como los valores estimados con la recta de regresión ($z_i = 1{,}428x_i + 17{,}06$), se obtiene que las varianzas (es decir, las sumas de los cuadrados de las diferencias de las medias) de las dos últimas series de valores son:

$$\sigma^2(y_i) = 465{,}431, \qquad \sigma^2(z_i) = 462{,}406.$$

El coeficiente R^2 mide en qué porcentaje el modelo lineal da cuenta de la relación entre los datos y se define como la proporción $\sigma^2(z_i)/\sigma^2(y_i)$. En nuestro caso vale:

$$R^2 = 0{,}9935.$$

Apéndice B
La medición de Eratóstenes y su error

Como se recuerda en la p. 140, si señalamos respectivamente con D y d las longitudes de una circunferencia máxima de la Tierra (considerada esférica) y del arco de meridiano comprendido entre Alejandría y el trópico, tenemos:

$$D = dr,$$

donde r es la relación entre un ángulo completo y el ángulo α formado por los rayos del sol con la vertical a mediodía del solsticio de verano en Alejandría.

Cleómedes, exponiendo el método usado por Eratóstenes para su medida, asume los valores 50 para r y 5000 estadios para d. Por lo que la longitud de la circunferencia habría sido:

$$50 \times 5000 \text{ estadios} = 250\,000 \text{ estadios} \quad (1).$$

En la p. 170 hemos señalado que, dado que el resto de las fuentes recogen como resultado final el valor de 252 000 estadios, Cleómedes debe haber obtenido la (1) redondeando las cifras originales para simplificárselo al lector. Es más, sabemos que las simplificaciones introducidas por Cleómedes incluían redondeos numéricos[620].

Ahora fijémonos en que la operación original hecha por Eratóstenes no pudo haber sido:

620 Ver arriba, p. 170.

$$50 \times 5040 \text{ estadios} = 252\,000 \text{ estadios},$$

ya que los antiguos geógrafos nunca expresaron la estimación de una larga distancia con la precisión de una decena de estadios. Debemos deducir que, en la operación (1), Cleómedes no solo redondeó el producto, sino también el primer factor. Una rápida inspección muestra que, entre los números que razonablemente pueden redondearse a 50, solo 48 es un submúltiplo de 252 000. Esto nos lleva a conjeturar que la operación original de Eratóstenes fue:

$$48 \times 5250 \text{ estadios} = 252\,000 \text{ estadios} \quad (2),$$

donde 5250 estadios era el valor asumido para la distancia entre Alejandría y el trópico, y 1/48 de vuelta, la medida del ángulo α. La conjetura es razonablemente aceptable porque la confirman tres elementos independientes:

a. En la época de Eratóstenes, como unidad de medida de los ángulos se usaban 1/60 de vuelta o incluso un «signo», es decir, 1/12 de vuelta, y los ángulos obtenidos de dividir este último por la mitad una o dos veces, esto es, 1/24 de vuelta y 1/48 de vuelta. Por ende, el resultado de 1/48 de vuelta era del todo natural como medida de un ángulo, mientras que el valor de 1/50 de vuelta que recoge Cleómedes no era fácil de expresar en las unidades usadas entonces.

b. Estimar la distancia con un número de estadios múltiplo de 250, como es 5250, concuerda con el uso que sigue Eratóstenes en otras ocasiones[621].

c. Estrabón proporciona un testimonio decisivo al referir que la distancia medida por Erastótenes entre Asuán y el Mediterráneo dio un resultado de 5300 estadios[622]. Dado

621 Eratóstenes, por ejemplo, había medido en 3750 estadios la distancia entre Alejandría y Rodas, que precedentemente se pensaba que eran 4000 estadios (Estrabón, *Geographica*, II, v, 24).

622 Estrabón, *Geographica*, XVII, i, 2.

que Estrabón expresa todas las medidas de largas distancias en centenas de estadios[623], la concordancia con el valor 5250 es la mejor posible.

Observemos que el valor de 1/48 de vuelta para el ángulo α (con nuestra notación sería 7° 30') solo difiere en 2' del valor real de la diferencia de latitud entre Alejandría y el trópico (que en aquella época era 7° 28'[624]).

El hecho de que el valor de la distancia entre Alejandría y el trópico se expresase con un múltiplo de 250 estadios permite estimar la precisión que el mismo Eratóstenes atribuía a su medida. Evidentemente, él consideraba que la distancia real entre Alejandría y el trópico estaba más cerca de 5250 estadios que de 5000 o 5500 estadios; por tanto, consideraba que estaba cometiendo un error no superior a 125 estadios, es decir, alrededor de un 2,5 %: una estimación coherente con el error que hemos encontrado en el texto sobre la base de nuestra determinación del estadio.

Hay que señalar que los rayos que vienen del Sol no son perfectamente paralelos entre sí, lo que causa un error para nada despreciable en la medición hecha por Eratóstenes. De hecho, la magnitud aparente del Sol es de alrededor de medio grado, por lo que los rayos provenientes desde varios puntos de la superficie solar forman entre ellos ángulos que justo pueden alcanzar medio grado de amplitud. De esto se deriva un límite tanto en la precisión con la que puede medirse el ángulo de los rayos solares con la vertical como en aquella con la que puede determinarse la posición del trópico.

Es importante señalar que Eratóstenes era totalmente consciente de esta causa de error. De hecho, Cleómedes refiere que Eratóstenes observó que, a mediodía del solsticio de verano, las meridianas no solo no daban sombra sobre la línea del trópico, sino sobre una franja de trescientos estadios de ancho[625].

623 [Shcheglov HTC], p. 165 (y nota 16).

624 La latitud de Alejandría es 31° 12'. La latitud del trópico, o sea, la oblicuidad de la eclíptica, era 23° 44' durante el período helenístico.

625 Ver arriba, p. 143. Puesto que un grado de meridiano, con base en la medida de Eratóstenes, mide 700 estadios, los trescientos estadios corresponden a poco menos de medio grado del tamaño aparente del Sol.

Índice de obras y pasajes citados

Abreviaciones bibliográficas

[Anthony] David W. Anthony, *The Horse, the Wheel, and Language: How Bronze-Age Riders from the Eurasian Steppes Shaped the Modern World*, University Press, Princeton 2007.

[An Zhimin] An Zhimin, *Cultural Complexes of the Bronze Age in the Tarim Basin and Surrounding Areas*, pp. 45-62, en [Mair BAEIA].

[Appelt Berglund Gulløv] Martin Appelt, Joel Berglund, Hans Christian Gulløv (editores), *Identities and Cultural Contacts in the Arctic*: Proceedings from a Conference at the Danish National Museum, Copenhagen, November 30 to December 2, 1999, The Danish National Museum & Danish Polar Center, Copenhagen 2000.

[Arquímedes:Mugler] *Archimède*, texto elaborado y traducido por Charles Mugler, 4 vols., Les Belles Lettres, París 1970-1972.

[Aujac] Germaine Aujac, *Strabon et la science de son temps*, Les Belles Lettres, París 1966.

[Bachand] Holly Sullivan Bachand, *Sellos cilíndricos y estampaderas del Periodo Formativo en Mesoamérica*, pp. 527-538, en XVI Simposio de Investigaciones Arqueológicas en Guatemala, 2002 (editado por J.P. Laporte, B. Arroyo, H. Escobedo y H. Mejía), Guatemala, Museo Nacional de Arqueología y Etnología, (versión digital) 2003.

[Bagley AW] Robert W. Bagley, *Anyang writing and the origin of Chinese writing system*, pp. 190-249, en [Houston FW].

[Bagley SA] Robert W. Bagley, *Shang Archaeology*, pp. 124-231, en [CHAC].

[Bailey] Douglass W. Bailey, Balkan *Prehistory: Exclusion, Incorporation, and Identity*, Routledge, Londres 2000.

[Bakker Kruk Lanting Milisauskas] Jan Albert Bakker, Janusz Kruk, Albert E. Lanting, Sarunas Milisauskas, *The earliest evidence of wheeled vehicles in Europe and the Near East*, «Antiquity», 73, 282, 778-790 (1999).

[Bartoloni] Piero Bartoloni, *Fenici e Cartaginesi sul mare*, «Le Scienze», giugno 1979.

[Barton] Humphrey Barton, *Atlantic Adventures: Voyages in Small Craft*, Van Nostrand-Adlard Coles, Nueva York-Southampton 1962.

[Benoit] Pierre Benoit, *L'Atlantide*, Albin Michel, París, 1919.

[Benton] Michael J. Benton, *When Life Nearly Died. The Greatest Mass Extinction of All Time*, Thames & Hudson, Londres 2003.

[Berglund] Joel Berglund, *Did the Medieval Norse Society in Greenland Really Fail?*, pp. 45-70, en [McAnany Yoffee].

[Berti Costa] Monica Berti, Virgilio Costa, *La Biblioteca di Alessandria*, Edizioni Tored, Tivoli (Roma) 2010.
[Bintliff Pearce] John Bintliff, Mark Pearce (editores), *The Death of Archaeological Theory?*, Oxbow Books, Oxford-Oakville 2011.
[Boardman] John Boardman, *The Diffusion of Classical Art in Anti-quity*, Princeton University Press, Princeton 1995.
[Bobzien] Susanne Bobzien, *Frege Plagiarized the Stoics*, in F. Leigh (ed.), *Themes in Plato, Aristotle, and Hellenistic Philosophy*: Keeling Lectures 2011-18, Institute of Classical Studies, School of Advanced Studies, University of Londres Press, Londres 2021, pp. 149-206.
[Boltz] William G. Boltz, *Language and Writing*, pp. 74-123, en [CHAC].
[Borhegyi] Stephan F. de Borhegyi, *Notas sobre sellos de barro existentes en el Museo Nacional de Arqueología y Etnología de Guatemala*, «Antropología e Historia de Guatemala», 2, 2, 16-26 (1951).
[Borreggine *et al.*] Borreggine, Marisa; Latychev, Konstantin; Coulson, Sophie; Powell, Evelyn; Mitrovica, Jerry; Milne, Glenn; Alley, Richard. *Sea-level rise in Southwest Greenland as a contributor to Viking abandonment*, «Proceedings of the National Academy of Sciences». 120 (17) (2023).
[Bottéro] Françoise Bottéro, *Writing on shell and bone in Shang China*, pp. 250-261, en [Houston FW].
[Bresciani] *Letteratura e poesia dell'antico Egitto*; introducción, traducción original y notas de Edda Bresciani; Einaudi, Turín 1990.
[Brodersen] K. Brodersen, *Terra Cognita: Studien zur römischen Raumerfassung*, Olms, Hildesheim 1995.
[Cadelo] Elio Cadelo, *Quando i romani andavano in America. Scoperte geografiche e conoscenze scientifiche degli antichi navigatori*, Palombi Editori, Roma 2013.
[CAG] *Commentaria in Aristotelem Graeca*, Reimer, Berlín 1882-1909.
[Carter] George F. Carter, *Pre-Columbian Chickens in America*, pp. 178-218, en [Riley Kelley Pennington Rands].
[Casella] Domenico Casella, *La frutta nelle pitture pompeiane*, pp. 355-386, en [Maiuri].
[Casson] Lionel Casson, *Ships and seamanship in the ancient world*, Princeton University Press, Princeton 1971; *rist.* John Hopkins, Baltimore 1995.
[CHAC] Michael Loewe, Edward L. Shaughnessy (editores), *The Cambridge History of Ancient China*, Cambridge University Press, Cambridge 1999.
[Chi A] Li Chi, *Anyang*, University of Washington Press, Seattle 1977.
[Chi BCC] Li Chi, *The Beginnings of Chinese Civilization: Three Lectures Illustrated with Finds at Anyang*, University of Washington Press, Seattle 1957.
[Chiesa] Paolo Chiesa, *Marckalada. Quando l'America aveva un altro nome*, Laterza, Roma-Bari, 2023.
[Childe] Vere Gordon Childe, *Man Makes Himself*, Watts & Co., Londres 1936.
[Cline] E. H. Cline, 1177 *B.C.: The Year Civilization Collapsed*, Princeton University Press, Princeton, 2014.
[Cooper] Jerrold S. Cooper, *Babylonian beginnings: the origin of the cuneiform writing system in comparative perspective*, pp. 71-99, en [Houston FW].
[Columba] Gaetano Mario Columba, *Eratostene e la misurazione del meridiano terrestre*, Clausen, Palermo, 1895.

[Cratete:Broggiato] Cratete di Mallo, *I Frammenti*, edición y notas de Maria Broggiato, Edizioni di Storia e Letteratura, Roma 2006.

[Cullen] Christopher Cullen, *A Chinese Eratosthenes of the flat earth: a study of a fragment of cosmology in Huai Nan tzu*, «Bullettin of the School of Oriental and African Studies», 39, 1, 106-127 (1976).

[Czwalina], Arthur Czwalina, *Die Gradmessung des Eratosthenes*, «Hirts Literatur-Bericht» 20, 29-295 (1925).

[Damerow] Peter Damerow, *The Origins of Writing as a Problem of Historical Epistemology*, «Cuneiform Digital Library Journal», 2006:1 (https://cdli.mpiwgberlin.mpg.de/articles/cdlj/2006-1.pdf).

[Delatte] *Anecdota atheniensia et alia.* Tome II: *Textes grecs relatifs à l'histoire des sciences*, édités par A. Delatte, Vaillant-Carmonne-Champion, Lieja-París 1939.

[Delgado] José A. Delgado Delgado, *Canarias en la Antigüedad como problema histórico. Consideraciones teóricas, metodológicas y documentales*, «VI Congreso de Patrimonio Histórico. Investigación arqueológica en Canarias: Territorio y sociedad», Arrecife, Lanzarote 2008.

[DG] Hermann Diels, *Doxographi graeci*, Reimer, 1879; *rist.* de Gruyter, Berlín 1976.

[Diamond] Jared Diamond, Collapse. *How Societies Choose to Fail or Succeed*, Viking Penguin, Nueva York 2005.

[Diehl Mandeville] Richard A. Diehl, Margaret D. Mandeville, *Tula, and the wheeled animal effigies in Mesoamerica*, «Antiquity», 61, 232, 239-246 (1987).

[Donnelly] Ignatius Loyola Donnelly, *Atlantis, the Antediluvian World*, Egerton Sykes, Nueva York, 1882.

[Dreyer] John Louis Emil Dreyer, *History of the planetary systems from Thales to Kepler*, Cambridge University Press, Cambridge, 1906.

[Dutka] Jacques Dutka, *Eratosthenes' Measurement of the Earth Reconsidered*, «Archive for History of Exact Sciences», 46, 1, 55-66 (1993).

[Easton] Alexander N. Easton, *Mal de Mer above Terra Incognita*, «Arctic Anthropology», 29, 2, 28-41 (1992).

[Ekholm DAE] Gordon F. Ekholm, *Diffusion and Archaeological Evidence*, pp. 54-59, en [Riley Kelley Pennington Rands].

[Ekholm WTM] Gordon F. Ekholm, *Wheeled Toys in Mexico*, «American Antiquity», 11, 4, 222-228 (1946).

[Englund] Robert K. Englund, *The state of decipherment of proto-Elamite*, pp. 100-149, en [Houston FW].

[Eratostene:Berger] *Die Geographischen Fragmente Des Eratosthenes*; recientemente recopilados, organizados y discutidos por Dr. Hugo Berger; Teubner, Leipzig 1880.

[Eratostene:Roller] *Eratosthenes' Geography*; fragmentos recopilados y traducidos con comentarios y material adicional de Duane W. Roller; Princeton University Press, Princeton-Oxford 2010.

[Falkenhausen HOCA] Lothar von Falkenhausen, *On the Historiographical Orientation of Chinese Archaeology*, «Antiquity», 67, 839-849 (1993).

[Falkenhausen RPCA] Lothar von Falkenhausen, *The Regionalist Paradigm in Chinese Archaeology*, pp. 198-217, en [Kohl Fawcett].

[Finley] Moses I. Finley, *The Ancient Economy*, edición actualizada con un prólogo de Ian Morris, University of California Press, Berkeley 1999.

[Frachetti Rouse] Michael D. Frachetti, Lynne M. Rouse, *Central Asia, the Steppe, and the Near East,* 2500-1500 *B.C.*, pp. 687-705, en [Potts].

[Frangipane] Marcella Frangipane (editor), *Economic Centralisation in Formative States. The Archaeological Reconstruction of the Economic System in 4° Millennium Arslantepe,* Dipartimento di Scienze Storiche Archeologiche e Antropologiche dell'Antichità, Università di Roma La Sapienza, Roma 2010.

[Frankfort] Henri Frankfort, *The Birth of Civilization in the Near East,* Indiana University Press, Bloomington 1951.

[Fraser] Peter M. Fraser, *Ptolemaic Alexandria,* 3 vols., Clarendon, Oxford 1972; *rist.* 1998.

[Gabriel Hülser Schlotter] G. Gabriel, K. Hülser, S. Schlotter, *Zur Miete bei Frege. Rudolf Hirzel und die Rezeption der stoischen Logik und Semantik in Jena,* «History and Philosophy of Logic», 30, 2009, pp. 369-88.

[Gelb] Ignace J. Gelb, *A Study of Writing: The Foundations of Grammatology,* The University of Chicago Press, Chicago 1952.

[Geus] Klaus Geus, *Eratosthenes von Kyrene. Studien zur hellenistischen Kultur-und Wissenschaftsgeschichte,* C.H. Beck, München 2002.

[GGM] *Geographi Graeci Minores,* ed. Karl Müller, Firmin-Didot, París 1855-1861; *rist.* Olms, Hildesheim 1965, 1990.

[Gimbutas] Marija Gimbutas, *The Goddesses and Gods of Old Europe: Myths and Cult Images (*6500-3500 *B.C.),* Thames and Hudson, Londres 1974.

[Goldstein] Bernard R. Goldstein, *Eratosthenes on the «Measurement» of the Earth,* «Historia Mathematica», 11, 411-416 (1984).

[Goldstein Bowen] B.R. Goldstein, A. C. Bowen, *The introduction of dated observations and precise measurement in Greek astronomy,* «Archive for History of Exact Sciences», 43, 2, 93-132 (1991).

[Gossellin], Pascal François Joseph Gossellin, *Géographie des Grecs analysée,* París 1790.

[Greco], Pietro Greco, *Evoluzioni. Dal Big Bang a Wall Street: la sintesi impossibile,* CUEN, Nápoles 1999.

[Green] P. Green, *Alexander to Actium: The Historical Evolution of The Hellenistic Age,* University of California Press, Berkeley-Los Angeles 1990.

[Hakemi] Ali Hakemi, *Shahdad: Archaeological Excavations of a Bronze Age Center in Iran,* Ismeo, Roma 1997.

[Harley Woodward] J.B. Harley, David Woodward (editores), *The History of Cartography,* vol. 1: *Cartography in Prehistoric, Ancient, and Medieval Europe and the Mediterranean,* The University of Chicago Press, Chicago-Londres 1987.

[Heath Aristarchus] Thomas L. Heath, *Aristarchus of Samos. The ancient Copernicus. A History of Greek Astronomy to Aristarchus,* Clarendon, Oxford 1913; *rist.* Dover, Nueva York 1981.

[Heine-Geldern AHSM] Robert von Heine-Geldern, *Die asiatische Herkunft der stidamerikanischen Metalltechnik,* «Paideuma», 5, 347-423 (1954).

[Heine-Geldern RFVM] Robert von Heine-Geldern, *Ein römischer Fund aus dem vorkolumbischen Mexico,* «Anzeiger der Osterreichischen Akademie der Wissenschaft. Philosophisch-Historische Klasse», 98, 16, 117-119 (1961).

[Hellenthal Auton Falush] Garrett Hellenthal, Adam Auton, Daniel Falush, *Inferring Human Colonization History Using a Copying Model*, «PLoS Genetics», 4, 5 (2008), (doi: 10.1371/journal. pgen.1000078).

[Helms] Mary W. Helms, *Ulysses' Sail: An Ethnographic Odyssey of Power, Knowledge, and Geographical Distance*, Princeton University Press, Princeton 1988.

[Heronis OO] *Heronis Alexandrini Opera quae supersunt omnia*, 5 vols., Teubner, Leipzig 1899-1974; *rist.* 1976.

[Heyerdahl] Thor Heyerdahl, *Early Man and the Ocean: The Beginning of Navigation and Seaborn Civilizations*, Doubleday 1979.

[Hiparco:Berger] *Die Geographischen Fragmente Des Hipparch*, Teubner, Leipzig 1869.

[Hiparco:Dicks] *The Geographical Fragments of Hipparchus*, editado con una introducción y un comentario de D. R. Dicks, The Athlone Press, Londres 1960.

[Hoebel] Edward Adamson Hoebel, *Anthropology: the study of man*, McGraw-Hill, Nueva York 1966.

[Houston FW] Stephen Houston (editor), *The first writing*, Cambridge University Press, Cambridge 2004.

[Houston O] Stephen Houston, *Overture to «The first writing»*, pp. 3-15, en [Houston FW].

[Hristov Genovés 1999] Romeo Hristov, Santiago Genovés, *Mesoamerican evidence of pre-columbian transoceanic contacts*, «Ancient Mesoamerica», 10, 207-213 (1999)

[Hristov Genovés 2001] Romeo Hristov, Santiago Genovés, *Replay to Peter Schaaf and Günther A. Wagner «Comments on «Mesoamerican evidence of pre-columbian transoceanic contacts»»*, «Ancient Mesoamerica», 12, 83-86 (2001).

[Hultsch GRM] Friedrich Hultsch, *Griechische und Römische Metrologie*, Weidmann, Berlín 1882; *rist.* 1971.

[Hultsch PGES] Friedrich Hultsch, *Poseidonios über die Grösse und Entfernung der Sonne*, «Abhandlungen der königlichen Gesellschaft der Wissenschaften zu Göttingen», *Philolog.-Hist. Kl. (n. F.)*, 1, 5, (1897).

[Huntington] Samuel P. Huntington, *The Clash of Civilizations and the Remaking of World Order*, Simon and Schuster, Nueva York 1996.

[Jett] Stephen C. Jett, *Ancient Ocean Crossing*, The University of Alabama Press, 2017.

[Jones-Bley Zdanovich] Karlene Jones-Bley, Dmitry Gennadovich Zdanovich (editores), *Complex societies of Central Eurasia from the 3rd to the 1st millennium BC: regional specifics in light of global models*, Institute for the Study of Man, Washington 2002.

[Jomard] Edme François Jomard, *Mémoire sur le système métrique des anciens Égyptiens, contenant Des Recherches Sur Leurs Connoissances Géométriques Et Sur Les Mesures Des Autres Peuples de L'antiquité*, París 1817.

[Jones Storey Matisoo-Smith Ramírez-Aliaga] Terry L. Jones, Alice A. Storey, Elizabeth A. Matisoo-Smith, José Miguel Ramírez-Aliaga (editores), *Polynesians in America*, AltaMira Press, Lanham (MD) 2011.

[Kehoe] Alice B. Kehoe, *Small Boats upon the North Atlantic*, pp. 275-292, en [Riley Kelley Pennington Rands].

[Knauer] Elfriede R. Knauer, *The Queen Mother of the West: A Study of the Influence of Western Prototypes on the Iconography of the Taoist Deity*, pp. 62-115, en [Mair CEAW].

[Knobloch Lelgemann Fuls] Eberhard Knobloch, Dieter Lelgemann, Andreas Fuls, *Zur hellenistischen Methode der Bestimmung des Erdumfanges und zur Asienkarte des Klaudios Ptolemaios*, «Zeitschrift für Geodäsie, Geoinformation und Landmanagement», 128, 3, 211-217 (2003).

[Kohl Fawcett] Philip L. Kohl, Clare Fawcett (editores), *Nationalism, politics and the practice of archaeology*, Cambridge University Press, Cambridge 1995.

[Kohl MBAE] Philip L. Kohl, *The Making of Bronze Age Eurasia*, Cambridge University Press, Cambridge 2007.

[Kroeber A] Alfred Louis Kroeber, *Anthropology*, N. Y., Harcourt Brace & Co., 1948.

[Kroeber SD] Alfred Louis Kroeber, *Stimulus diffusion*, «American Anthropologist», 42, 1, 1-20 (1940).

[Kuhn] Thomas Kuhn, *The Structure of Scientific Revolutions*, The University of Chicago Press, Chicago 1962.

[De Landa] Diego de Landa, *Relación de las cosas de Yucatán*, Lingkua, Barcelona 2008.

[Leick] Gwendolyn Leick, *Mesopotamia, la invención de la ciudad*, Paidós, Barcelona 2002.

[Letronne] Antoine Jean Letronne, *Recherches critiques, historiques et géographiques sur les fragments d'Héron d'Alexandrie, ou du système métrique égyptien*, L'Imprimerie nationale, París 1851.

[Lewis] R. Barry Lewis, *Old World dice in protohistoric southern United States*, «Current Anthropology», 29, 5, 759-768 (1988).

[Li Harbottle Zhang Wang] Xueqin Li, Garman Harbottle, Juzhong Zhang, Changsui Wang, *The earliest writing? Sign use in the seventh millennium BC at Jiahu, Henan Province, China*, «Antiquity», 77, 295, 31-44 (2003).

[Linduff] Katheryn M. Linduff, *At the Eastern Edge: Metallurgy and Adaptation in Gansu (PRC) in the Second Millennium BCE*, pp. 595-611, en [Jones-Bley Zdanovich], vol. II.

[Liverani AO] Mario Liverani, *Antico Oriente: storia, società, economia*, seconda edizione, Laterza, Roma-Bari 2011.

[Liverani OB] Mario Liverani, *Oltre la Bibbia: storia antica di Israele*, Laterza, Roma-Bari 2003.

[Liverani UPC] Mario Liverani, *Uruk: la prima città*, Laterza, Roma-Bari 1998.

[Mair BAEIA] Victor H. Mair (editor), *The Bronze Age & Early Iron Age Peoples of Eastern Central Asia*, «Journal of Indo-European Studies», Monograph no. 26, 1998.

[Mair CEAW] Victor H. Mair (editor), *Contact and Exchange in the Ancient World*, University of Hawaii Press, Honolulu 2006.

[Mair Intro] Victor H. Mair, *Introduction*, pp. 1-16, en [Mair CEAW].

[Maiuri] Amedeo Maiuri (a cura di), *Pompeiana: raccolta di studi per il secondo centenario degli scavi di Pompei*, Gaetano Macchiaroli Editore, Nápoles 1950.

[Manfredi] Valerio Manfredi, *Le Isole Fortunate. Topografia di un mito*, L'Erma di Bretschneider, Roma 1993.

[Martín Cobo] Alfredo Mederos Martín, Gabriel Escribano Cobo, *El periplo norteafricano de Hannón y la rivalidad gaditano-cartaginesa de los siglos IV-III a.* C., «Geriòn», 18, 77-107 (2000).

[Mayor] Adrienne Mayor, *The first fossil hunters. Paleontology in Greek and Roman times*, Princeton University Press, Princeton 2000.

[Mazzucchi Cattaneo] Alessandra Mazzucchi, Cristina Cattaneo, *Casi di sifilide nella Lombardia di epoca romana*, Intervento presentato al 19° Congresso dell'Associazione Antropologica Italiana «1961-2011*: Cinquant'anni di congressi: passato, presente e futuro dell'antropologia*», Turín 2011.

[McAnany Yoffee] Patricia McAnany, Norman Yoffee (editores), *Questioning Collapse. Human Resilience, Ecological Vulnerability, and the Aftermath of Empire*, Cambridge University Press, Cambridge 2010.

[Merrill] Elmer Drew Merrill, *The Botany of Cook's Voyages and its Unexpected Significance in Relation to Anthropology, Biogeography and History*, Chronica Botanica Company, Waltham 1954.

[Mette] Hans Joachim Mette, *Sphairopoiia. Untersuchungen zur Kosmologie des Krates von Pergamon*, Beck, München 1936.

[Moorey] Peter Roger Stuart Moorey, *A Century of Biblical Archaeology*, Westminster John Knox Press, Louisville 1991.

[Meuret] Christophe Meuret, *Outils mathématiques et données itineraires: reflexions sur evaluation de la circonférence terrestre chez Ptolémée*, pp. 151-166 in P. Arnaud/P. Counillon (editores), *Geographica Historica*, Bordeaux, Nice 1998.

[Miller] Konrad Miller, *Die Erdmessung im Altertum und ihr Schicksal*, Stuttgart 1919.

[Mumford] Lewis Mumford, *La città nella storia*, Castelvecchi, Roma 2013 (traducción de *The City in History: Its Origins, Its Transformations and Its Prospects*, Harcourt, Brace & World, Nueva York 1961).

[Nansen] Fridtjof Nansen, *In Northern Mists. Arctic Exploration in Early Times*, Londres 1911.

[Narducci] Emanuele Narducci, *Cicerone. La parola e la politica*, Laterza, Roma Bari 2009.

[Neugebauer] Otto Neugebauer, *A History of ancient mathematical Astronomy*, Springer, Berlín-Nueva York 1975.

[OGIS] Wilhelm Dittenberger, *Orientis Graeci inscriptiones selectae*, 2 vols., S. Hirzel, Leipzig 1903-1905; *rist.* Olms, Hildesheim-Nueva York 1986.

[Oviedo] Gonzalo Fernández de Oviedo, *Sumario de la natural historia de las Indias*, Fondo de Cultura Económica, México-Buenos Aires 1950.

[Oxé] August Oxé, *Die Maßtafel des Julianus von Askalon*, «Rheinisches Museum für Philologie» 106, 264-286 (1963).

[Piteas:Bianchetti] *Pitea di Massalia, L'Oceano*; introducción, texto, traducción y comentario de Serena Bianchetti; Istituti Editoriali e Poligrafici Internazionali, Pisa-Roma 1998.

[Piteas:Roseman] *Pytheas of Massalia: On the Ocean*, text, translation and commentary by Christina Horst Roseman, Ares Publishers Inc., Chicago 1994.

[Popol Vuh:Tedlock] *Popol Vuh, The Mayan Book of the Dawn of Life*, traducido por Dennis Tedlock, Simon & Schuster, Nueva York-Londres-Toronto-Sídney 1996.

[Popol Vuh:Ximénez] *Popol Vuh*, traducción de Francisco Ximénez. Editorial Cultura, Ministerio de Cultura y Deportes de Guatemala, 2021.

[Posener] Georges Posener, *La première domination perse en Egypte. Recueil d'inscriptions hiéroglyphiques*, «Bibliothèque d'Étude de l'Inst. Fr. D'Arch. Orient», 11, El Cairo 1936.

[Possehl] Gregory L. Possehl, *The Indus Civilization. A Contemporary Perspective*, Altamira Press, Walnut Creek-Lanham-New York-Oxford 2002.

[Pothecary] Sarah Pothecary, *Strabo, Polybios, and the Stade*, «Phoenix» 49, 49-67 (1995).

[Potts] D. T. Potts (editor), *A Companion to the Archaeology of the Ancient Near East*, Wiley-Blackwell, Hoboken 2012.

[Ptolomeo:Berggren Jones] I. Lennarrt Berggren, Alexander Jones, *Ptolemy's Geography: an annotated translation of the theoretical chapters*, Princeton University Press, Princeton-Oxford 2000.

[Ptolomeo:Stückelberger Grasshoff] *Klaudios Ptolemaios Handbuch Der Geographie*; griego-alemán, publicado por Alfred Stückelberger y Gerd Grasshoff en colaboración con Florian Mittenhuber... [*et al.*], Schwabe Verlag, Basel 2006.

[Ptolomeo:Toomer] *Ptolemy's Almagest*, translated and annotated by Gerald J. Toomer, Springer-Duckworth, Nueva York-Londres 1984; *rist.* Princeton University Press, Princeton 1998.

[Raglan] FitzRoy Richard Somerset Raglan, *How came civilization?*, Methuen & Co. ltd., Londres 1939.

[Rathmann] M. Rathmann (editor), *Wahrnehmung und Erfassung geographischer Räume in der Antike*, Philipp von Zabern, Mainz, 2007.

[Rawlins AG] Dennis Rawlins, *Ancient geodesy: achievement and corruption*, «Vistas in Astronomy», 28, 255-268 (1985).

[Rawlins ESNM] Dennis Rawlins, *The Eratosthenes-Strabo Nile Map. Is It the Earliest Surviving Instance of Spherical Cartography? Did It Supply the 5000 Stades Arc for Eratosthenes' Experiment?*, «Archive for History of Exact Sciences», 26, 211-219 (1982).

[Reed] Erik K. Reed, *Commentary on Section I*, pp. 106-111, en [Riley Kelley Pennington Rands].

[Riley Kelley Pennington Rands] Carroll L. Riley, J. Charles Kelley, Campbell W. Pennington, Robert L. Rands (editores), *Man across the Sea. Problems of Pre-Columbian Contacts*, University of Texas Press, Austin-Londres 1971.

[Robertson] John S. Robertson, *The possibility and actuality of writing*, pp. 16-38, en [Houston FW].

[Roller] Duane W. Roller, *Through the Pillars of Herakles. Greco-Roman exploration of the Atlantic*, Routledge, Nueva York-Londres 2006.

[Rostovtzeff] Michael I. Rostovtzeff, *Storia economica e sociale del mondo ellenistico*, La Nuova Italia, Firenze 1966 (traducción de *Social and Economic History of the Hellenistic World*, 3 vols., Clarendon, Oxford 1941).

[Rovelli] Carlo Rovelli, *Che cos'è la scienza. La rivoluzione di Anassimandro*, Mondadori, Milán 2011.

[Russo FR] Lucio Russo, *Flussi e riflussi. Indagine sull'origine di una teoria scientifica*, Feltrinelli, Milán 2003.

[Russo FRHGK] Lucio Russo, *Far-reaching Hellenistic Geographical Knowledge Hidden in Ptolemy's Data*, «Mathematics and Mechanics of Complex Systems», 6, 3 (2018), pp. 181-200.

[Russo Ipparco] Lucio Russo, *The astronomy of Hipparchus and his time: a study based on pre-Ptolemaic sources*, «Vistas in Astronomy», 38, 207-248 (1994).

[Russo PLEM] Lucio Russo, *Ptolemy's longitudes and Eratosthenes' Measurement of the Earth's Circumference*, «Mathematics and Mechanics of Complex Systems», 1-1, 67-79 (2013) (dx.doi.org/ 10.2140/memocs.2013.1.67).

[Russo Plutarco] Lucio Russo, *Un brano di Plutarco (Moralia, 923C-924A) e la storia della dinamica*, «Bollettino dei classici», Accademia dei Lincei, 14, 80-92 (1993).

[Russo RD] Lucio Russo, *La rivoluzione dimenticata*, nueva edición, Feltrinelli, Milán 2021.

[Russo Santoni] Lucio Russo, Emanuela Santoni, *Ingegni minuti. Una storia della scienza in Italia*, Feltrinelli, Milán 2010.

[Russo TC] Lucio Russo, *Il tracollo culturale. La conquista romana del Mediterraneo (146-145 a. C.)*, Carocci Editore, 2022.

[Ryan] Lyndall Ryan, *Tasmanian Aborigines. A history since 1803*, Allen&Unwin, Sídney-Melbourne-Auckland-Londres 2012.

[Schiaparelli] Giovanni Schiaparelli, *Scritti sulla storia dell'Astronomia antica*, Zanichelli, Bologna 1926; *rist.* Mimesis, Milán 1997.

[Schaaf Wagner] Peter Schaaf and Günther A. Wagner, *Comments on «Mesoamerican evidence of pre-columbian transoceanic contacts» by Hristov and Genovés, «Ancient Mesoamerica», 10: 207-213, 1999*, «Ancient Mesoamerica», 12, 79-81 (2001).

[Schmandt-Besserat] Denise Schmandt-Besserat, *Before Writing*, 2 vols., Texas University Press, Austin 1992.

[Schulz Paulsson] Bettina Schulz Paulsson, *Radiocarbon dates and Bayesian modeling support maritime diffusion model for megaliths in Europe*, «PNAS», 116, 9 (2019) (https://www.pnas.org/doi/full/10.1073/pnas.1813268116).

[Schwartz Houghton Macchiarelli Bondioli] Jeffrey H. Schwartz, Frank Houghton, Roberto Macchiarelli, Luca Bondioli, *Skeletal Remains from Punic Carthage Do Not Support Systematic Sacrifice of Infants* (http://www.plosone.org/article/info:doi/10.1371/journal.pone.0009177).

[Seaver] Kirsten A. Seaver, *The Frozen Echo. Greenland and the Exploration of North America, ca.* A. D. 1000-1500, Stanford University Press, Stanford 1996.

[Service] Elman Rogers Service, *Origins of the State and Civilization: The Process of Cultural Evolution*, Norton & Co., Nueva York 1975.

[Sharer Traxler] Robert J. Sharer, Loa P. Traxler, *The Ancient Maya*, sexta edición revisada, Stanford University Press, 2005.

[Shaughnessy] Edward L. Shaughnessy, *Historical Perspectives on The Introduction of The Chariot Into China*, «Harvard Journal of Asiatic Studies», 48, 1, 189-237 (1988).

[Shcheglov ELPG] Dmitry Shcheglov, *The Error in Longitude in Ptolemy's Geography Revisited*, «The Cartographic Journal», 0, 1-12, (2014).

[Shcheglov HTC] Dmitry Shcheglov, *Hipparchus' Table of Climata and Ptolemy's Geography*, «Orbis Terrarum», 9, 2003-2007, 159-192 (2010).

[Shcheglov PSSC] Dmitry Shcheglov, *Ptolemy's System of Seven Climata and Eratosthenes' Geography*, «Geographia Antiqua», 13, 21-37 (2004-2006).

[Sherrat PP] Andrew Sherratt, *Plough and pastoralism: aspects of the secondary products revolution*, pp. 261-305, in *Pattern of the Past: Studies in honour of David Clarke*, editada por I. Hodder, G. Isaac y N. Hammond, Cambridge University Press, Cambridge 1981.

[Sherrat TEE] Andrew Sherratt, *The Trans-Eurasian Exchange: The Prehistory of Chinese Relations with the West*, pp. 30-61, en [Mair CEAW].

[Simões *et al.*] Simões, L. G., Günther, T., Martínez-Sánchez, R. M. *et al. Northwest African Neolithic initiated by migrants from Iberia and Levant.* «Nature» 618, 550-556 (2023). https://doi.org/10.1038/s41586-023-06166-6.

[Smith] Grafton Elliot Smith, *In the Beginning: the Origin of Civilization*, W. Morrow & Company, Nueva York 1928.

[Sorenson Johannessen BEPCTV] John L. Sorenson, Carl L. Johannes-sen, *Biological Evidence for Pre-Columbian Transoceanic Voyages*, pp. 238-297, en [Mair CEAW].

[Sorenson Johannessen WTBE] John L. Sorenson, Carl L. Johannessen, *World Trade and Biological Exchanges Before* 1492, iUniverse, Bloomington 2009.

[Sorenson Raish] John L. Sorenson, Martin H. Raish, *Pre-Columbian Contact with the Americas across the Oceans: An Annotated Bibliography*, segunda edición revisada, 2 vols., Research Press, Provo 1996.

[Von Staden] Heinrich von Staden, *Herophilus. The Art of Medicine in Early Alexandria*, Cambridge University Press, Cambridge 1989.

[Stanley] Richard P. Stanley, *Hipparchus, Plutarch, Schröder, and Hough*, «The American Mathematical Monthly», 104, 344-350 (1997).

[Steiner] Rudolf Steiner, *La Saggezza dei Rosacroce*, Editrice antroposofica, Milán 2021 (traducción de *Die Theosophie des Rosenkreuzers*, Rudolf Steiner-Nachlassverwalting, Dornach).

[Storey Ladefoged Matisoo-Smith] A. A. Storey, T. Ladefoged, E. A. Matisoo-Smith, *Counting Your Chickens: Density and Distribution of Chicken Remains in Archaeological Sites of Oceania*, «International Journal of Osteoarchaeology», 18, 240-261 (2008).

[Stückelberger] Alfred Stückelberger, *Einführung in die antiken Naturwissenschaften*, Wissenschaftliche Buchgesellschaft, Darmstadt 1988.

[Sun] Yan Sun, *Cultural and Political Control in North China: Style and Use of the Bronzes of Yan at Liulihe during the Early Western Zhou*, pp. 215-237, en [Mair CEAW].

[Sutherland] Patricia D. Sutherland, *Dorset-Norse Interactions in the Canadian Eastern Arctic*, pp. 159-169, en [Appelt Berglund Gulløv].

[TA] *The Story of Tasmanian Aboriginals*, Tasmanian Museum & Art Gallery, Hobart, Tasmania 1970.

[Tainter] Joseph A. Tainter, *The Collapse of Complex Societies*, Cambridge University Press, Cambridge 1989.

[Tannery] Paul Tannery, *Recherches sur l'histoire de l'astronomie ancienne*, París 1893 (*repr.* Hildesheim, Nueva York, 1976).

[Tattersall] Ian Tattersall, *Understanding human evolution*, Cambridge University Press, Cambridge 2022.

[Taylor] Isaac Taylor, *The Alphabet: An Account of the Origin and Development of Letters*, 2 vols., Kegan Paul, Trench & Co., Londres 1883.

[Toomer HDSM] Gerald J. Toomer, *Hipparchus on the Distances of the Sun and Moon*, «Archive for History of Exact Sciences», 14 (1974), pp. 126-142.

[Trigger] Bruce G. Trigger, *Writing systems: a case study in cultural evolution*, pp. 39-68, en [Houston FW].

[TSA] *Testi sumerici e accadici*, a cura di R. Castellino, UTET, Turín 1977.

[Tupikova Geus] Irina Tupikova, Klaus Geus, *The Circumference of the Earth and Ptolemy's World Map*, Max-Planck-Institut für Wissenschaftsgeschichte, Preprint 439, 2013.

[Valerio] Vladimiro Valerio, *Spunti e osservazioni dal libro di Lucio Russo L'America dimenticata. I rapporti tra le civiltà e un errore di Tolomeo*, «Geostorie», xxi, n.os. 1-2, enero-agosto 2013, 77-97.

[Watson LeBlanc Redman] Patty Jo Watson, Steven A. LeBlanc, Charles L. Redman, *Explanation in Archaeology: An Explicitly Scientific Approach*, Columbia University Press, Nueva York 1971.

[Wengrow AEE] David Wengrow, *The Archaeology of Early Egypt. Social Transformations in North-East Africa*, 10,000 *to* 2650 *BC*, Cambridge University Press, Cambridge 2006.

[Wengrow WMC] David Wengrow, *What Makes Civilization?*, Oxford University Press, Oxford 2010.

[von Winning] Hasso von Winning, *Figurillas de barro sobre ruedas procedentes de México y el Viejo Mundo*, «Amerindia», 1 (Montevideo, 1962).

[Wright] Rita P. Wright, *The Ancient Indus. Urbanism, Economy and Society*, Cambridge University Press, Cambridge 2010.

[Yoffee] Norman Yoffee, *Myths of the Archaic State. Evolution of the Earliest Cities, States and Civilizations*, Cambridge University Press, Cambridge 2005.

[Yoffee Sherrat] Norman Yoffee, Andrew Sherrat (editores), *Archaeological Theory: Who Sets the Agenda? (New Directions in Archaeology)*, Cambridge University Press, Cambridge 1993.

Índice onomástico